Für **Delilah,**
die mein Leben
erst vollkommen
gemacht hat

IN 120 REZEPTEN UM DIE WELT

✳ Souvenirs einer reisenden Köchin ✳

Dorling Kindersley

A. Met.

LOVE TO
EAT

Inhalt

Einführung

Eines ist überall auf der Welt gleich: Messer und Zutaten sind neben der Feuerstelle die Dinge, die fürs Kochen unverzichtbar sind. Über die Zutaten ist viel geschrieben worden, doch in diesem Buch soll das Handwerkszeug in den Mittelpunkt rücken und erstmals den Platz bekommen, der ihm gebührt.

Zu Beginn meiner Ausbildung zur Köchin war ich stolz auf meine nagelneuen glänzenden Messer, hatte aber auch einen gesunden Respekt vor ihnen. Jeder Auszubildende wird Ihnen bestätigen: Der Tag, an dem man sein erstes Messer bekommt, ist ein ganz besonderer Tag. Im Laufe der Jahre, als ich von meinen Reisen ein Messer ums andere mitbrachte, begann dieses Werkzeug eine wachsende Faszination auf mich auszuüben. Nicht etwa wegen seiner physikalischen Eigenschaften (das Wissenschaftliche war noch nie meine Stärke), sondern wegen dem, wofür es steht. Je nachdem, an welchem Ort der Welt man sich befindet, kann ein Messer vom einfachen Werkzeug zur Nahrungsherstellung bis zum Hightechinstrument alles Mögliche sein. Jedes meiner Messer hat eine besondere Bedeutung für mich: mal ist sie emotionaler, mal kultureller Art. Und manchmal begeistert mich einfach ihre Einzigartigkeit. Ganz egal, auf welches meiner Messer Sie deuten würden, ich kann Ihnen zu jedem eine Geschichte erzählen.

Anfangs wählte ich die Messer, die ich von meinen Reisen mitbrachte, nach dem Ad-hoc-Prinzip aus: Wenn mir eines gefiel, nahm ich es mit. Als ich bereits eine kleine Sammlung besaß, begann ich zu vergleichen und sie mir genauer anzusehen. Und da fiel es mir wie Schuppen von den Augen: Die Messer erzählten die Geschichte des Ortes. Und von da an war ich »süchtig«.

Riesige, an Macheten erinnernde Messer aus Burma zum Gemüsehacken, Messer mit Keramikklingen aus Mailand (aus dem Geschäft, in dem auch Giorgio Armani seine Messer kauft), ein unvergleichliches Einzelstück aus Edelstahl, das die Meister der Präzision in Kyoto eigens zum Schneiden von Aal angefertigt hatten, perfekt designte Messer aus Skandinavien (von Porsche) zum Filetieren von Fisch, ein Patisseriemesser aus Frankreich, das man auch als Palette verwenden kann, ein lebensgefährlich scharfes Hackmesser aus China und viele andere mehr: schlicht gearbeitete Messer für die einfachen Arbeiten und handwerklich aufwendigere für die Feinarbeit.

Im Wesentlichen trage ich Küchenmesser zusammen. Das Wort »sammeln« gefällt mir nicht so gut, impliziert es doch, dass die Messer nicht für den Gebrauch bestimmt sind. Doch ich benutze sie alle — mit Ausnahme des Ausbeinmessers aus Brasilien vielleicht, dessen Benutzung mir nach wie vor Rätsel aufgibt. Alle anderen habe ich in Gebrauch. Gelegentlich gerät ein Messer dazwischen, das kein Küchenmesser ist, einfach weil es so außergewöhnlich ist, dass ich nicht daran vorbeigehen kann. Eines hatte ich mir fest vorgenommen: Jagdmesser kommen mir nicht in die Küche. Doch selbst diesem Vorsatz bin ich auf den Philippinen untreu geworden. Meine Messer sind eindrucksvolle Zeugnisse fremder Kulturen, die schön anzusehen und in den meisten Fällen auch noch nützlich sind.

Und was die Rezepte betrifft – ich bin in meiner Kindheit immer wieder umgezogen. Nicht dass meine Eltern nomadisierende Hippies gewesen wären. Meine frühe Kindheit, die ich im Londoner Stadtteil Hammersmith verbrachte, war alles andere als das. Aber mein Vater war Historiker und hatte sich auf historische Karten spezialisiert (das Spektrum reichte von anno dazumal bis in die Gegenwart), und so waren unsere »Urlaubsreisen« eigentlich (seine) Forschungsreisen.

Bei mir haben die Reisen einen bleibenden Eindruck hinterlassen und mich zu dem gemacht, was ich heute bin. Und während mein alter Herr Ausschau hielt nach unentdeckten Vorposten aus dem Römischen Reich, der ältesten Klosterglocke Asiens oder der Stelle, von der aus Vasco da Gama wirklich in See stach, suche ich auf meinen Reisen heute nach einer anderen Seite dieser Kulturen, die zwar genauso alt ist wie ihre Geschichte, alles in allem aber besser verdaulich.

Als Jugendliche wurden meine Schwester und ich zum Tagebuchschreiben animiert. Bei mir ging weniger um unsere kulturellen Eindrücke: Jeder Eintrag begann damit, was wir zum Frühstück hatten, dann folgte, was wir den Tag über gegessen hatten. Ob es nun ein Snack an einem Straßenstand, in einem Bistro oder ein Essen in einem schicken Restaurant war – ich schrieb alles auf.

Das war lange bevor ich Küchenchefin wurde, doch als es dann soweit war, begann ich meinen ganzen Tagesablauf so auszurichten: Den frühen Morgen verbrachte ich auf dem Fischmarkt, nachmittags studierte ich die Speisekarten und probierte ausgiebig die heimischen Weine und die süßen Leckereien. Danach machte ich mich auf die Suche nach dem besten Eis der Stadt. Und das alles natürlich aus rein beruflichem Interesse. Beim Essen notierte ich, was ich besonders lecker, interessant oder ungewöhnlich fand, in meinem Tagebuch (manchmal bebilderte ich das Ganze noch, um meinem Gedächtnis später auf die Sprünge zu helfen).

Dies ist mein erstes Kochbuch, das keine eigenen Rezepte enthält. Es ist vielmehr eine Sammlung von Gerichten, die ich in aller Herren Länder geges-

sen habe, die mich besonders fasziniert haben und die ich mithilfe meiner Aufzeichnungen und meines Geschmacksgedächtnisses nachgekocht habe.

Mit dem Essen verbinden sich an den verschiedenen Orten der Welt viele unterschiedliche Bedeutungen. Für die Juden ist es eng mit der Religion verbunden. In der westlichen Welt, wo das Thema gerade angesagt ist, hat es etwas mit Lifestyle zu tun und in weiten Teilen Afrikas ist es nichts anderes als ein Mittel im Kampf ums Überleben. Dennoch spiegelt sich im Essen die Kultur eines Landes wider. Zeigt es doch, wo die Menschen heute stehen und wie sie dorthin gelangt sind.

Bestimmte Rezepte habe ich aus diesem Grund – weil sie den Bezug zwischen Vergangenheit und Gegenwart gut widerspiegeln – ausgewählt. Andere habe ich aufgenommen, weil ich etwas Derartiges noch nie gegessen hatte oder sie so verblüffend einfach sind. So mancher Klassiker mag fehlen, aber es ging mir schließlich auch nur um die Dinge, die ich selbst gegessen habe. Jedes dieser Gerichte ist umwerfend und die Menschen, die sie mir servierten, sind mächtig stolz darauf.

Den Menschen, bei denen ich diese Gerichte kennenlernen durfte, bin ich zu großem Dank verpflichtet. Ich habe festgestellt: Man kann sich und anderen keine größere Freude machen als mit einer mit Liebe zubereiteten Mahlzeit ... und zu sehen, dass sie den anderen genauso gut schmeckt.

Hier noch zwei Hinweise: Wie viele Rezepte ich in den Kapiteln aufgenommen habe, sagt nichts darüber aus, wie gut ich die Küche des jeweiligen Landes fand. Es zeigt lediglich, wie viele Gerichte ich probiert habe (was ein Indiz dafür ist, wie lang die Reise war oder wie oft ich das Land besucht habe).

Und für kulinarische Puristen sei zweitens angemerkt, sie mögen mir nachsehen, dass ich die Rezepte ein bisschen abgewandelt habe. Schließlich sollte man sie auch nachkochen können. Deshalb habe ich hin und wieder die Zubereitung oder die ein oder andere Zutat unseren Gepflogenheiten angepasst. Sämtliche Rezepte wurden mit einem Umluftherd getestet.

KURZ-PORTRÄT

Geografisches: Zum Teil auf dem europäischen, zum Teil auf dem asiatischen Kontinent gelegen. Grenzt an Armenien, Aserbaidschan, Bulgarien, Georgien, Griechenland, Iran, Irak und Syrien. Hohes Zentralplateau (Anatolien), schmaler Küstenstreifen, mehrere Gebirgszüge.

Einwohnerzahl: 77,8 Millionen

Religion: 99,8 % Muslime, andere 0,2 %

Bevölkerung: 70–75 % Türken, 16 % Kurden, 7–12 % andere Minderheiten

Lebenserwartung: Männer 69,5, Frauen 74 Jahre

Historisches: Eine große Herausforderung für die Türkei war der Niedergang des einst riesigen Osmanischen Reichs, das sich in seiner Blütezeit im 16. und 17. Jahrhundert im Osten bis nach Anatolien, im Westen bis zum Balkan, im Süden über die arabische Halbinsel und Teile Afrikas und im Norden bis zum Kaukasus erstreckte. Zunehmender Landverlust ließ das Reich zwischen 18. und frühem 20. Jahrhundert auf die Größe der heutigen Türkei schrumpfen, zur formalen Auflösung kam es 1922. In den 1960er-Jahren gab es um die Insel Zypern einen heftigen Konflikt. Seither ist die Hauptstadt der Republik Zypern, Nikosia, geteilt.

Kulinarische Highlights: Die Türken sind eine wahre Grillnation, verstehen sich aber auch auf das Schmoren von Gemüse und das Backen. Frische Küche mit vielen Kräutern.

Nahrungsmittelexporte: Haselnüsse, Mehl, Gebäck, Schokolade, Tomaten, Weintrauben

Die fünf beliebtesten Zutaten: Lamm, Auberginen, Joghurt, Honig, Oliven

Bekanntestes Gericht: Kebab

Das trinkt man hier: Efes Pilsen (in Izmir gebraut) und Raki (Anisschnaps). Exzellent der Mokka, der gerne mit Kardamom aromatisiert wird.

Mein Lieblingsgericht: Pinienhonig (gerne löffelweise)

Mein eindrucksvollstes Erlebnis: Die Einfahrt in den Hafen von Istanbul im Morgengrauen

Auf keinen Fall fragen nach …: griechischem Joghurt

Türkei

Die Türkei habe ich dreimal besucht und es war für mich immer wie eine Reise in die Vergangenheit. Beim letzten Mal vor ein paar Jahren sind wir mit dem Schiff – einem großen Passagierschiff – von Athen nach Istanbul gefahren, und nach einem Zwischenstopp in Troja erreichten wir im Morgengrauen den Hafen. Als wir über das viel befahrene Marmarameer fuhren und am Horizont die unverwechselbaren Kuppeln und Minarette der Hagia Sophia und die Blaue Moschee auftauchten, fühlte ich, dass man diese unglaubliche Stadt genau so zum ersten Mal sehen sollte. Denn sich dem alten Istanbul vom Meer her zu nähern ist ein erhebendes Gefühl, dem der Zauber der Vergangenheit innewohnt.

Zum allerersten Mal war ich mit dreizehn in der Türkei. Damals machten wir hier Urlaub, um die entlang der Küste zwischen Izmir und Antalya verstreuten römischen und byzantinischen Ausgrabungsstätten zu besichtigen. Mein Vater war wie erwähnt Historiker und seine große Leidenschaft waren die Römer. Und so verbrachte ich meine Ferien nicht wie meine Freunde am Strand, sondern auf diese Weise. Ich erinnere mich noch, wie wir in diesem heißen August eine Reihe faszinierender Ruinen bestiegen: Das Stadion mit gigantischen Stufen in Aphrodisias, die in die senkrecht aufragenden Felswände gehauenen Felsengräber der Lykier in Myra und die antike Stadt Ephesos waren für mich riesige Spielplätze.

Das mag respektlos klingen, aber dies alles hat mich mit großer Ehrfurcht erfüllt. Vor allem Ephesos, weil hier vermutlich der Apostel Paulus, der Namenspatron meiner Schule, gelebt und gepredigt hat. Außerdem befindet sich dort eines der sieben Weltwunder, der Tempel der Artemis. Beeindruckt war ich auch vom Maussolleion in Bodrum. Ich erinnere mich noch gut, mit welchem Staunen es mich erfüllte, an einem solch legendären Ort zu sein.

Ein paar Jahre später reiste ich noch einmal mit meinem Vater in die Türkei, für ein verlängertes Wochenende nach Istanbul. Es war Januar, und die schneebedeckten Minarette sahen noch märchenhafter aus, als wir durch die Straßen der Stadt stapften und mir Pa die wichtigsten Sehenswürdigkeiten erklärte, während ich ihn in die Suks und Cafés lotste, wo er mich mit einem großzügigen Lächeln auch mal an einer Wasserpfeife ziehen ließ.

Doch nun zurück zu meiner letzten Türkeireise. Am Ende unserer Rundreise von Athen nach Istanbul verbrachten wir einige Tage in der Stadt, in der diesmal das sommerliche Leben pulsierte. Wir erkundeten die Stadt, die eine »Zehe in Asien« und eine »Hand in Europa« hat, genauer. Wir wohnten in einem zum Hotel umgebauten ehemaligen Gefängnis in der Altstadt und aßen uns am Goldenen Horn durch die Speisekarten sämtlicher Restaurants. Es war zauberhaft und bewegend, die Orte meiner Kindheit wiederzusehen: den Topkapi-Palast (ich konnte mich nur noch an die Küche erinnern), die Yerebatan-Zisterne aus der Zeit Kaiser Justinians und die zweitgrößte Moschee der Stadt, die Sultan-Ahmed-Moschee. Am bewegendsten war jedoch der Augenblick, als ich inmitten der prächtigen Architektur und religiösen Ikonografie auf der Galerie der Hagia Sophia stand, genau dort, wo ich vor Jahren mit meinem geliebten Vater gestanden hatte.

Pinien-hain
Picknickmesser

Ich hatte nicht die Absicht, Messer so zu sammeln, wie ich in den 1980ern nach Sammelbildchen von Chartstürmern Ausschau gehalten und dabei unermüdlich nach dem Sticker mit dem Drummer der britischen Band »Haircut 100« gesucht hatte. Es hat sich, wie man so sagt, einfach so ergeben.

Meine Mutter kaufte dieses Messer in einem kleinen Haushaltswarengeschäft in einer Stadt, deren Name mir entfallen ist, denn wir wollten dort ein Picknick machen und brauchten ein Messer. Wenn ich es mir heute so anschaue, erinnert es mich ein bisschen an die Szene aus dem Film *Jäger des verlorenen Schatzes*, in der Harrison Ford herausfinden muss, in welchem Kelch sich der Heilige Gral versteckt (für Cineasten: Es ist der Kelch des Zimmermanns ...). Denn verglichen mit den anderen erlesenen »Waffen« meiner Sammlung ist es ganz simpel und passt eigentlich gar nicht zu meinen Profimessern. Aber ich mag es so sehr, weil es mich jedes Mal, wenn ich es in die Hand nehme und betrachte, wieder in unseren Urlaub zurückversetzt.

Es war die letzte Reise, die die ganze Familie gemeinsam machte, und dieses Messer ruft in mir die Erinnerung an dieses ungemütliche Picknick an einem Hang mitten im größten Pinienhain, den ich je gesehen habe (Pinienhonig ist ja etwas Köstliches, aber Picknicks an steilen Hängen sind nicht das Wahre, weil einem ständig das Essen davonzurollen droht), wach.

Ich kann mich nicht mehr erinnern, wie das Messer mit uns nach Hause gelangt ist, aber es befindet sich nun schon seit einem Vierteljahrhundert in meinem Besitz, und die Zeit hat ihre Spuren daran hinterlassen. Doch umso mehr ist es mir ans Herz gewachsen.

Türkische Rezepte

Zeytin Ezmesi
Türkische Olivenpaste
Çoban Salatası
salat nach Hirtenart
Fırında Yoğurtlu Ispanak
überbackener Spinat
Patlıcan Kebabı
Lamm-Auberginen-Kebabs
Süt Jöle ile Incir
Milchgelee mit Feigen

T.C.
Kültür ve Turizm Bakanlığı

Ministry of
Culture and Tourism

TROIA ÖRENYERİ / TROIA

SHOWCASE OF TURKEY
Türkiye'nin vitrini
miniaturk

Çamlıbel çam balı

SULTANAHMET CAMİİ
Seri-E № 415144
KORUMA ve ... DERNEĞİ

Türkische Olivenpaste

Ergibt 1 kleine Schüssel und ist in 15 Minuten fertig.

125 g entsteinte Oliven
(Enver hat schwarze genommen, aber das bleibt Ihnen überlassen)

1 Knoblauchzehe, grob gehackt

je einige Messerspitzen Chiliflocken, gemahlener Kreuzkümmel, gemahlener Koriander, getrockneter Thymian und Sumach

30 g Walnusskerne

100 ml bestes Olivenöl

Saft von ½ frisch gepressten Zitrone

20 g glatte Petersilie, fein gehackt

Salz und Pfeffer

Eines der schönsten Restaurants, in denen wir in Istanbul gegessen haben, ist das *Asitane*, das auf die alte osmanische Küche spezialisiert ist. Die Tische stehen in einem kleinen Hof, über dem sich die byzantinische Chora-Kirche erhebt. Enver, der Küchenchef, plauderte und trank ein Gläschen mit uns – und er war so nett, mir das Rezept für diese ungewöhnliche, und wie ich finde außerordentlich interessante, Olivenpaste zu geben. Sie wird, so zumindest behauptet er, mit elf verschiedenen Gewürzen zubereitet. Ich habe hier zwar nur eine Handvoll verwendet, aber auch das genügt, um eine Vorstellung davon zu vermitteln, wie köstlich sie ist.

Schmeckt vorzüglich als Snack auf Toast oder Crackern und passt super zu Fisch.

Oliven, Knoblauch, Gewürze, Salz und Pfeffer kurz im Mixer oder mit dem Pürierstab verrühren. Die Walnüsse hinzufügen und grob zerkleinern.

In eine Schüssel füllen, Olivenöl und Zitronensaft einrühren und die Petersilie untermischen.

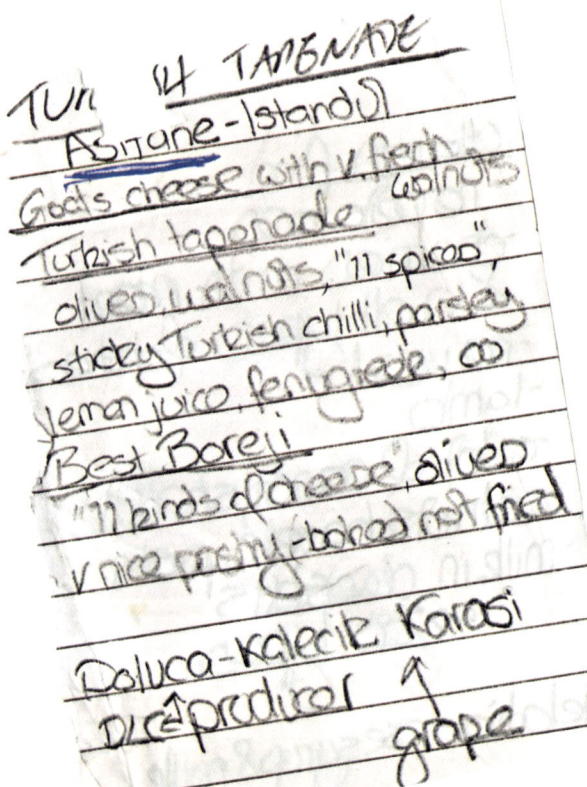

Coban Salata
Salat nach Hirtenart

Reicht für 4—6 Personen und ist in knapp 30 Minuten fertig.

600 g reife Tomaten, geviertelt, die Samen entfernt und fein gewürfelt

1 große grüne Paprikaschote, Stielansatz, Samen und Scheidewände entfernt und fein gewürfelt

1 rote Zwiebel, fein gewürfelt

2 grüne Chilischoten, fein gewürfelt (ob Sie die Samen entfernen, bleibt Ihnen überlassen)

½ Salatgurke, die Samen entfernt und fein gewürfelt

1 große Handvoll glatte Petersilie, fein gehackt

1 mittelgroße Handvoll Minze, fein gehackt

1 große Knoblauchzehe, mit etwas Salz fein gehackt

60 g entsteinte Oliven, grob gehackt

Saft von 1 frisch gepressten Zitrone

75 ml bestes Olivenöl

100 g salziger Schafskäse (vorzugsweise Feta), nach Belieben

Salz und Pfeffer

Ebenso einfach wie köstlich ist dieser herzhafte, knackige Salat — vorausgesetzt, die Qualität der Zutaten stimmt. Achten Sie also vor allem bei der Auswahl der Tomaten darauf, dass sie schön saftig, reif und aromatisch sind.

Sie fühlen sich ein bisschen an einen griechischen Bauernsalat erinnert? Stimmt! Allerdings müssen Sie sich hier die Mühe machen, die Zutaten schön fein zu hacken.

Tomaten, Paprikaschote, Zwiebel, Chilischoten, Salatgurke, Kräuter, Knoblauch und Oliven in einer Schüssel mischen. Kräftig mit Salz und Pfeffer würzen, den Zitronensaft und das Olivenöl darüberträufeln.

Den Salat noch einmal abschmecken und nach Belieben mit dem zerkrümelten Käse bestreuen. Ich finde allerdings, ohne Käse schmeckt er besser.

Überbackener Spinat

Für 6 Personen als Beilage, zum Zubereiten und Kochen braucht man jeweils ½ Stunde.

---

1 kg frischer Blattspinat (oder 1 kg tiefgekühlter Blattspinat, aufgetaut)

---

60 ml bestes Olivenöl

---

3 Zwiebeln, grob gehackt

---

4 Knoblauchzehen, in Scheiben geschnitten

---

1 TL Chiliflocken

---

etwas Saft von 1 frisch gepressten Zitrone

---

400 g griechischer Joghurt (verraten Sie das bloß keinem Türken), durch ein Sieb passiert

---

Salz und Pfeffer

Als ich das letzte Mal in Istanbul war, hat uns der Freund eines türkischen Freundes, ein temperamentvoller Teppichhändler, durch die Stadt geführt, der unsere Vorliebe für gutes Essen und die schönen Dinge des Lebens teilte. Wir mussten mit ihm alle seine Lieblingslokale besuchen, von denen er nicht eines ausließ. Darunter war auch ein exzellentes, aber dennoch schlichtes Restaurant namens *Sefa*, wo mir dieses Gericht ins Auge stach, das die Gäste am Nachbartisch aßen. Es schmeckt superlecker, vor allem zu gegrilltem Fleisch wie Lamm und Hähnchen und zu Steaks.

Frischen Spinat waschen und die dicken, harten Stängel entfernen.

Das Olivenöl in einem großen, breiten Topf erhitzen. Die Zwiebeln darin zugedeckt weich dünsten, ohne dass sie Farbe annehmen.

Nach einigen Minuten den Knoblauch mit 1 kräftigen Prise Salz hinzufügen und anschwitzen, bis er sein Aroma entfaltet. Den Spinat portionsweise dazugeben und bei starker Hitze zusammenfallen lassen (oder den aufgetauten Tiefkühlspinat mit 200 ml Wasser in den Topf geben). Den Topf anschließend zudecken und das Gemüse einige Minuten kochen lassen, bis es vollständig zusammengefallen und heiß ist. Den Deckel abnehmen, umrühren und die Wärmezufuhr verringern.

Den Spinat unter gelegentlichem Rühren etwa 20 Minuten köcheln lassen, bis er zu einer breiigen Masse zerkocht und die Flüssigkeit vollständig verdunstet ist (die Wärmezufuhr zum Schluss gegebenenfalls noch einmal kurz und kräftig erhöhen).

Den Backofen auf 170 °C vorheizen. Den Spinat mit Salz, Pfeffer, der Hälfte der Chiliflocken und etwas Zitronensaft abschmecken.

In eine ofenfeste Form füllen (als Anhaltspunkt: Ich habe eine 5 cm hohe ovale, 20 × 25 cm große Form verwendet) und glatt streichen. Den Joghurt gleichmäßig darauf verteilen und die restlichen Chiliflocken darüberstreuen.

20–25 Minuten überbacken, bis der Joghurt gerade gestockt und an den Rändern leicht gebräunt ist.

Lamm-Auberginen-Kebabs

In nicht einmal 30 Minuten sind 2 große Kebabs fertig.

---

2 Paprikaschoten

400 g Lammhack

3 Knoblauchzehen, gehackt

1 Zwiebel, gerieben

je ein paar gehäufte Messerspitzen getrocknete Minze, zerkrümelte Chiliflocken und gemahlener Kreuzkümmel

2 schmale Auberginen (à etwa 250 g), die Enden abgeschnitten

2 Tomaten (halbiert, wenn Sie sie auf dem Holzkohlegrill oder in der Grillpfanne grillen, geviertelt, wenn Sie sie unter dem Backofengrill grillen)

bestes Olivenöl

griechischer Joghurt, durch ein Sieb passiert, zum Servieren

türkische Fladen oder Tortillafladen

Salz und Pfeffer

Dieses Kebab – das beste, das ich seit Jahren gegessen hatte – haben wir in einem kleinen Lokal in einer Seitenstraße in Istanbul verspeist, in das uns unser Freund Ismet geführt hatte. Leider wurde die Lobeshymne, zu der ich gerade angesetzt hatte, durch einen Gitarristen vereitelt, der sein Instrument plötzlich auf völlig verrückte Weise zu malträtieren begann und dazu gackerte wie ein Huhn.

In der Türkei verwendet man eine besondere Art klebriger Chiliflocken, die in Öl geröstet wurden und die ich Ihnen nur wärmstens empfehlen kann. Herkömmliche Chiliflocken tun es natürlich auch.

Den Backofengrill vorheizen oder den Holzkohlegrill anzünden und heiß werden lassen.

Die Paprikaschoten im Ganzen rösten (entweder auf dem Holzkohlegrill, über der offenen Gasflamme oder unter dem Backofengrill) und mit Frischhaltefolie abgedeckt in einer Schüssel abkühlen lassen.

Das Lammhack (am besten mit den Händen) mit Knoblauch, Zwiebel, Minze, Chiliflocken, Kreuzkümmel, Salz und Pfeffer vermengen und in 4 Portionen teilen (2 Portionen sollten etwas größer sein).

Die Auberginen in 3 Stücke schneiden (die Stücke sollten ebenfalls unterschiedlich groß sein) und die Schnittflächen mit Salz und Pfeffer bestreuen. Anschließend wieder zusammensetzen, dabei die Fleischbällchen dazwischensetzen. Das Ganze auf zwei Metallspieße stecken und unter den Backofengrill schieben oder auf den Holzkohlegrill legen.

Die Tomaten mit Olivenöl beträufeln, mit Salz bestreuen und mit der Schnittfläche nach oben (beim Holzkohlegrill mit der Schnittfläche nach unten) dazulegen.

Die Kebabs unter häufigem Wenden 20–25 Minuten grillen, bis das Fleisch schön gebräunt und die Auberginen außen schwarz sind. In der Zwischenzeit die Schale der Paprikaschoten abziehen.

Den Joghurt mit Salz und Pfeffer würzen, mit etwas Olivenöl beträufeln und mit Chiliflocken bestreuen.

Die Metallspieße herausziehen, das Auberginenfleisch bei Tisch aus der Schale lösen. Mit Fleisch, Tomaten, Paprikaschoten und 1 Klecks Joghurt in die Fladenbrote füllen – und genießen.

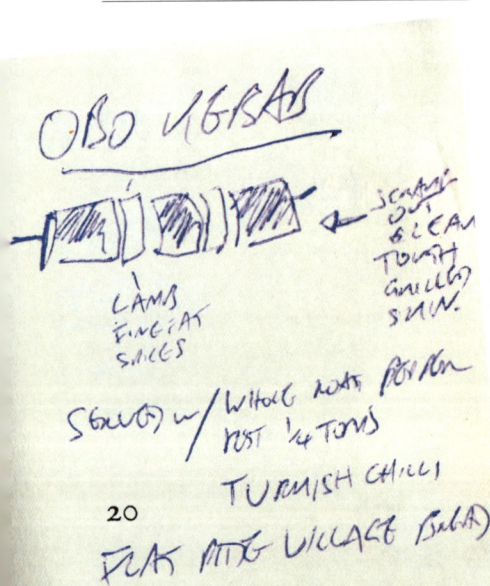

20

Milchgelee mit Feigen

Für 6 Personen. Die Zubereitung dauert nur etwa 15 Minuten, doch dann muss das Ganze mindestens 3 Stunden (oder besser noch über Nacht) fest werden.

5—6 Blatt Gelatine oder 15 g gemahlene Gelatine (die Menge sollte ausreichend sein für 500 ml Flüssigkeit)

500 ml Vollmilch

50 g Puderzucker

1 EL Rosenwasser

6 vollreife Feigen (sind sie noch nicht reif genug, einfach mit etwas Honig beträufelt 15–20 Minuten bei mittlerer Hitze in den Backofen legen. So bekommen sie einen intensiveren Geschmack)

Honig (nach Belieben) – Die Türkei ist berühmt für ihren herrlichen Pinienhonig. Sollte also irgendwo in Ihrem Vorratsschrank noch ein angebrochenes Glas Pinienhonig schlummern, das Sie aus dem Urlaub mitgebracht haben, dann ist jetzt seine große Stunde gekommen. Aber natürlich geht auch jeder andere Honig.

Die Türken haben ein Faible für Milchpuddings. Ich verbinde damit allerdings eine eher unangenehme Erinnerung, habe ich mir doch bei meiner ersten Türkeireise als Dreizehnjährige mit einem solchen Dessert den Magen verdorben. Und wenn andere bei Bodrum an Kreuzritterburgen und Bootsbau denken, verbinden meine Schwester und ich Erinnerungen ganz anderer Art damit.

Ein Vierteljahrhundert danach habe ich – diesmal in einem anderen Teil dieses herrlichen Landes – noch einmal einen Versuch gewagt. Danach fühlte ich mich so gut, dass ich gleich noch einen Pudding verdrückte. Man fühlt sich bei diesem leichten Gelee zwar ein bisschen an Kleinkindnahrung erinnert, aber die Konsistenz hat durchaus »Sexappeal« (eine Kombination, die man – zum Glück – nicht häufig findet ...).

Eine kleine, flache Form (etwa 18 × 25 cm) mit Frischhaltefolie auslegen.

Die Gelatine in kaltem Wasser einweichen. Die Milch in einem kleinen Topf erhitzen, bis sie zu dampfen beginnt. Die Herdplatte danach ausschalten. Die Gelatineblätter einzeln in der Milch auflösen. Nacheinander den Puderzucker und das Rosenwasser einrühren und abkühlen lassen.

Die Mischung in die Form füllen und einige Stunden oder über Nacht im Kühlschrank fest werden lassen.

Das Gelee vorsichtig in Rauten schneiden (das geht einfacher, wenn die Rauten nicht zu groß sind) und mit den geviertelten Feigen, der türkischen Nationalfrucht, servieren. Wenn Sie es, so wie ich, gerne süß mögen, können Sie das Ganze zum Schluss noch mit Honig beträufeln.

New York City

Wenn man vom John-F.-Kennedy-Airport in die Stadt hineinfährt und vom Brooklyn-Queens Expressway aus die Skyline von Manhattan sieht, ist das jedes Mal ein aufregender Moment. Mich jedenfalls durchläuft immer ein Schauer und ich bekomme Gänsehaut, wie bei meinem ersten Besuch mit 26. Damals hatte ich beschlossen, mich in New York niederzulassen. Ich kannte die Stadt zwar nicht – ich war einmal mit neun dort gewesen –, aber nach fünf Jahren Job in London brauchte ich einen Tapetenwechsel, und New York schien mir der richtige Ort.

Da die amerikanische Einwanderungsbehörde Leute, die in ihrem Land Arbeit suchen, nicht gerade mit offenen Armen empfängt, suchte ich nach einer Möglichkeit, das Gesetz zu umgehen. Und das ging nur, wenn man einen Bürgen fand. Ich kann noch immer kaum glauben, dass ich den Mut, den es dazu bedurfte, tatsächlich aufgebracht habe. Ich hatte mich informiert, mit ein paar Freunden gesprochen und mir acht Restaurants ausgesucht, die mir zusagten. Einige waren nicht interessiert, aber ein paar in Uptown und Downtown boten mir an, zur Probe zu arbeiten. Das Problem war nur: Kaum hatte ich ihnen erklärt, dass ich mich erst noch durch einen Haufen Papierkram von der Einwanderungsbehörde arbeiten müsse, verloren sie das Interesse. Doch mein jugendlicher Optimismus schien mir Glück zu bringen, denn einer meiner drei Topfavoriten, der *Tribeca Grill* (der übrigens Robert de Niro gehört), war bereit, alle notwendigen Hürden zu nehmen.

Nachdem das geschafft war, flog ich wieder nach Hause und machte mich daran, meinen hundertseitigen Antrag (viel Dichtung mit einem Körnchen Wahrheit) zu verfassen, trieb das Restaurant an, das Seine zu tun und meinen Anwalt das Meine, und bekam schließlich ein R-Visum als »ausländische Staatsbürgerin mit außerordentlichen Fähigkeiten in der Kochkunst«. Die eineinhalb Jahre, die ich in New York verbrachte, waren für mich zukunftsweisend. In Park Slope, einem Stadtteil von Brooklyn, teilte ich mir eine Wohnung mit einer Amerikanerin namens Jodi, die ich aus London kannte. Die Arbeit und das Leben in der Stadt waren prägende Erfahrungen, die mein Leben veränderten. Auf der einen Seite galt es, mich in der ständigen Hektik, die aufgrund der Prominenz des Restaurantbesitzers (500 Essen pro Abend) in der Küche herrschte, gegen die Dominanz der männlichen Hispanoamerikaner als Souschefin zu behaupten, auf der anderen gab es das einzigartige Freizeitangebot.

Als Fremde war ich begeistert von der Stadt und ließ kaum ein Angebot aus. Ich besuchte Konzerte und Opernaufführungen im Lincoln Center, die Freilichtkinos im Madison Square Park und die Frick Collection, mein absolutes Lieblingsmuseum.

Ruhepausen im Nachbau des Tempels von Dendur im Metropolitan Museum wurden zu einem ebenso wichtigen Bestandteil meines Alltags wie Spaziergänge rund um die Cloisters, deren Atmosphäre ich als Europäerin besonders mochte. Und als Pubfan genoss ich die ruhigen Nachmittage in meiner Lieblingsbar in der Nähe der Christopher Street, aber genauso liebte ich die laute, von Jazzklängen erfüllte Atmosphäre an den Abenden. Ob lettisch, peruanisch oder angolanisch – es gab so viel mehr Ethnorestaurants, die entdeckt werden wollten, als in London. Das Leben hier war toll, und das schloss selbst so Banales wie die Veranden vor den Häusern ein (Wieso ist eine Veranda so viel vergnüglicher, nur weil sie sich in New York befindet?).

Obwohl ich erst vor Kurzem wieder einmal dort war, habe ich vor, der Stadt in nicht allzu ferner Zukunft erneut einen Besuch abzustatten. Ist sie für mich inzwischen doch so etwas wie ein vertrauter Freund, zu dem ich eine ein bisschen verrückte Beziehung habe. Als ich mir allerdings in dem Zusammenhang die Tagebuchaufzeichnungen der ersten Wochen ansah, als ich noch eine wohnungslose Couchsurferin war, der es an guten Freunden fehlte und die das Heimweh ein kleines bisschen plagte, stieß ich auf eine leicht wehmütige und ein bisschen paranoide Notiz, die jemand irgendwo hingekritzelt hatte. Sie lautet: »Diese Stadt kann deine Nervosität spüren – pass auf, dass sie dich nicht auffrisst.«

Kurzporträt

Geografisches: Die an der Ostatlantikküste, an der Mündung des Hudsons gelegene Stadt ist in fünf Stadtbezirke – Brooklyn, Queens, die Bronx, Staten Island und Manhattan – aufgeteilt, die durch Flüsse, u. a. den Harlem, den Hudson und den East River, voneinander getrennt sind. Der Central Park hat eine Fläche von 341 ha. Die Stadt hat mehr Wolkenkratzer als irgendeine andere Stadt der Welt.

Einwohnerzahl: 8,4 Millionen

Religion: Die größte Gruppe bilden mit etwa 40 % Katholiken, gefolgt von Juden und Protestanten (etwa 10 %).

Bevölkerung: Etwa 50 % sind Weiße, 25 % Schwarze oder Afroamerikaner, 12 % Asiaten, der Rest kommt aus der übrigen Welt. 27 % der Gesamtbevölkerung bezeichnen sich als Hispanoamerikaner oder Latinos. Sie können jeder der drei Gruppen angehören.

Lebenserwartung: Männer 76, Frauen 82 Jahre

Historisches: Die ersten Siedler kamen aus den Niederlanden, später war die Stadt britisches Territorium und heute ist sie ein Schmelztiegel der verschiedensten Kulturen … und genau das macht zu einem Teil ihren besonderen Reiz aus.

Was man hier isst: In New York geht man im Allgemeinen essen oder man kauft sich sein Essen unterwegs oder lässt es sich liefern. Auf den Straßen bekommt man von fetttriefendem Fast Food bis zu kulinarischen Hochgenüssen alles, was das Herz begehrt, und in den Restaurants werden die Küchen aller Herren Länder angeboten.

Die fünf beliebtesten Zutaten: Rindfleisch (Burger, Steaks, Corned Beef), Zimt, Garnelen, Bagels, koschere Pickles (mit koscherem Salz hergestellt)

Bekanntestes Gericht: Hotdog und Burger … die Qual der Wahl …

Das trinkt man hier: Kaffee (im Sommer eisgekühlt), und das gleich literweise, anständige Cocktails (Wodka ist hier der Renner), lausiges Bier und alkoholfreien Cider (na, wer weiß …)

Mein Lieblingsgericht: Ein Gericht mit Foie gras (Entenstopfleber), das mit Salzen aus den unterschiedlichsten Regionen der Welt gewürzt war, in Thomas Kellers Restaurant *Per Se*.

Mein eindrucksvollstes Erlebnis: Als ich das erste Mal über die Brooklyn Bridge durch das große gotische Tor nach Manhattan hineinging – die geometrischen Schatten, die die Verstrebungen der Brücke werfen, sind einfach faszinierend!

Das sollte man nicht erwarten: Freundliche Gesichter in der U-Bahn

Handgearbeitete Messer aus Oregon

Diese beiden Messer habe ich im Abstand von fünf Jahren gekauft – das schmalere zuerst. Und ich fand es so gut, vor allem den leicht gebogenen Rücken, dass ich bei meinem nächsten New-York-Besuch gleich noch ein zweites kaufte. Diesmal entschied ich mich für eine etwas längere Variante, weil der Bogen hier noch etwas ausgeprägter ist. Außerdem hat das Messer einen supertollen Schaft – der handlichste in meiner ganzen Sammlung –, und das schätze ich nicht nur sehr, das ist bei der Arbeit geradezu ein Muss.

Je größer die Stadt, desto schwerer ist es, ein besonderes Messer zu finden, weil alle ganz verrückt nach diesen großen, protzigen Dingern sind. Doch als ich diese Messer sah, war mit sofort klar, dass hier ein Könner am Werk war. Der Typ, der diese handgeschmiedeten Schönheiten herstellt, ist von Beruf Schmied und hat früher einmal als Hufschmied gearbeitet. Natürlich trägt er einen grauen Vollbart, wie es sich für einen Kerl, dessen bester Freund ein Amboss ist, gehört.

Michael Moses Lishinsky verkauft seine Messer, die er übrigens nicht in New York, sondern in Oregon herstellt, unter dem Namen Wildfire Cutlery – siehe die Initialen auf den Klingen. Wie es sich für einen richtigen Handwerker gehört, legt er keinen Wert auf modischen Schnickschnack. Ihm kommt es vor allem darauf an, möglichst gute, solide Werkzeuge herzustellen. Alle seine Messer sind so gearbeitet, dass die Klingen durch den gesamten Schaft geführt werden. Dadurch sind sie besonders stabil.

Das Besondere an diesem Messer ist, dass es aus hocherhitztem Flussstahl hergestellt ist und nicht aus dem üblichen und pflegeleichteren rostfreien Edelstahl. Deshalb müssen sie nach jedem Gebrauch abgetrocknet werden (ich reibe meine Messer gerne auch noch mit Öl ein), doch dafür bleiben die Klingen länger scharf. An die breite Messingschmiedemarke schließt sich ein mit Olivenöl polierter Rosenholzgriff an. Er fühlt sich unglaublich glatt und sexy an und dunkelt mit der Zeit nach, wie man an dem schmaleren Messer sehen kann. Zusammengehalten wird das Ganze durch dezente Flachnieten, und am Griffende gibt's sogar noch eine klitzekleine Deko. Gut gemacht, Michael.

FAIRWAY
"LIKE NO OTHER MARKET"
CATERING
PARTY PLATTERS

D

The Map

SHELL

New York

Featuring Metropolitan and Downtown New Yor
City • Albany • Buffalo • Niagara Falls • Rochest
Schenectady • Syracuse • Troy • Utica

857 · 5721

ry Frank's

Where to
d it, Buy it,
Eat it
in
w York

thor

POLITE
NEW YORKER

Gray's Papaya

NEW YORKER REZEPTE

PROTEIN-SHAKE MIT ERDNUSSBUTTER

DEFTIGER BRUNCHTELLER

BUTTERMILCHPFANNKUCHEN MIT HAFERFLOCKEN

THE REUBEN

JEANS HEISSER ARTISCHOCKENDIP

CHICORÉESALAT MIT ÄPFELN, NÜSSEN & GORGONZOLADRESSING

RINDFLEISCH PÖKELN

DONUTS MIT KÜRBIS & INGWER

Protein-Shake mit Erdnussbutter

In etwa 3 Minuten ist dieser gesunde Drink für 2 fertig.

2 kleine oder 1 große Banane

50 g pulverisierte Molke

6 EL Erdnussbutter

4 EL griechischer Joghurt

400 ml fettarme Milch

1 Handvoll Eiswürfel

Nahrungsergänzungsmittel sind bei den New Yorkern total angesagt. Ganze Ladenketten haben sich auf diese Produkte spezialisiert und auch in den Supermärkten findet man die Tütchen mit den Energiespendern an jeder Kasse neben Kaugummis und Süßwaren. Eigentlich bin ich kein Freund davon, denn ich finde, man sollte sich so ernähren, dass der Körper mit allen notwendigen Nährstoffen versorgt wird. Doch als mein Freund und Kollege Ethan diesen Shake für mich zubereitet hat, war ich gerade hochschwanger, und er meinte, er würde mir beziehungsweise dem Baby guttun.

Ich habe das Rezept hier aufgenommen, weil es zum einen zeigt, wie sich die Menschen tatsächlich ernähren (und das ist ja das Anliegen dieses Buches), und zum anderen finde ich, der Shake schmeckt – auch wenn man nicht schwanger ist – wirklich ausgezeichnet.

Die Milch können Sie auch durch Eiscreme ersetzen, gesünder ist er allerdings, wenn Sie fettarme Milch nehmen.

Sämtliche Zutaten in den Standmixer füllen und zu einem glatten, schaumigen Shake verrühren oder mit dem Pürierstab aufschäumen.

Deftiger Brunchteller

In rund 30 Minuten bekommen Sie damit 4 Personen satt.

---

2 große Kartoffeln (500 g), geschält und in Würfel geschnitten

3 EL Olivenöl

2 EL Butter

2 Zwiebeln, in 2,5 cm große Würfel geschnitten

4 dicke Scheiben gepökeltes Dosenfleisch (Corned Beef*, à etwa 75 g), in grobe Würfel oder Stücke geschnitten

1–2 EL Dijonsenf

1 große Handvoll glatte Petersilie, gehackt

4 mittelgroße Rote-Bete-Knollen (insgesamt etwa 200 g), gekocht und in Würfel geschnitten

4 Frühlingszwiebeln, in Ringe geschnitten

4 Eier

1 gehäufte Messerspitze Chiliflocken

Salz und Pfeffer

*Am besten schmeckt es natürlich, wenn Sie Ihr Corned Beef selbst machen (siehe Seite 41).

Dieses oder ein ähnliches, vielleicht ein bisschen fetteres Gericht war das erste, was ich bei meiner illegalen Jobsuche in New York gegessen habe. Ich hatte mich mit einem alten Kumpel getroffen, der mich zum Frühstück in das winzige Lokal an der Second Avenue, gleich links neben dem Theater einlud, in dem jahrzehntelang die Tanzshow *Stomp* aufgeführt wurde. Ich werde das kleine, ziemlich schmuddelige Lokal, das von Ägyptern geführt wurde, nie vergessen, denn ich fand es total aufregend, dort dicht gedrängt an der Bar zu sitzen und dem Koch dabei zuzusehen, wie er seine Bratkartoffeln in die Luft schleuderte und dabei mit seinem starken Akzent knappe Anweisungen erteilte. Ich war einfach hin und weg.

Dieses schnelle, einfache und obendrein superleckere Brunchgericht sollten Sie unbedingt ausprobieren!

Die Kartoffeln in einem Topf mit kaltem Salzwasser bedecken und bei starker Hitze zum Kochen bringen. Bei geringer Hitze fast weich kochen und abgießen.

In der Zwischenzeit die Hälfte des Öls mit der Hälfte der Butter in einer großen, schweren Pfanne erhitzen und die Zwiebeln bei mittlerer Hitze anschwitzen, bis sie weich und leicht gebräunt sind. Die abgetropften Kartoffeln und das restliche Öl dazugeben und die Kartoffeln einige Minuten bei starker Hitze anbräunen.

Mit Salz und Pfeffer würzen. Corned Beef, Dijonsenf und Petersilie unterrühren. Zum Schluss die Rote-Bete-Würfel hinzufügen und 1–2 Minuten unter laufendem Wenden erhitzen. Die Herdplatte ausschalten und die Frühlingszwiebeln untermischen.

Die Eier in der restlichen Butter als Spiegeleier braten, mit Salz und Pfeffer würzen und mit den Chiliflocken bestreuen. Die Bratkartoffeln auf vier Teller verteilen und je ein Spiegelei darauf anrichten.

Buttermilchpfannkuchen mit Haferflocken

4 kräftige Esser werden damit locker satt, behauptet zumindest Dorian. Den Teig einfach über Nacht ruhen lassen und am nächsten Morgen noch einmal 15 Minuten gehen lassen.

240 g Mehl
1 TL Backnatron
1 TL Backpulver
1 EL Zucker
1 Prise Salz
1 großes Ei
500 ml Buttermilch (oder 500 ml Milch mit 2 EL Zitronensaft verrührt)
150 g zartschmelzende Haferflocken
2 EL Butter, zerlassen
Öl zum Einfetten
8–12 Scheiben ungeräucherter Bacon, knusprig gegrillt
1 Schale Blaubeeren
Ahornsirup zum Beträufeln

Sonntags pflegte meine reizende Mitbewohnerin Jodi uns immer etwas Besonderes aus Dorian Leigh Parkers Pfannkuchenkochbuch zu zaubern. Dieses Rezept soll von Dorians Vater stammen, und sie kochte es gerne in ihrer Collegezeit in den 1930er-Jahren. Das mag auch erklären, weshalb diese Pfannkuchen etwas gehaltvoller sind als das, was man heute so serviert bekommt. Ich finde die modernen amerikanischen Pfannkuchen, die sich eigentlich nur dazu eignen, sie in einem See von Ahornsirup zu ertränken, ein bisschen fade. Da sind diese sättigenden Pfannkuchen doch etwas ganz anderes – genau das Richtige, um gut in den Tag zu starten.

Falls Sie keine Buttermilch im Haus haben, nehmen Sie einfach normale Milch, rühren 2 Esslöffel Zitronensaft hinein und lassen sie 5 Minuten stehen.

Ideal ist das Rezept auch für alle, bei denen es morgens schnell gehen muss, denn da der Teig über Nacht ruhen muss, sollte er bereits am Vorabend gerührt werden, sodass die Pfannkuchen am nächsten Tag nur noch gebacken werden müssen. Und das Beste: Der fertige Teig ist drei Tage haltbar.

In einer großen Schüssel das Mehl mit Natron, Backpulver, Zucker und Salz mischen. Das Ei in einer Schale kräftig verquirlen, die Buttermilch mit dem Schneebesen durchrühren. Beides mit der Mehlmischung zu einem glatten Teig verrühren und über Nacht in den Kühlschrank stellen.

Unmittelbar vor dem Backen Haferflocken und Butter kurz unterrühren. Eine Pfanne mit dickem Boden leicht mit Öl einfetten und sehr heiß werden lassen. Die Wärmezufuhr dann verringern.

Pro Pfannkuchen 1 Schöpflöffel Teig in die Pfanne gießen. Sobald sich an der Oberfläche Blasen bilden und der Teig am Rand leicht gebräunt ist (das dauert etwa 3 Minuten) den Pfannkuchen wenden und auf der anderen Seite goldbraun backen. Die Pfannkuchen direkt aus der Pfanne (Sie können sie aber auch bei geringer Hitze im Backofen warmhalten, während Sie die restlichen Pfannkuchen backen. Am allerbesten schmecken sie allerdings frisch gebacken) mit gegrilltem Bacon, Blaubeeren und Ahornsirup servieren.

The Reuben

Etwa 10 Minuten sollten Sie für dieses Sandwich rechnen.

einige Scheiben gepökeltes Dosenfleisch (Corned Beef*)

2 Scheiben Brot (vorzugsweise Roggenbrot), leicht geröstet

Butter

milder Senf, vorzugsweise ein amerikanisches Produkt

1 großer Löffel Sauerkraut, ausgedrückt und erwärmt

einige Scheiben Emmentaler

1 Dillgurke, in Scheiben geschnitten

*Das können Sie übrigens auch selbst machen. Das Rezept finden Sie auf Seite 41.

Bevor ich nach New York kam, hatte ich noch nie von einem Gericht namens Reuben gehört. Aber inzwischen möchte ich diese herzhaften Sandwiches nicht mehr missen. Und auch wenn sie absolut nichts mit Haute Cuisine zu tun haben, würde ich sie jederzeit mit auf eine einsame Insel nehmen. Als besonderen Clou empfehle ich Ihnen dazu außerdem noch fein geschnittene sauer eingelegte Zwiebeln!

Was den Franzosen ihr Croque Monsieur, das ist der Reuben für die New Yorker. Bei den Zutaten können Sie Ihrer Fantasie übrigens durchaus freien Lauf lassen. Und so wird er gemacht:

Den Backofengrill auf höchster Stufe vorheizen.

Das Corned Beef mit ein paar Esslöffeln Wasser unter dem Backofengrill oder bei mittlerer Hitze in einer Pfanne erwärmen.

Eine Brotscheibe mit Butter, die andere mit Senf bestreichen. Das Corned Beef auf der gebutterten Scheibe verteilen. Das Sauerkraut und zum Schluss den Käse daraufgeben.

Das Brot unter den Grill schieben, bis der Käse geschmolzen ist. Die Gurken darauf verteilen, das mit Senf bestrichene Brot darauflegen und das Ganze einmal durchschneiden.

Wenn einem bei diesem Anblick nicht das Wasser im Munde zusammenläuft …

Jeans heißer Artischockendip

Die Zutaten zusammenrühren
(das dauert ungefähr 10 Minuten)
und 35 Minuten garen.

---

250 g Artischockenherzen (vorzugsweise offen verkaufte, denn die
Konserven sind oft ziemlich wässrig)

---

40 g Parmesan, geraspelt

---

1 Knoblauchzehe, gehackt

---

2 Eier, verquirlt

---

200 g Crème fraîche

---

1 Msp. Cayennepfeffer

½ TL Selleriesalz

Saft von ½ frisch gepressten Zitrone

Butter zum Fetten der Form

---

1 Handvoll Petersilie, fein gehackt

Pfeffer

Außer mir gab es in der dreißig Mann starken Küchencrew des *Tribeca Grill* nur noch eine Frau, unsere Jungköchin Jean aus Salt Lake City. Wir kochten häufig zusammen und halfen uns gegenseitig, uns gegen die Machosprüche unserer männlichen Hispanokollegen zur Wehr zu setzen.

Als ich das Restaurant verließ, haben wir uns leider aus den Augen verloren. Doch als ich kürzlich wieder einmal in New York war, stellte ich zu meiner Überraschung fest, dass ihr inzwischen das *Vinegar Hill House* in Brooklyn gehört. Ich rief sie an, wir trafen uns und bei dieser Gelegenheit gab sie mir das Rezept für diesen fantastischen Partydip im Stil der 1970er.

Den Backofen auf 180 °C vorheizen. Die Artischocken mit Parmesan und Knoblauch im Mixer oder mit dem Pürierstab kurz zu einer groben Paste verrühren. Die Eier hinzufügen und ebenfalls nur kurz unterrühren. Zum Schluss Crème fraîche, Cayennepfeffer, Selleriesalz, Zitronensaft und Pfeffer hinzufügen und den Mixer ein- oder zweimal kurz einschalten. Der Dip sollte eine möglichst grobe Konsistenz haben.

Eine Souffléform (etwa 15 × 8 cm) mit Butter einfetten. Die Mischung einfüllen und 35–40 Minuten im Backofen garen, bis sie aufgegangen und gebräunt, in der Mitte aber noch etwas wabbelig ist. Den Dip mit gehackter Petersilie bestreut zu oder auf kleinen Toasts oder Crackern servieren.

Chicoréesalat mit Äpfeln, Nüssen & Gorgonzoladressing

Reicht für 6–8 Personen und ist
in 20 Minuten fertig.

---

100 g Gorgonzola piccante

---

4 EL Crème fraîche

Saft von ½ frisch gepressten Zitrone

3–4 Chicorée, in Streifen geschnitten

---

2 Äpfel, geviertelt und in Scheiben
geschnitten

---

75 g Pekannüsse, leicht geröstet und
grob gehackt

---

1 große Handvoll getrocknete
Cranberrys

Salate wie diesen hatten wir im *Tribeca Grill* immer auf der Speisekarte. Er hat alles, was ein typisch amerikanischer Salat braucht: jede Mengen knackige Zutaten und ein cremiges Käsedressing. Ist zwar nicht so gesund wie eine Vinaigrette, schmeckt aber unwiderstehlich und enthält viel Eiweiß.

Die Äpfel und der Chicorée verfärben sich nach dem Schneiden sehr schnell. Legen Sie sie deshalb in Eiswasser, wenn Sie den Salat nicht gleich servieren. So bleiben sie zudem schön knackig.

Den Gorgonzola mit Crème fraîche und Zitronensaft gut verrühren. Das Dressing sollte eine cremige Konsistenz haben, deshalb gegebenenfalls noch etwas Wasser (etwa 50 ml) hinzufügen.

Den Chicorée mit Äpfeln, Nüssen und Cranberrys mischen, vorsichtig mit dem Dressing anmachen und den Salat zum Schluss mit ein paar Beeren und Nüssen dekorieren.

Rindfleisch pökeln

Ergibt etwa 12 große Scheiben.
Pökelzeit: 1 Woche
Kochzeit: 4 Stunden

---

2 kg Rindfleisch aus der Unterschale
(häufig nimmt man aber auch Rinder-
brust – und bitte: Kaufen Sie Ihr
Fleisch beim Fleischer!)

Für die Pökellake

450 g Pökelfertigmischung für Rindfleisch (enthält 10 g Natriumnitrit,
175 g weißen Zucker und 275 g Speisesalz)

---

10 Gewürznelken

---

6 Pimentkörner oder
½ TL gemahlenen Piment

---

1 kleine Handvoll schwarze
Pfefferkörner

---

2 EL Koriandersamen

---

2 EL Senfkörner

---

einige Lorbeerblätter, zerbröckelt

6–8 Knoblauchzehen, mit der Messerklinge zerdrückt

---

90 g brauner Zucker

Für den Kochsud

2 Zwiebeln, halbiert

---

2 große Möhren, grob zerkleinert

---

7 Lorbeerblätter, zerbröckelt

---

1 TL Kümmel, im Mörser grob
zerstoßen

½ EL Pfefferkörner, mit der Messerklinge leicht zerdrückt

Gepökeltes Rindfleisch wird im angelsächsischen Raum als Corned Beef bezeichnet, weil das Salz, das der Haltbarmachung dient, dem Fleisch eine körnige Konsistenz verleiht. Früher verwendete man dazu Natriumnitrat (also Natronsalpeter). Das ist heute allerdings nur noch schwer zu bekommen, kann man daraus doch auch Sprengstoff herstellen. Deshalb wird es im Allgemeinen durch Natriumnitrit ersetzt. Tatsächlich könnte man im Grunde ganz darauf verzichten, das Fleisch wäre dann allerdings weniger lange haltbar und bekäme außerdem keine so appetitliche rosa Farbe. Die Entscheidung liegt natürlich bei Ihnen, aus Erfahrung weiß ich aber, dass es am einfachsten ist, wenn man eine Fertigmischung verwendet (die über das Internet bestellt werden kann).

Die andere Frage ist, warum man Rindfleisch überhaupt pökeln soll. Nun, es ist einfach, preiswert und man kann damit viel Anerkennung ernten.

Die Pökelmischung (oder die einzelnen Zutaten) mit 2 Liter Wasser, den Gewürznelken und, wenn Sie gemahlenen Piment verwenden, dem Piment in einen großen Topf geben. Die ungemahlenen Gewürze im Mörser grob zerstoßen und mit den zerbröckelten Lorbeerblättern, Knoblauch und Zucker in den Topf geben. Den Deckel auflegen und das Ganze bei starker Hitze zum Kochen bringen. Die Herdplatte danach ausschalten und die Lake abkühlen lassen.

Ist die Lake vollständig erkaltet, das Fleisch einlegen und 1 Woche darin ziehen lassen. Das Fleisch während dieser Zeit gelegentlich wenden. Nach Ablauf der Zeit gründlich abspülen und 1 Stunde in kaltes Wasser legen. Das Wasser mehrfach wechseln, bis es nicht mehr salzig schmeckt.

Das Fleisch in einem großen Topf mit frischem kaltem Wasser bedecken, mit geschlossenem Deckel zum Kochen bringen. Aufsteigenden Schaum abschöpfen. Zwiebeln, Möhren, Lorbeerblätter, Kümmel und Pfefferkörner hinzufügen und das Fleisch etwa 4 Stunden zugedeckt bei geringer Hitze köcheln lassen. Dabei von Zeit zu Zeit prüfen, ob es noch mit Wasser bedeckt ist und gegebenenfalls etwas kochendes Wasser nachgießen.

Das Fleisch in der Kochflüssigkeit abkühlen lassen, anschließend aus dem Topf nehmen und trocken tupfen. Das Fleisch lässt sich leichter in dünne Scheiben schneiden, wenn man es anschließend noch über Nacht mit Gewichten beschwert. Die New Yorker bevorzugen ihr Corned Beef allerdings schön dick und »fluffig«.

Donuts mit Kürbis & Ingwer

Ergibt etwa 20 Stück und dauert einschließlich 30 Minuten Gehzeit 1 ½ Stunden.

---

150 ml Vollmilch

---

1 TL Trockenhefe

---

100 g Zucker + 1 TL zum Ansetzen der Hefe

---

1 kg Mehl + Mehl zum Bestäuben

---

1 Kürbis (etwa 650 g Fruchtfleisch), geschält, das Fruchtfleisch 40 Minuten bei 175 °C im Backofen in Alufolie gegart und zerdrückt

---

½ TL Zimt

½ TL Salz

---

1 Ei, verquirlt

---

4 EL zerlassene Butter

---

2 EL Pflanzenöl (z.B. Erdnuss- oder Sonnenblumenöl)

1–1,5 l Öl zum Ausbacken

Für die Glasur

1 TL Butter

---

75 ml Milch

---

175 g Puderzucker

---

1 ½ TL gemahlener Ingwer

½ Päckchen Vanillezucker

---

75 g frische Ingwerwurzel, ungeschält, gewaschen

Bei meinem zweiten New-York-Aufenthalt hatte ich mir ein Apartment in einem großen Wohnblock an der Lower East Side in der Nähe des alten jüdischen Viertels gemietet. Es lag dort immer der anheimelnde Duft von Hühnersuppe in der Luft. Das war auch der Grund, weshalb ich mich für diese Wohnung entschieden hatte. Doch kaum verließ man das Viertel, schlug einem ein ganz anderer Wohlgeruch entgegen, denn um die Ecke befand sich eine fantastische Donutfabrik. Und an Halloween, das dort ja ganz groß gefeiert wird, gab es als besondere Spezialität diese Donuts.

Die Milch bei geringer Hitze leicht erwärmen, die Hefe und 1 Teelöffel Zucker einrühren und die Mischung 20 Minuten ruhen lassen, bis sie schäumt.

In einer großen Schüssel das Mehl mit Kürbis, Zimt, Salz und dem Zucker vermengen. Die Hefemilch, Ei, Butter und Öl hinzufügen und die Zutaten zu einem weichen Teig verarbeiten. Dann etwa 5 Minuten mit bemehlten Händen auf der bemehlten Arbeitsfläche durchkneten. Ist der Teig zu klebrig, noch etwas Mehl hinzufügen.

Den Teig etwa 2 cm dick ausrollen und mit zwei runden Ausstechformen (eine mit 8 und eine mit 4 cm Durchmesser) Ringe ausstechen. Die Teigabfälle nochmals ausrollen und 30 Minuten gehen lassen.

Für die Glasur die Butter in der Milch zerlassen. Puderzucker, gemahlenen Ingwer und Vanillezucker einrühren. Den frischen Ingwer raspeln und den Saft in die Milch pressen (die Fasern können Sie zum Aromatisieren von Tee oder Grog verwenden).

Einen breiten Topf mit dickem Boden 2,5–3 cm hoch mit Öl füllen. Das Öl heiß werden lassen (wenn Sie einen Holzkochlöffel ins Fett halten und an ihm Bläschen aufsteigen, ist das Fett heiß genug, es darf nicht zu rauchen beginnen). Die Herdplatte dann auf mittlere Hitze herunterschalten und einen Probedonut backen, um zu prüfen, ob das Öl die richtige Temperatur hat. Er sollte aufgehen und an die Oberfläche steigen. Die restlichen Donuts portionsweise jeweils 5–7 Minuten ausbacken, dabei nach der Hälfte der Zeit wenden, damit sie rundherum eine schöne goldbraune Farbe bekommen. Mit einem Schaumlöffel herausheben und auf einem Kuchengitter abtropfen und abkühlen lassen.

Die noch warmen Donuts in die Glasur tauchen und möglichst gleich genießen.

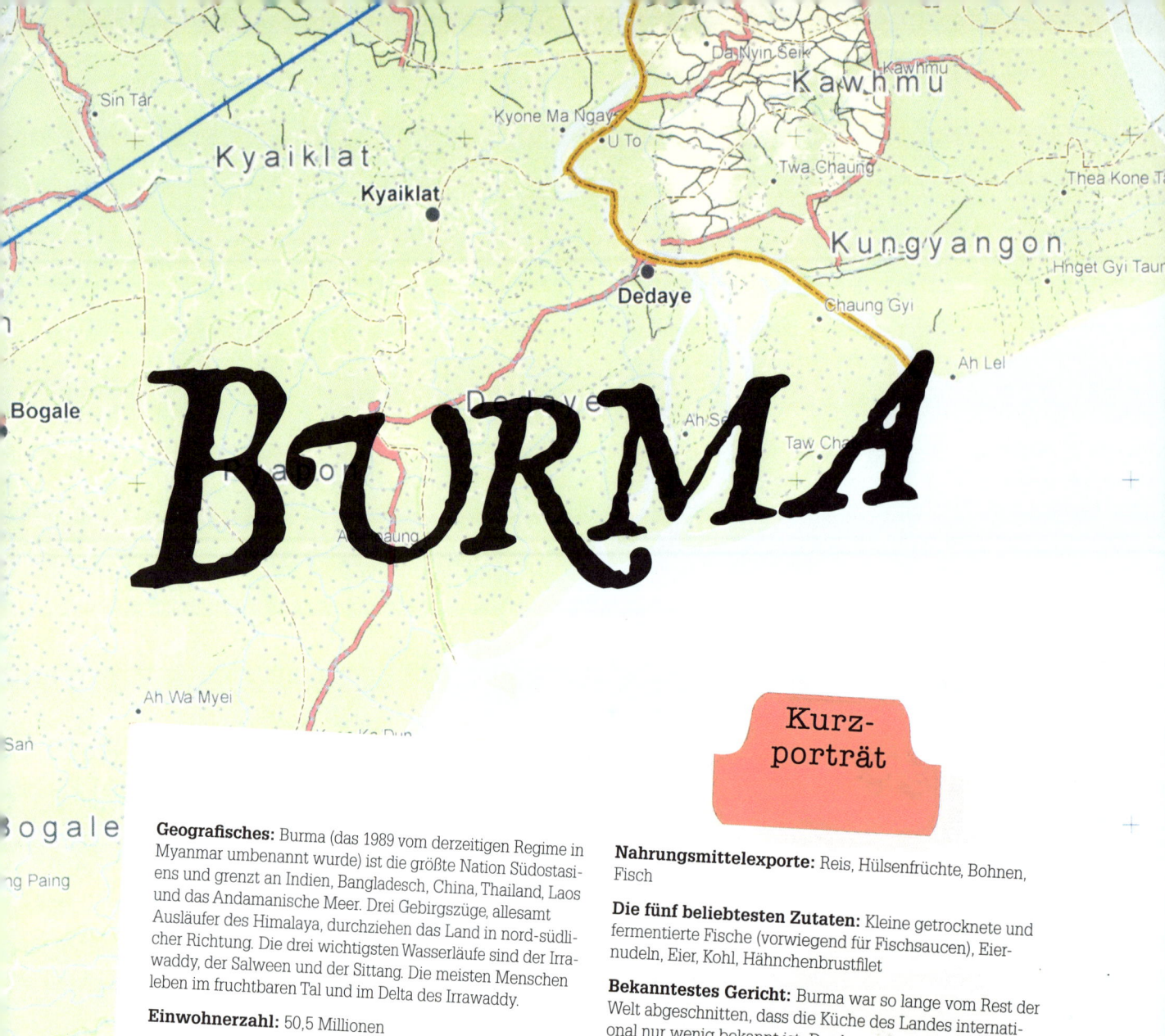

BURMA

Geografisches: Burma (das 1989 vom derzeitigen Regime in Myanmar umbenannt wurde) ist die größte Nation Südostasiens und grenzt an Indien, Bangladesch, China, Thailand, Laos und das Andamanische Meer. Drei Gebirgszüge, allesamt Ausläufer des Himalaya, durchziehen das Land in nord-südlicher Richtung. Die drei wichtigsten Wasserläufe sind der Irrawaddy, der Salween und der Sittang. Die meisten Menschen leben im fruchtbaren Tal und im Delta des Irrawaddy.

Einwohnerzahl: 50,5 Millionen

Religion: 90 % Buddhisten, die restlichen 10 % sind überwiegend Christen und Moslems.

Bevölkerung: 68 % Burmesen, den Rest bilden überwiegend Shan, Karen, Rohingya, Chinesen, Inder und Mon-Khmer.

Lebenserwartung: Männer 62, Frauen 67 Jahre

Externe Einflüsse: Im 19. Jahrhundert wurde das Land dreimal von den Briten besetzt. Sie brachten viele Inder als Beamte ins Land. Um den Handel zu beleben, förderte man außerdem die Zuwanderung von Chinesen.

Die kulinarischen Highlights: Wokähnliche Pfannengerichte und Braten. Salate, mit Salz konservierte Garnelen, auch Saucen, Currys, Würzsaucen und Gewürzmischungen

Nahrungsmittelexporte: Reis, Hülsenfrüchte, Bohnen, Fisch

Die fünf beliebtesten Zutaten: Kleine getrocknete und fermentierte Fische (vorwiegend für Fischsaucen), Eiernudeln, Eier, Kohl, Hähnchenbrustfilet

Bekanntestes Gericht: Burma war so lange vom Rest der Welt abgeschnitten, dass die Küche des Landes international nur wenig bekannt ist. Das beste Gericht ist vielleicht *Oh-no Khaukswe*, ein Hähnchencurry (siehe Seite 56).

Das trinkt man hier: Mandalay-Bier, viel Wasser

Mein Lieblingsgericht: Sie werden lachen, aber ich habe in Burma – im *Strand Hotel* in Rangun, einem Relikt aus der Kolonialzeit – zum ersten Mal Kaviar gegessen. Als ich mir den Boden der Dose ansah, musste ich zwar feststellen, dass das Verfallsdatum bereits sechs Monate überschritten war, aber er hat mir trotzdem ausgezeichnet geschmeckt.

Mein eindrucksvollstes Erlebnis: Ohne Frage der Blick über die 10 000 über die historische Königsstadt Bagan verstreuten Stupas, die buddhistischen Kultbauten.

Darüber sollte man besser nicht sprechen: Freie Wahlen …

Bei der schlechten Presse, die das Land bekommt, vergisst man nur zu leicht, dass Burma ein schönes Land ist. Ich war dort mit meinem Vater, meinem Onkel und meiner Tante – also als brave Mittelklassetouristin. Abgesehen von ein paar Nächten in Rangun verbrachten wir die meiste Zeit auf einem Flussdampfer, mit dem wir den Irrawaddy von der hinter Mandalay gelegenen historischen Königsstadt Bagan bis zum 25 Meilen westlich der Grenze zu China gelegenen Bhamo hinauffuhren.

Erst ein Jahr vor unserer Reise hatte man die prächtige alten *Pandaw*, die 1946 in Schottland für die Irrawaddy Flotilla Company gebaut worden war, wieder in ihre ursprüngliche Pracht versetzt. Man kam sich vor wie zu Kolonialzeiten. Die meisten meiner Mitreisenden waren alte Herren, die mit ihren Frauen noch einmal die Orte besuchten, an denen sie im Krieg stationiert waren. Wegen dieser Verbindung zu Krieg und Kolonialzeit, aber auch weil das neue Regime nach dem Militärputsch von 1962 die Grenzen dicht gemacht hatte, war diese Reise so etwas wie eine Reise in eine vergangene Zeit. Ich bin schon in vielen ärmeren Ländern gewesen, doch ich war noch nie an einem Ort, der so isoliert war vom Rest der Welt. Es schien fast so, als sei die Zeit hier stehen geblieben – und das hatte etwas Bizarres, aber durchaus Angenehmes.

Wie der Nil in Ägypten ist der Irrawaddy die pulsierende Hauptschlagader des Landes. Er ist aber auch ein heiliger Fluss wie der indische Ganges. Den Fluss gemächlich hinaufzufahren war die wunderbarste Art zu sehen, wie die Burmesen auf dem Land leben, und dabei die ständig sich verändernde, atemberaubende Landschaft zu genießen. 2000 Jahre lang war Burma ein buddhistisches Land, und so begegnete man nicht nur auf Schritt und Tritt den unentwegt lächelnden, gerade einmal vierjährigen Jungen in den burgunderroten Mönchsgewändern, sondern es gab auch jede Menge Tempel und Stupas zu bestaunen. Manche waren frisch getüncht und bemalt, manche aus Ziegelsteinen und Lehm, und einige wenige erstrahlten sogar in einem Gewand aus funkelndem Blattgold.

Hin und wieder legten wir vor einem der kleinen Städte und Dörfer an, an denen die moderne Zivilisation vorbeigegangen ist, um die Werkstatt eines Handwerkers zu besichtigen (die Burmesen sind großartige Korbflechter und Töpfer), Elefanten beim Transport von Baumstämmen zu beobachten oder eine Schule zu besuchen (gegen die geschwungenen Buchstaben des burmesischen Alphabets wirken unsere geradezu eckig und ungefällig) oder den Markt ... und natürlich die unvermeidliche Stupa oder auch zwei. Am meisten faszinierte mich die Zigarrenfabrik – bis auf die blutjungen Mädchen, die in fast völliger Dunkelheit Gott weiß wie viele Stunden lang die Tabakblätter rollten. Es gab überhaupt sehr viel Kinderarbeit. Trotzdem lächelten die Kinder eigentlich immer und sahen gesund aus. Wenn sie geahnt hätten, dass sie eigentlich ein Recht auf Bildung und auch auf Zeit zum Spielen hatten ...

Die Zeit dazwischen verbrachten wir mit der Beobachtung des Lebens auf dem Fluss. Zu riesigen Flößen verzurrt wurden dort Baumstämme transportiert. Man hatte auf ihnen sogar Hütten errichtet, sodass sie wie schwimmende Dörfer aussahen. Was es sonst noch zu sehen gab: exotische Blumen und bunt schillernde Vögel. Dorfbewohner beim Wäschewaschen und Kinder, die im Fluss spielten. Fischer mit vollen Körben, majestätische Stupas, und das alles vor der Kulisse spektakulärer Sonnenauf- und -untergänge.

Und all das umwehte ein Hauch des Vergangenen. Man hätte fast glauben können, Kipling habe in der Nebenkabine gesessen, als er schrieb:

Komm zurück nach Mandalay,
Wo die alte Flotille lag.
Hörst du nicht ihre Ruder platschen
Von Rangun nach Mandalay?
Auf der Straße nach Mandalay,
Wo die fliegenden Fische spielen
Und die Dämmerung wie ein Donner
Von China her über die Bucht hereinbricht.

A n d a m a n   S e a

Dies war zwar durchaus nicht das erste Messer, das ich aus einem fremden Land mitbrachte, aber mit ihm hat meine Sammelleidenschaft eigentlich erst so richtig begonnen. Den Anfang hatte zwar das Picknickmesser aus der Türkei gemacht, allerdings kann ich mich nicht daran erinnern, mich darum bemüht zu haben, es zu bekommen oder wiederzubekommen, es ist einfach irgendwie in unseren Besitz gelangt.

Ganz anders bei dieser wuchtigen Machete. Wir schlenderten gerade durch ein kleines Dorf, da sah ich dieses imposante Teil am Stand des örtlichen Eisenwarenhändlers hängen. Bevor wir uns handelseinig wurden, bestaunte und begutachtete ich das Ding erst einmal ungläubig von allen Seiten. Aber als ich es dann hatte, hatte ich das Gefühl, ein gutes Geschäft gemacht zu haben. Jetzt musste ich die »Waffe« nur noch durch den Zoll bringen.

Gewiss, es kommt nicht auf die Größe an ... Aber ich muss sagen, dieses edle Teil ist schon sehr beeindruckend: gut 60 Zentimeter lang – und sehr schwer. Ich vermute, es ist eigentlich für die Landwirtschaft, zum Abhacken der Feldfrüchte bestimmt. Es könnte aber genauso gut als Schlachtmesser gedacht gewesen sein. Aber da ich mich damals noch nicht auf Küchenmesser festgelegt hatte, habe ich mit dem Kauf gegen keine meiner Regeln verstoßen.

Was mich daran so fasziniert? Nun, es ist einfach nur ein Werkzeug – schmucklos und ohne Schnörkel und nicht einmal sonderlich professionell gearbeitet. Das Loch zum Aufhängen am unteren Ende der Klinge ist allerdings wirklich genial – das sollte jedes Messer haben! Zwei Metallmanschetten am oberen und unteren Ende des Griffs ersetzen die Nieten. Und auf einer Seite hat man, gewissermaßen als persönlichen Touch, ein paar Wörter in der ungewöhnlichen geschwungenen Schrift eingraviert, die, wie man mir sagte, so viel bedeuten wie »Win's Special«, wobei Win der Name des Messerschmieds ist. Und der fand seine Machete sehr »speziell«. Genau wie ich.

Dass mein Herz so sehr an diesem Messer hängt, hat aber eigentlich einen ganz anderen Grund. Es erinnert mich an die letzte große Reise mit meinem Vater und daran, was für ein toleranter und verständnisvoller Vater er war, der seiner nonkonformistischen Tochter erlaubte, so etwas zu kaufen. Er konnte ja nicht ahnen, dass er damit den Grundstein für meine vielen abenteuerlichen Reisen rund um die Welt und letztlich sogar für dieses Buch legte.

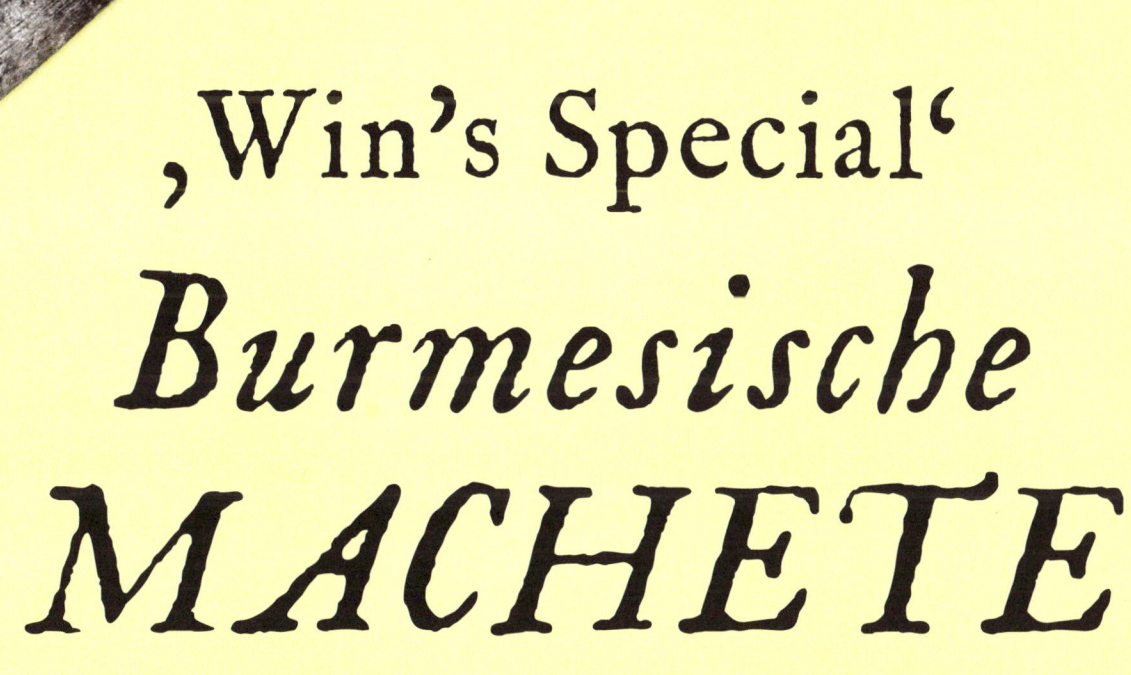

'Win's Special'

Burmesische

MACHETE

Rezepte aus Burma

 မြင်းချို့ရွက်ကြော်
Ausgebackenes Blattgemüse mit Tamarinden-Chili-Dip

ကြက်ဥ နှင့် ပန်း�‌ဆော်ဖီ ကြော်
Blumenkohl mit Eiern

သက်‌ဘီး သုပ်
Tin-Baw-Thee Thoat (Pikanter Weiß-kohlsalat mit frittierten Schalotten)

ဥနို ‌ခေါက်ဆွဲ
Oh-no Khaukswe (Hähnchencurry mit Eiernudeln)

ဘဲဥ မြွေ ဟင်း
Curry mit Enteneiern

‌ခေါက်‌ ဆွ‌ ‌ပေါင်း
Reis mit schwarzer Bohnenpaste

Ausgebackenes Blattgemüse mit Tamarinden-Chili-Dip

Ergibt 10 Stück, und zum Vorbereiten und Ausbacken müssen
Sie jeweils 15 Minuten rechnen.

Für den Teig

75 g Mehl, vorzugsweise
Kichererbsenmehl

200 g Naturjoghurt

½ TL Kurkuma

½ TL gemahlener Koriander

½ TL Salz

Für den Dip

2 EL Tamarindenpaste oder -sirup

½ TL Fischsauce

1 runde Schalotte, in sehr feine
Ringe geschnitten

1 Handvoll Koriandergrün, mit
Stielen fein gehackt

Saft von ½ frisch gepressten Limette

1 große grüne Chilischote, mit
Samen und Häutchen in feine Ringe
geschnitten

1 l Erdnussöl

250 g Blattgemüse (z. B. Pak-Choi),
gewaschen und mit Stielen in 5 cm
breite Stücke geschnitten

Salz

Eines Abends machte unser Schiff vor einem Dorf fest, es kann aber auch eine Stadt gewesen sein (wenn man in der Dunkelheit mit dem Schiff irgendwo ankommt, wo es keinen Strom gibt, ist das nur schwer auszumachen), und ich sprang vom Schiff, um nach einem Lokal zu suchen, wo man Bier auch an junge Frauen verkaufte. Ein solches Lokal gab es natürlich nicht und so setzte ich mich draußen vor ein Café und bestellte mir Tee.

Nebenan saß eine Gruppe von Männern und aß etwas Frittiertes, und ich fragte in Zeichensprache, ob ich davon einmal kosten dürfe. Im Grunde ist es so etwas wie eine indische Zwiebel-Bhaji, schmeckt aber interessanter und ist nicht so fettig.

Tamarinde sollte man eigentlich immer im Kühlschrank haben. Sie hält sich ewig und verleiht den Gerichten einen intensiven, fruchtig-säuerlichen Geschmack. Als Paste und Sirup bekommt man sie inzwischen sogar in gut sortierten Supermärkten.

Die Zutaten für den Teig mit etwa 3 Esslöffeln warmem Wasser zu einem dicken, glatten Teig verrühren.

In einer zweiten Schüssel die Dipzutaten verrühren. Ist die Mischung zu fest (das hängt von der Tamarinde ab), gegebenenfalls noch etwas Wasser hinzufügen.

Das Öl bei geringer bis mittlerer Hitze in einem etwa 20 cm breiten und mindestens 5 cm hohen Topf mit dickem Boden heiß werden lassen.

Den Pak-Choi kurz trocken schleudern, in den Teig geben und gut umrühren. Einen kleinen Löffel Teig in das Öl gleiten lassen, um zu prüfen, ob es die richtige Temperatur hat. Sinkt er zu Boden, ist es noch nicht heiß genug, steigt er sofort brutzelnd an die Oberfläche, hat das Öl die richtige Temperatur.

Nun mit einem Teelöffel Häufchen vom Teig abstechen und portionsweise 4–5 Minuten im heißen Öl goldbraun ausbacken. Die Teigkrapfen dabei 1- bis 2-mal wenden. Anschließend auf Küchenpapier abtropfen lassen. Vor dem Servieren mit etwas Salz bestreuen und den Dip dazu reichen.

Blumenkohl mit Eiern

Diese Beilage für 4 Personen bringen Sie in 15 Minuten auf den Tisch.

---

1 mittelgroßer Blumenkohl

---

2 EL Öl, vorzugsweise Erdnussöl

---

1 kleine Zwiebel, in dicke Ringe geschnitten

---

1 EL Sojasauce

---

3 Eier, mit etwas Wasser verquirlt

---

1 große Handvoll Schnittlauch oder Frühlingszwiebeln, gehackt oder in Ringe geschnitten

---

Salz und Pfeffer

Diese köstliche, einfache und unkomplizierte Gemüsebeilage passt hervorragend zu Currys und Reis, ich persönlich esse das Gericht aber auch gerne zum Frühstück. Sie finden das seltsam? Dann sollten Sie erst mal hören, was meine Frau am liebsten zum Frühstück isst — Toast mit Brokkoli!

Den Blumenkohl in Röschen zerteilen, in einer Schüssel mit Wasser bedecken und ruhen lassen.

Das Öl im Wok oder einer breiten Pfanne erhitzen und die Zwiebel darin anschwitzen, bis sie weich ist. Den abgetropften Blumenkohl mit der Sojasauce dazugeben.

Einige Minuten bei starker Hitze durchschwenken, bis die Flüssigkeit verdunstet ist. 3 Esslöffel heißes Wasser hinzufügen, den Deckel auflegen und den Blumenkohl fast weich garen. Den Deckel abnehmen und die Eier in die Pfanne gießen.

Mit Salz und Pfeffer abschmecken und die Eier einige Minuten unter Rühren stocken lassen. Mit Schnittlauch oder Frühlingszwiebeln bestreuen und mit einem Spritzer Sojasauce abrunden.

Tin-Baw-Thee Thoat
Pikanter Weißkohlsalat mit frittierten Schalotten

In gerade mal 30 Minuten Zubereitungszeit bekommen Sie damit 4 Personen satt.

---

125 ml Reisweinessig

---

2 EL Zucker

---

3 rote Vogelaugenchilischoten, mit Samen in Ringe geschnitten

---

350 g Weißkohl (er sollte nicht schon monatelang irgendwo in der hintersten Ecke des Gemüsefachs gelegen haben ...), in relativ dicke Scheiben geschnitten

---

500 ml Erdnuss- oder Pflanzenöl zum Frittieren

---

2 große längliche Schalotten, in 1 cm breite Ringe geschnitten

---

1 kleine Handvoll Mehl

---

3 Frühlingszwiebeln, schräg in Ringe geschnitten

1/3 Salatgurke, in Würfel geschnitten

---

1 Handvoll Minze, grob gehackt

---

1 große Handvoll Erdnüsse, fein gehackt

Salz

Diesen Salat haben mein Dad und ich bei Kerzenschein (es hatte gerade einen Stromausfall gegeben) in einem kleinen Restaurant in Rangun gegessen – direkt gegenüber, überdacht von einer Art provisorischem Wellblechunterstand, ein liegender Buddha, der locker so lang wie ein Fußballfeld war und in dessen Riesenfüße man Wörter eingraviert hatte. Doch selbst in diesem wenig würdevollen Rahmen strahlte er Ruhe, Schönheit und Kraft aus. Ein sehr bewegender, magischer Anblick, zumal im Schein der Teelichter.

Meinem Dad war der Salat ein bisschen zu scharf, aber mir schmeckte er. Dass ein Kohlsalat so interessant pikant sein kann, hätte man schließlich nicht vermuten können.

Den Essig mit 60 ml Wasser, Zucker, Chilischoten und 1 kräftigen Prise Salz bei starker Hitze in einem breiten Topf zugedeckt zum Kochen bringen.

Den Weißkohl hineingeben, den Deckel wieder auflegen und das Ganze erneut zum Kochen bringen. Den Deckel dann sofort wieder abnehmen und den Kohl unter gelegentlichem Rühren 2–3 Minuten kochen lassen, bis die Flüssigkeit fast verdunstet ist. Den Kohl mit der Kochflüssigkeit in einer großen Schüssel abkühlen lassen.

Das Frittieröl in einem kleinen Topf erhitzen. Die Schalotten in Ringe zerteilen, in ein Sieb legen, das Mehl darüberstreuen und die Ringe darin schwenken. Das überschüssige Mehl fällt so durch die Löcher, und die Ringe sind gerade nur leicht mit Mehl überzogen.

Die Schalottenringe im heißen Öl portionsweise jeweils etwa 3 Minuten knusprig braun frittieren, auf Küchenpapier abtropfen lassen und sofort mit Salz würzen.

Den Kohl (mit der verbliebenen Kochflüssigkeit) mit Frühlingszwiebeln, Gurke, Minze und Erdnüssen mischen und mit Salz – oder Sojasauce – abschmecken.

Den Salat in einer dekorativen Schüssel anrichten und mit den frittierten Schalotten bestreuen.

Oh-no Khaukswe
Hähnchencurry mit Eiernudeln

Reicht für 6–8 Personen und die 90 Minuten Zubereitungszeit lohnen sich in jedem Fall.

6 EL Öl + etwas Öl zum Braten

1 Hähnchen (etwa 1,5 kg), Keulen und Brüste ausgelöst und enthäutet, die Unter- von den Oberschenkeln getrennt (die ausgelösten Knochen und die Flügel werden ebenfalls benötigt)

1 EL gemahlene Kurkuma

einige Handvoll Reisnudeln

3 TL Chiliflocken

3 rote Chilischoten, in Ringe geschnitten

2 Knoblauchzehen, gehackt

1 große Zwiebel, gehackt

40 g Kichererbsenmehl

1 Dose Kokosmilch (etwa 400 ml)

400–600 g Eiernudeln (je nach Anzahl der Personen)

1½ EL Fischsauce

2–4 Eier, hart gekocht und in Scheiben geschnitten

4–5 Frühlingszwiebeln (nur das Grün), in feine Ringe geschnitten

3–4 Limetten, in Spalten geschnitten

Salz

Jedes asiatische Land hat seine eigenen Currys. Zu Hause in England waren Currys aus Indien und Thailand am bekanntesten. Die burmesischen Currys enthalten zwar Bestandteile der Currys aus diesen Ländern, unterscheiden sich aber dennoch deutlich. Wie so häufig in der burmesischen Küche sind es die kleinen Extras, die diesen einfachen, schmackhaften Speisen noch eine besondere Note verleihen.

Etwas Öl bei starker Hitze in einem ausreichend großen Topf erhitzen. Die ausgelösten Knochen und die Flügel darin anbräunen. Mit etwa 2 Liter Wasser bedecken, aufkochen lassen und abschäumen. Die Wärmezufuhr verringern und das Ganze 20 Minuten köcheln lassen.

Die Kurkuma mit 1 Esslöffel Salz mischen. Die Hähnchenkeulen und -brüste damit bestreuen. In den Topf geben, die Brühe erneut aufkochen und das Ganze 15 Minuten köcheln lassen. Die Brüste herausnehmen und abkühlen lassen. Keulen und Flügel weitere 12–15 Minuten garen, dann ebenfalls abkühlen lassen. Die Brühe bei starker Hitze auf 1 Liter einkochen lassen. Das Fleisch in mundgerechte Stücke zerteilen.

Einen breiten Topf etwa 3 cm hoch mit Öl füllen, das Öl heiß werden lassen und die Reisnudeln einige Sekunden unter Rühren knusprig braten. Die Herdplatte danach ausschalten, die Nudeln mit einem Schaumlöffel herausheben und auf Küchenpapier abtropfen lassen. Sobald das Öl etwas abgekühlt ist, die Chiliflocken 3–4 Minuten bei geringer Hitze darin anbraten. Dabei darauf achten, dass sie nicht verbrennen. Das Chiliöl anschließend in eine Schüssel füllen (es wird später zu den Nudeln serviert).

Den Topf mit 2 Esslöffeln frischem Öl erneut erhitzen. Chilischoten, Knoblauch und Zwiebel kurz darin anbraten. Das Fleisch dazugeben und ebenfalls kurz anbraten. Die Brühe darüberseihen. Das Kichererbsenmehl mit 3 Esslöffeln Wasser zu einer glatten Paste verrühren. Sobald die Brühe zu köcheln beginnt, die Mehlpaste und danach die Kokosmilch hinzufügen. Die Eiernudeln nach Packungsanweisung kochen. Das Curry noch 10–15 Minuten köcheln lassen. Es sollte nicht zu dünnflüssig, aber dennoch saftig sein. Die Herdplatte ausschalten und das Curry mit Fischsauce und Salz abschmecken.

Die warmen Eiernudeln auf Teller geben, das Curry darauf verteilen, mit Eierscheiben, Frühlingszwiebeln und den knusprigen Reisnudeln bestreuen, mit Chiliöl beträufeln und mit Limettenschnitzen garnieren.

Curry mit Enteneiern

Für 4 Personen, dauert knapp 45 Minuten.

6 Enteneier

125 ml Erdnuss- oder Rapsöl

2 längliche (oder 4 kleine) Schalotten, in dünne Ringe geschnitten

2 Zwiebeln, gehackt

½ TL gemahlene Kurkuma

2–3 Vogelaugenchilischoten, mit Samen in sehr feine Ringe geschnitten

4 Knoblauchzehen, fein gehackt

1 cm Ingwerwurzel, gewaschen, knorrige Stücke ausgeschnitten und mit der Schale fein gehackt

1½ EL Tomatenmark

1 EL Currypulver

250 g Okraschoten, die Enden abgeschnitten und je nach Größe gedrittelt oder halbiert (sehr kleine Schoten ganz lassen)

3 mittelgroße Tomaten, grob gehackt

½ TL Garnelenpaste (nach Belieben, Vegetarier nehmen einfach etwas mehr Salz)

1 Handvoll Koriandergrün, gehackt

Salz

Eiercurrys findet man bei uns auf den Speisekarten eher selten. In Asien sind diese schnellen Currys dagegen äußerst beliebt. Auf unserer Reise baten wir unseren Schiffskoch hin und wieder, uns doch auch einmal eine typische Spezialität der burmesischen Küche zuzubereiten, und als er dieses Gericht auf den Tisch brachte, waren alle restlos begeistert.

Als ich es zu Hause nachkochte, merkte ich erst, was für ein – ungewohntes – Vergnügen es ist, hart gekochte Eier zu frittieren!

Dazu passen Reis und Salat, zum Beispiel der Pikante Weißkohlsalat von Seite 55.

Wasser in einem Topf zum Kochen bringen. Die Enteneier vorsichtig hineingleiten lassen und je nach Größe 4–6 Minuten kochen. Das Wasser anschließend abgießen, die Schalen aufbrechen und die Eier unter fließendem kaltem Wasser abschrecken.

Das Öl in einem breiten Topf erhitzen und die Schalotten 5–8 Minuten goldbraun frittieren. Mit einem Schaumlöffel herausheben, auf Küchenpapier abtropfen lassen und sofort mit Salz bestreuen.

Die gepellten Enteneier in das heiße Öl legen, die Wärmezufuhr verringern und die Eier 3–4 Minuten frittieren, bis sie rundherum angebräunt sind. Aus dem Topf heben und zum Abtropfen auf Küchenpapier legen.

Die Zwiebeln mit der Kurkuma, den Chilischoten, dem Knoblauch und dem Ingwer ins heiße Öl geben und einige Minuten bei mittlerer Hitze anschwitzen, bis sie weich sind. Das Tomatenmark einrühren, das Ganze 1–2 Minuten kochen lassen und zum Schluss das Currypulver sorgfältig unterrühren.

Die Okraschoten, 1 kräftige Prise Salz und die Tomaten dazugeben und gut umrühren. Die mit 500 ml heißem Wasser angerührte Garnelenpaste hinzufügen, das Curry zum Kochen bringen und etwa 10 Minuten bei geöffnetem Topf köcheln lassen. Die Eier einlegen und andrücken, damit sie gut mit Flüssigkeit bedeckt sind. Den Deckel auflegen und das Curry einige Minuten köcheln lassen, bis die Eier heiß sind. Die Herdplatte ausschalten und das Curry noch 3 Minuten ruhen lassen.

Die Eier mit etwas Salz bestreuen, das Curry auf Tellern anrichten und mit den frittierten Schalottenringen und dem gehackten Koriandergrün garnieren.

Reis mit schwarzer Bohnenpaste

Ergibt 1 kleines Marmeladenglas voll und Sie können damit
6–8 Portionen Reis verfeinern.
Die Vorbereitung dauert
10 Minuten, die Kochzeit
beträgt 20 Minuten.
Hält sich monatelang im
Kühlschrank.

Für die Paste

75 ml Erdnussöl

300 g Schalotten, in Ringe
geschnitten

60 g fermentierte schwarze Bohnen

6–8 Knoblauchzehen, grob gehackt

1 cm Ingwerwurzel, geschält und
gehackt

1–2 Vogelaugenchilischoten, mit
Samen in Ringe geschnitten

Zum Servieren

Langkornreis (roh etwa 75 g pro
Person)

ein paar reife Tomaten, in Scheiben
geschnitten

Frühlingszwiebeln (nur das Grün),
schräg in Ringe geschnitten

Limettenspalten

Auch wenn es vielleicht merkwürdig klingt, aber dieses burmesische
Gericht hat mich am meisten beeindruckt. So etwas hatte ich noch
nie gegessen, und der intensive, mit dem frischen, säuerlich-herben
Geschmack der Frühlingszwiebeln, Limetten und Tomaten kontras-
tierende Geschmack der Paste machte es zu einer echten Offenbarung.
Normalerweise serviert man die Paste in einer kleinen Schüssel zu Reis
und gegrilltem Fleisch oder Fisch, und man mischt sich dann alles selbst
zusammen. Man kann damit auch pfannengerührte Speisen aufpeppen.

Die schwarzen Bohnen haben nichts mit den mexikanischen schwarzen
Bohnen zu tun. Vielmehr handelt es sich hier um gesalzene und fermentierte Sojabohnen, die der Paste, die im Geschmack ein wenig an Miso
erinnert, ein leichtes Raucharoma verleihen. Sie bekommen sie in asiatischen Lebensmittelgeschäften oder über das Internet.

Zum ersten Mal habe ich dieses Gericht in einem kleinen Café in der
historischen Königsstadt Bagan mit ihren 10 000 Stupas gegessen – für
mich der zauberhafteste Ort, den ich je besucht habe.

Den Reis nach Packungsanweisung kochen.

Für die Paste das Öl in einem breiten Topf erhitzen und die Schalotten
unter regelmäßigem Rühren etwa 10 Minuten glasig schwitzen (so entfaltet sich ihr süßlicher Geschmack besonders gut).

Inzwischen die Bohnen 1 Minute in einem Sieb unter fließendem Wasser
abspülen und anschließend ruhen lassen.

Knoblauch, Ingwer und Chilischoten zu den Schalotten geben und
5 Minuten bei geringer Hitze anschwitzen.

Die Bohnen hinzufügen, die Wärmezufuhr verringern, den Deckel
auflegen und das Ganze 5 Minuten kochen lassen.

Die Mischung mit etwas Wasser im Standmixer oder mit dem Pürierstab
zu einer glatten Paste verrühren und in ein sterilisiertes Marmeladenglas
füllen (wenn Sie sie gleich verbrauchen, erübrigt sich das natürlich).

Das Glas fest auf dem Tisch aufstoßen, damit die Luft vollständig
entweichen kann und die Paste mit einem feinen Ölfilm bedecken.

Man serviert die Paste einfach zimmerwarm mit heißem Reis, Tomatenscheiben, Frühlingszwiebel und Limette.

Mit der Arbeitserlaubnis, die ich für die Staaten hatte, hätte mich eigentlich nur das Restaurant beschäftigen dürfen, das für mich gebürgt hatte. Doch nach einem guten Jahr in New York und obwohl ich dort irre viel Spaß hatte, ergriff mich wieder meine altbekannte Ruhelosigkeit. Aber ich hatte Glück, denn das Unternehmen hatte noch einen Platz in San Francisco frei, und weil ich unbedingt das ganze Spektrum der amerikanischen Küche kennenlernen wollte, gab man meinem Bitten und Drängen schließlich nach und schickte mich an die Westküste.

Um ehrlich zu sein: Es war nicht nur der geografische Kontrast, der mich gen Westen zog, es gab da auch noch zwei andere Gründe. Kalifornien genoss inzwischen eine gewisse Bekanntheit für seine Küche, die auf regionale Produkte setzte. Schon lange bevor man das Wort »Bio« hier zum ersten Mal auf eine Schachtel druckte, hatte man die Saat dieses Denkens auf den Feldern dieses fruchtbaren Landes ausgesät. Und diese einfachen, damals aber noch relativ unbekannten Ideen versuchte Alice Waters, eine der wohl bekanntesten kalifornischen Köchinnen, hier schon seit den 1970er-Jahren zu verbreiten. Doch während der Begriff heute in aller Munde ist, war das 1997, als ich zuletzt hier war, noch keineswegs so.

Und der andere Grund? Nun, ich wollte mal sehen, was sich damals in der (Schwulen-)Szene so tat.

Also ordnete ich meine Angelegenheiten in New York, schickte ein paar Sachen rüber und wagte einen Neuanfang. Einen Job hatte ich zwar schon, aber bei meiner Ankunft musste ich feststellen, dass es auf meinem Bankkonto nicht gerade rosig aussah. Zwei große Umzüge in anderthalb Jahren hatten ein ganz schönes Loch gerissen. Ich war 6000 Meilen von zu Hause entfernt, meine Kreditkarten bis zum Limit ausgereizt, und kannte niemanden, der mir hätte aushelfen können. Die Geduld meines Vaters hatte ich auch schon überstrapaziert, und

so war ich zum ersten Mal in meinem Leben total blank. Es blieb mir also nichts anderes übrig, als mein Tagesbudget drastisch zu reduzieren und mir einen Zweitjob zu suchen.

Entsprechend gestalteten sich dann auch meine Tage: Von sechs bis acht Uhr morgens arbeitete ich in einer Fleischerei und lernte, wie man ganze Tiere in 150-Gramm-Portionen zerlegt (heute bin ich immer wieder froh, dass ich das kann). Danach trat ich meine Arbeit im *Rubicon*, einer Zweigstelle des *Tribeca Grill*, an (das übrigens den Schauspielern Robin Williams und Robert de Niro gemeinsam gehört). Kaum war die hektische Mittagszeit überstanden — und hier ging es immer hoch her —, ging's ans Saubermachen, und an fünf Abenden der Woche machte ich mich anschließend auf den Weg ins *Jardinière*, ein ausgesprochen progressives Restaurant, wo ich bis etwa Mitternacht arbeitete.

An meinen freien Tagen besuchte ich meine Freundin Kate, die auf der anderen Seite der Golden Gate Bridge in Marin County in einer kleinen Molkerei mit dem wunderhübschen Namen *Cowgirl Creamery* arbeitete, wo ich ein bisschen etwas über die Käseherstellung lernte (das Kneten und Ziehen des Mozzarellas ist mir in besonderer Erinnerung geblieben). Und ich hing ein bisschen in der Küche von Alice Waters legendärem Restaurant *Chez Panisse* ab, wo ich nicht nur lernte, wie man Schinken macht, sondern auch, welchen Einfluss die Geschichte einer Zutat auf ihren Geschmack hat.

Familiäre Umstände bereiteten meinem Aufenthalt an der Westküste ein abruptes Ende. Noch nie in meinem Leben hatte ich so hart gearbeitet und war so pleite gewesen, doch eines steht fest: Ich habe in den wenigen Monaten mehr über das Kochen gelernt als in der ganzen Zeit in New York.

San Francisco

KURZPORTRÄT

Geografisches: Die an der nördlichen Spitze der Halbinsel San Francisco gelegene Stadt ist umgeben vom Pazifik und der San Francisco Bay. Sie ist häufig von Erdbeben betroffen und berühmt für ihre Hügel. Durch das Zusammentreffen verschiedener Mikroklimata herrscht hier häufig Nebel.

Einwohnerzahl: 815 358 (2009, *geschätzt*)

Religion: Die drei größten Gruppen bilden Katholiken mit etwa 23 %, Juden (6 %) und Moslems (2,9 %), der Rest setzt sich aus verschiedenen protestantische Religionen (einschließlich Methodisten und Episkopalkirche) zusammen. *(Informationen für den gesamten Bundesstaat Kalifornien).*

Bevölkerung: 54 % Weiße, 30 % Asiaten, 6,5 % Schwarze oder Afroamerikaner, der Rest setzt sich aus Pazifikinsulanern zusammen. 14 % der Gesamtbevölkerung bezeichnen sich als Hispanoamerikaner oder Latinos und können jeder dieser Gruppen angehören.

Lebenserwartung: Männer 76, Frauen 80 Jahre *(gesamter Bundesstaat Kalifornien)*

Kulinarische Einflüsse: Die Küche ist stark geprägt von der mexikanischen und der asiatischen Küche.

Was man hier isst: Eine gesunde Küche mit frisch gepressten Säften, Salaten und Obst. In der gehobenen Gastronomie dominiert die französische Küche. Hier gibt es die besten mexikanischen Restaurants. Grillen, ob drinnen oder draußen, erfreut sich großer Beliebtheit. Auf die Qualität der Zutaten wird im Allgemeinen geachtet.

Die fünf beliebtesten Zutaten: Die berühmten Meyer-Zitronen, Tomaten, Frischkäse (Ricotta, Ziegenkäse), Blattsalate, Fisch und Fleisch (aus der Region)

Bekanntestes Gericht: Hier fing die Sache mit den Glückskeksen an.

Das trinkt man hier: Säfte und Smoothies, Latte Macchiato mit Biosojamilch, Instant-Vitamin-Cocktails (aus Algenextrakten etc.), kalifornische Weine (exzellent, aber sehr teuer), Bier aus kleinen kalifornischen Brauereien. Und viel Wasser, damit Sie sich Ihr jugendliches Aussehen bewahren.

Mein Lieblingsgericht: Im *Chez Panisse* hatte ich eine einfache Pizza mit heimischem Ziegenkäse, bestreut mit den vorzüglichen kalifornischen Mandeln und Brunnenkresse.

Mein eindrucksvollstes Erlebnis: Der Augenblick, wenn man die Golden Gate Bridge zum ersten Mal sieht, wird einem unvergesslich bleiben – ein atemberaubendes Meisterwerk der Ingenieurskunst!

Das sollte man besser nicht verlangen: Einen billigen Wein – in Sachen Wein versteht man hier nämlich keinen Spaß!

»Kleb-
freies«
Profi-
messer

Ich saß nach meiner Frühschicht an der Haltestelle und wartete auf den Bus, der mich zur Spätschicht ins nächste Restaurant bringen sollte. Als der Bus kam, bückte ich mich nach meiner abgegriffenen Messerrolle – doch sie war weg. Vor Traurigkeit und Müdigkeit liefen mir die Tränen über die Wangen. Denn wie Sie sich inzwischen denken können, waren mir meine Messer immer sehr wichtig, und ich fühlte mich von einem Augenblick auf den anderen einsam und verlassen, beraubt und weit, weit weg von zu Hause. Ich fühlte mich wie Samson, dem Delilah die Haare abgeschnitten hat. Diese Messer waren für mich so viel mehr als bloße Werkzeuge. Wie die Narben an meinen Armen standen sie nicht nur für meinen bisherigen beruflichen Werdegang, sondern auch für meine kulinarischen Reisen. Ich muss also wohl nicht betonen, dass mein Selbstvertrauen schwer erschüttert war.

Bis zum nächsten Zahltag hatte ich mich wieder gefangen und ging nach der Schicht nach Japantown hinunter. Jede Großstadt hat zwar eine Chinatown, von einer Japantown hatte ich allerdings bis dato noch nie gehört, aber genau dies schien mir der richtige Ort für einen Neuanfang. Da ich damals wie erwähnt knapp bei Kasse war, verwendete ich besonders viel Sorgfalt auf die Auswahl meines Messers. Was ich brauchte, war ein Universalmesser, ein einfaches Profimesser, wenn Sie so wollen. Aber natür-

lich sollte es auch ein bisschen was Besonderes sein … Und ein Messer mit Löchern in der Klinge hatte ich noch nie gesehen.

Was diese Löcher und die Schlitze dazwischen betrifft – das Ganze dient, da bin ich mir sicher, schlicht und einfach dazu, zu verhindern, dass das Gemüse (wenn man es wie die Japaner in blitzartiger Geschwindigkeit hackt) am Messer kleben bleibt und die Scheiben direkt auf das Küchenbrett fallen.

Deshalb ist dies das einzige Messer in meiner Schublade eigens für Rechtshänder. Denn was immer man schneiden will, man muss es mit der linken Hand an die linke Seite der Klinge heranführen, und die geschnittenen Scheiben fallen von der rechten Klingenseite aufs Brett.

Um ehrlich zu sein, habe ich niemals wirklich bemerkt, dass ich mein Gemüse damit auch nur im Geringsten anders hacke, aber weil ich an diesem Tag wild entschlossen war, endlich damit zu beginnen, mir neue Messer zuzulegen, und weil ich den Wert eines Dollars nie mehr zu schätzen wusste als damals, ist mir dieses Messer heilig.

Nachsatz: Nennen Sie es meinetwegen übervorsichtig, aber da mir meine Messer gerade erst geklaut worden waren, ging ich nach dem Kauf des Messers geradewegs zu einem Graveur und ritzte mit zittrigen Fingern meine Initialen über dem Griff ein (als würde das im Zweifelsfalls irgendetwas ändern …).

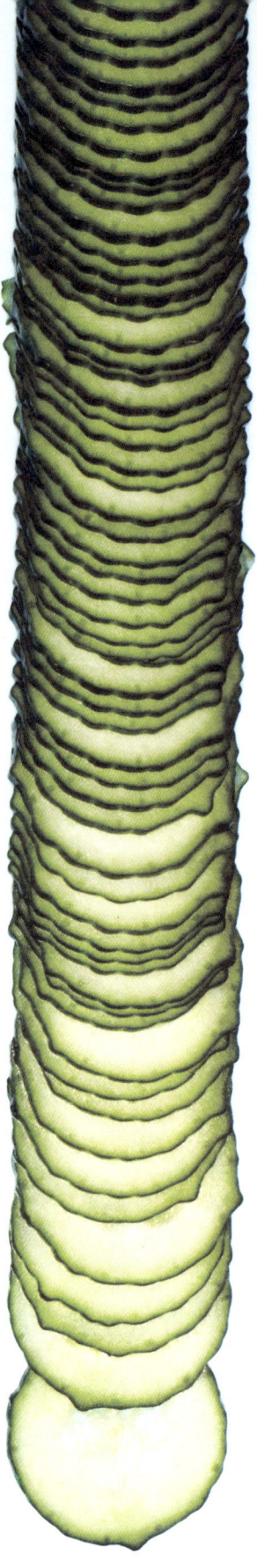

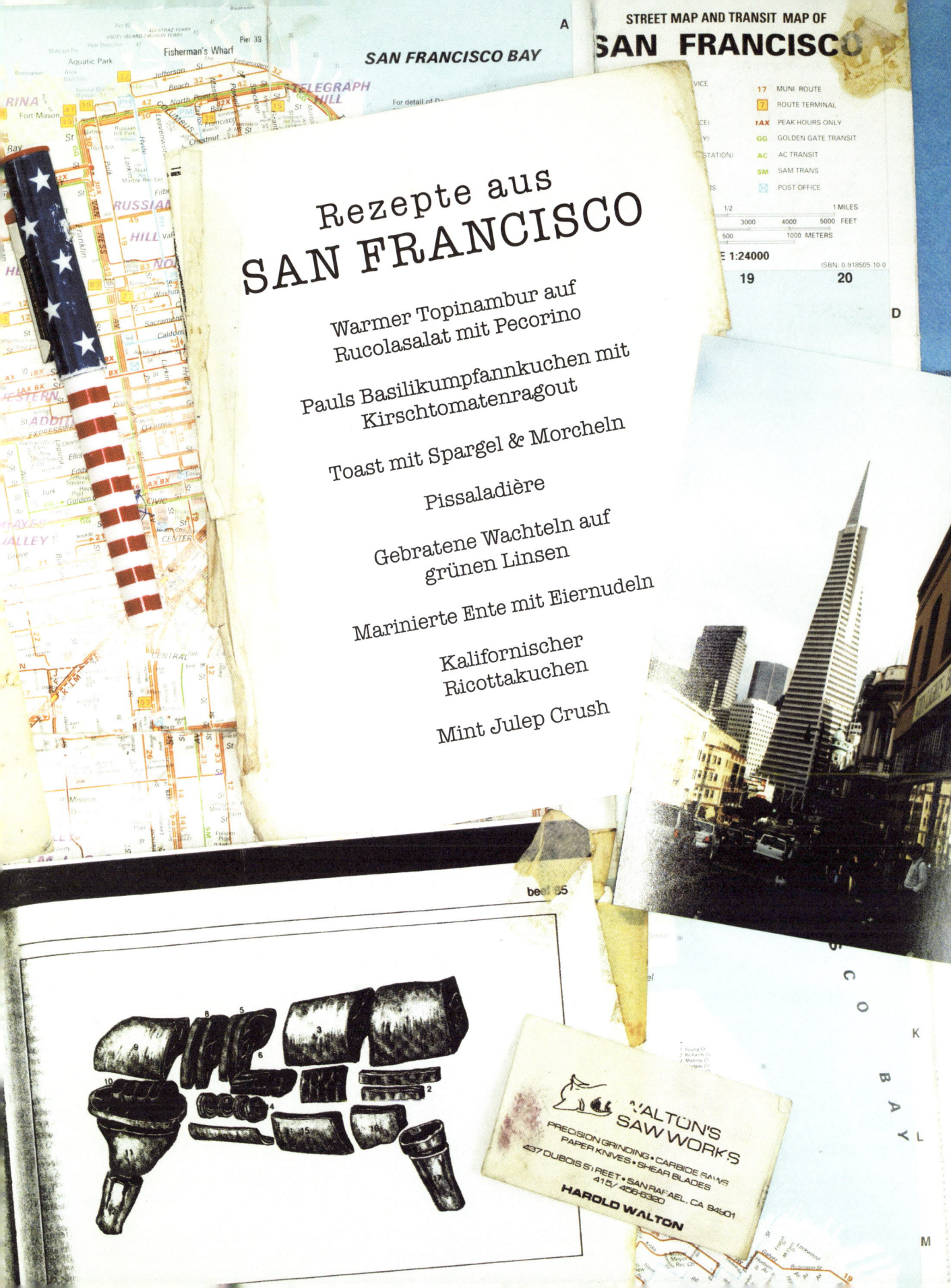

Rezepte aus
SAN FRANCISCO

Warmer Topinambur auf
Rucolasalat mit Pecorino

Pauls Basilikumpfannkuchen mit
Kirschtomatenragout

Toast mit Spargel & Morcheln

Pissaladière

Gebratene Wachteln auf
grünen Linsen

Marinierte Ente mit Eiernudeln

Kalifornischer
Ricottakuchen

Mint Julep Crush

Warmer Topinambur auf Rucolasalat mit Pecorino

Reicht für 6 Personen als Vor-speise/Beilage (sehr lecker mit Fisch). Vorbereitet ist das Ganze in 10 Minuten und muss dann noch 45 Minuten kochen.

---

1 kg Topinambur (nehmen Sie am besten kleine Knollen – am Ende der Saison können die Wurzeln gigantische Ausmaße annehmen), gewaschen und abgebürstet

1 EL bestes Olivenöl + etwas Olivenöl zum Rösten

1 große Handvoll Rucola

1–2 EL guter Weißweinessig (ich habe einen Chardonnay-Essig genommen, Rotwein- oder Sherry-essig schmeckt aber auch prima)

40 g Pecorino, gerieben

etwas Saft von 1 frisch gepressten Zitrone

Salz und Pfeffer

Ich habe in Frisco eine Menge dazugelernt, unter anderem auch, dass man viel Zeit sparen kann, wenn man Topinambur nicht schält. Und das hat nicht nur etwas mit Bequemlichkeit zu tun. Vielmehr schlägt man gleich zwei Fliegen mit einer Klappe. Hat man nach dem Kochen doch einen doppelten Genuss: die köstlich nussige Schale und das wunderbar cremige Fruchtfleisch.

Den Backofen auf 180 °C vorheizen.

Die Topinamburknollen auf einem Backblech verteilen, mit Olivenöl beträufeln, mit Salz bestreuen und etwa 45 Minuten rösten. Nach der Hälfte der Zeit wenden. Die Knollen sind fertig, wenn sie außen gold-braun sind und sich weich anfühlen.

Etwas abkühlen lassen und warm je nach Größe halbieren oder vierteln. Den Rucola mit Öl, Essig, Pecorino, 1 kräftigen Spritzer Zitronensaft, Salz und Pfeffer mischen. Die Topinamburknollen darauf anrichten.

Pauls Basilikumpfannkuchen mit Kirschtomatenragout

Vorspeise für 4 Personen (ergibt 12 kleine Pfannkuchen), die Vorbereitung dauert 10 Minuten, die Backzeit beträgt 30 Minuten.

Für das Tomatenragout

20 g Butter

150 g Schalotten, in Ringe geschnitten

2–3 Knoblauchzehen, in dünne Scheiben geschnitten

120 ml Tomatensaft oder Passata

200 g Strauchkirschtomaten

1 TL Balsamicoessig

1 Prise Zucker (nach Belieben)

Salz und Pfeffer

Für die Pfannkuchen

75 g Brioche oder Hefezopf (am besten vom Vortag)

125 g Crème fraîche

2 Eier, verquirlt

20 g Basilikumblätter

1 Handvoll Spinatblätter (etwa 40 g)

40 g Mehl

1 EL Butter

bestes Olivenöl

Zum Servieren

1 Kugel Büffelmozzarella (etwa 200 g), in Scheiben geschnitten

Paul war der europhile Souschef des *Rubicon*, dessen Mitinhaber Schauspieler Robin Williams ist. An dem Morgen, nachdem der den Oscar als bester Nebendarsteller in dem Film *Good Will Hunting* bekommen hatte, hatte ich gerade Dienst. Zur Überraschung und großen Freude seiner fleißigen Angestellten kam er in die Küche und schenkte jedem eine Flasche Champagner.

In den 1990ern hätte man dieses Gericht garantiert mit einer kleinen Balsamicoreduktion serviert. Zum Glück scheint diese Vorliebe wieder aus der Mode gekommen zu sein.

Die Butter bei mittlerer Hitze in einer Pfanne zerlassen. Schalotten und Knoblauch einige Minuten darin anschwitzen. Sobald es zu brutzeln beginnt (aber noch bevor das Gemüse Farbe annimmt), die Wärmezufuhr verringern, den Deckel auflegen und das Ganze bei sehr geringer Hitze 8–10 Minuten unter gelegentlichem Rühren weich dünsten. Den Deckel danach abnehmen, den Tomatensaft angießen und 12–15 Minuten bei geringer Hitze zu einer relativ dicken Sauce einkochen lassen. Mit Salz und Pfeffer würzen, die Tomaten hinzufügen und 5 Minuten kochen lassen, bis die Schale aufplatzt. Dabei darauf achten, dass sie nicht zerfallen. Die Herdplatte ausschalten, den Essig einrühren und noch einmal abschmecken. Je nachdem, wie süß die Tomaten sind, gegebenenfalls noch 1 Prise Zucker hinzufügen.

Inzwischen die Brioche mit der Crème fraîche vermengen und die Eier hinzufügen. Die Mischung in der Küchenmaschine mit Basilikum und Spinat zu einem sehr glatten hellgrünen Teig verrühren. In eine Schüssel füllen, das Mehl untermischen und mit Salz und Pfeffer würzen.

Mit dem Backen der Pfannkuchen erst beginnen, wenn das Tomatenragout fertig ist.

In einer großen, schweren Pfanne 1 Teelöffel Butter mit 1 Spritzer Olivenöl bei mittlerer Hitze zerlassen. Sobald das Fett zu knistern beginnt, mit einem Teelöffel vier Teighäufchen in die Pfanne setzen und etwas flach drücken (dabei auf ausreichenden Abstand achten). Die Pfannkuchen auf jeder Seite 1–2 Minuten goldgelb backen. Kurz auf Küchenpapier abtropfen lassen, mit Alufolie abdecken und warm halten, während Sie die restlichen Pfannkuchen backen. Mit dem Tomatenragout und ein paar Mozzarellascheiben servieren.

Toast mit Spargel & Morcheln

In einer knappen halben Stunde ist diese leichte kleine Mahlzeit für 2 Personen fertig.

---

30 g Butter

3 Schalotten, gehackt

2 Knoblauchzehen, gehackt + 1 ganze Zehe

6–8 Stangen grüner Spargel, die holzigen Enden abgeschnitten

125 g Morcheln

75 ml Weißwein

1 EL gehackter Kerbel oder Estragon + einige Zweige zum Garnieren

2 EL Crème fraîche

2 Scheiben rustikales Weißbrot oder Toastbrot

bestes Olivenöl

2 große Zitronenspalten

Salz und Pfeffer

Bei Pilzen denkt man normalerweise an ein Herbstgericht. Aber die Götter haben uns ja auch noch die Morcheln geschenkt, und die gibt es zur Spargelzeit im späten Frühjahr und im Frühsommer. Und das aus gutem Grund: Bildet ihr erdiger Geschmack doch einen wunderbaren Kontrast zur süßlichen Frische des jungen Spargels.

Die Butter bei mittlerer Hitze in einer mittelgroßen Pfanne erhitzen, aber nicht braun werden lassen. Schalotten und den gehackten Knoblauch etwa 10 Minuten bei geringer Hitze darin anschwitzen, bis sie weich sind.

Den Spargel mit dem Sparschäler schälen (den Schäler dabei knapp unter der Spitze ansetzen und zum Stielende hin bewegen). Die Stangen in 2 cm große Stücke schneiden und der Länge nach halbieren.

Die Morcheln putzen und in Streifen schneiden. Sobald die Schalotten weich sind, die Morcheln in die Pfanne geben und etwa 5 Minuten anbraten. Mit dem Wein ablöschen, die Wärmezufuhr erhöhen, mit Salz und Pfeffer würzen und das Ganze zugedeckt einige Minuten kochen lassen. Den Deckel abnehmen und den Wein einkochen lassen.

Nach etwa 1 Minute Spargel, Kerbel oder Estragon und Crème fraîche dazugeben und die Flüssigkeit einige Minuten bei starker Hitze reduzieren. Die Herdplatte danach ausschalten.

Die Brotscheiben mit der ganzen Knoblauchzehe einreiben und mit bestem Olivenöl beträufeln. Die Spargel-Morchel-Mischung darauf verteilen und jeweils mit 1 großen Zitronenspalte servieren.

Pissaladière
Zwiebeltarte mit Anchovis

Ergibt etwa 9 große Stücke.
Die Zubereitung dauert zwar
ein paar Stunden, aber wenn der
Teig ruht, können auch Sie eine
Verschnaufpause machen.

Für den Teig

325 g Mehl

½ TL Salz

½ TL Trockenhefe

1 Ei + 1 Eigelb

80 ml bestes Olivenöl

Für den Belag

100 ml bestes Olivenöl

2 kg rote Zwiebeln, in Ringe
geschnitten

5 Knoblauchzehen, grob gehackt

15 g frischer Thymian (mehrere
Zweige zusammengebunden)

125 g Anchovis, abgetropft

50 g entsteinte schwarze Oliven,
halbiert

Salz und Pfeffer

Ein Puddingfan war ich als Kind nicht, dafür habe ich schon immer gerne mit Teig gespielt. Diese französische Tarte ist nicht nur ein Klassiker, sondern auch absolut klasse, zumal der Teig nicht wie herkömmlich mit Butter, sondern mit Olivenöl hergestellt wird. Das Rezept für den Teig habe ich von einem Küchenchef, der es wiederum von einem Mann mit Hund bekommen haben will, der jemanden kannte, der bei Joël Robuchon, dem französischen Spitzenkoch, gelernt hat. Und um Zeit zu sparen, machen Sie beim nächsten Mal (und ich garantiere Ihnen, es gibt ein nächstes Mal) gleich die doppelte Menge und frieren die Hälfte ein.

Die trockenen Teigzutaten einige Sekunden auf mittlerer Stufe in der Küchenmaschine verrühren. Ei, Eigelb und Öl mit 80 ml Wasser verrühren und bei laufendem Motor langsam untermischen.

Den Teig anschließend etwa 4 Minuten mit den Händen auf der gut bemehlten Arbeitsfläche durchkneten, bis er sich weich anfühlt, und danach an einem warmen Platz etwa 1 Stunde gehen lassen.

Für den Belag das Öl in einem großen, breiten Topf erhitzen und die Zwiebeln bei starker Hitze unter laufendem Rühren einige Minuten glasig schwitzen. Knoblauch und Thymian dazugeben und mit Salz und Pfeffer würzen. Nach etwa 10 Minuten, wenn die Zwiebeln etwas zusammengefallen sind, die Wärmezufuhr verringern, den Deckel auflegen und das Ganze unter gelegentlichem Rühren etwa 20 Minuten bei mittlerer Hitze kochen lassen, bis die Zwiebeln karamellisiert sind. Dabei darauf achten, dass nichts anhängt.

Den Deckel abnehmen und die Zwiebeln weitere 10 Minuten kochen lassen, bis die Flüssigkeit verdunstet ist. Eventuell danach kurz in einem Sieb abtropfen lassen. Sie sollten zwar saftig, aber nicht nass sein.

Den Backofen auf 200 °C vorheizen. Den Teig relativ dünn ausrollen, auf ein großes Backblech (etwa 35 cm Seitenlänge) legen und eventuell überschüssigen Teig an den Rändern überhängen lassen. Den Teig etwa 15 Minuten backen und danach mit einer Gabel einstechen. Den Thymian aus den Zwiebeln nehmen und die Zwiebeln auf dem Teig verteilen. Dabei einen schmalen Rand frei lassen. Die Anchovis gitterförmig darauf verteilen und mit den halbierten Oliven belegen.

Die Ränder mit Olivenöl bepinseln, den überhängenden Teig abschneiden, die Tarte 25 Minuten backen und zimmerwarm servieren.

Gebratene Wachteln auf grünen Linsen

Für 4 Personen als Hauptgericht. Die Zubereitung dauert 30 Minuten, die Linsen brauchen 45 Minuten und für den Rest benötigen Sie noch einmal 30 Minuten.

---

60 ml bestes Olivenöl

1 gehäufter EL Butter

4 Scheiben durchwachsener Räucherspeck, in Streifen geschnitten

1 große Zwiebel, fein gewürfelt

2 Möhren, fein gewürfelt

2 Stangen Sellerie, fein gewürfelt

3 große Knoblauchzehen, mit 1 kräftigen Prise Salz in Scheiben geschnitten

einige Lorbeerblätter

1 Bund Thymian, mit Küchengarn zusammengebunden

150 g grüne Linsen

300 ml Rotwein, vorzugsweise Zinfandel

600 ml Hühnerfond

8 Wachteln

2 große Handvoll Brunnenkresse

1 kleiner Becher Crème fraîche

Salz und Pfeffer

Zu meiner Überraschung entdeckte ich, dass die Wachtel, die ich immer für etwas typisch Französisches gehalten hatte, der Nationalvogel von Kalifornien ist. Ich bin mir nicht sicher, ob dies den Kaliforniern überhaupt bewusst ist. Ganz anders sieht das bei einem anderen heimischen Erzeugnis – dem Wein – aus. Deshalb verwende ich hier, wie im Originalrezept, auch einen kalifornischen Zinfandel. Es eignet sich aber natürlich auch jeder andere kräftige Rotwein.

Als ich in den 1990ern hier gearbeitet habe, dominierte in den meisten Restaurants noch die französische Küche, und das spiegelt auch dieses Rezept wider.

Den Backofen auf 170 °C vorheizen.

Das Öl in einem ofenfesten Topf mit schwerem Boden erhitzen und die Butter darin zerlassen. Speck, Zwiebel, Möhren und Sellerie, Knoblauch, Lorbeerblätter und Thymian einige Minuten bei mittlerer Hitze darin anbraten. Sparsam salzen und kräftig mit Pfeffer würzen, den Deckel auflegen und das Ganze 10–15 Minuten unter gelegentlichem Rühren kochen lassen, bis das Gemüse weich ist. Dabei darauf achten, dass es keine Farbe annimmt.

Die Linsen dazugeben, eine Minute umrühren und den Wein angießen. Aufkochen lassen und den Wein anschließend bei geringer Hitze verdunsten lassen. Den Fond angießen. Sollten die Wachteln noch Hälse haben, können Sie diese abtrennen und als Geschmacksträger hinzugeben.

Ein Stück Pergamentpapier (es sollte etwas größer sein als der Deckel) zurechtschneiden, auf die Flüssigkeit legen und den Topf 35–40 Minuten in den Ofen schieben, bis die Linsen gar, aber noch bissfest sind. Den Topf herausnehmen und die Temperatur auf 200 °C erhöhen.

Das Papier entfernen, den Topf auf die Herdplatte stellen und die Flüssigkeit etwa 10 Minuten bei mittlerer Hitze einkochen lassen (die Sauce sollte nicht zu flüssig sein). Die Herdplatte danach ausschalten und die Linsen ruhen lassen.

Die Wachteln können entweder in zwei ofenfesten Pfannen mit schwerem Boden gegart werden oder Sie braten sie jeweils zu viert in derselben Pfanne an und legen sie dann in einen Bräter. Die Pfanne(n) mit wenig Olivenöl bei starker Hitze heiß werden lassen. Jeweils an einer

Keule die Haut etwa in der Höhe des Gelenks etwas einschneiden und den Unterschenkel der anderen Keule durch den Einschnitt schieben, sodass die Keulen überkreuzt sind. Wenn die Wachteln nebeneinanderliegen, sollte es so aussehen, als tanzten sie Cancan (so zumindest sieht das für mich aus).

Die Wachteln anschließend mit Olivenöl beträufeln, mit Salz bestreuen und in der heißen Pfanne jeweils die rechte und die linke Seite einige Minuten anbräunen. Zum Schluss die Brust anbraten und die Wachteln danach mit der Brust nach unten in den Ofen schieben. Wenn Sie mit zwei Pfannen arbeiten, die Wachteln je nach Größe und gewünschtem Gargrad sofort für 6–8 Minuten in den Ofen stellen und die Pfannen nach der Hälfte der Garzeit austauschen. Wenn Sie sie in zwei Schüben in einer Pfanne anbraten, alle Wachteln danach mit der Brust nach unten in einen Bräter legen und 8–10 Minuten im Backofen garen.

Die Wachteln anschließend aus dem Topf nehmen und mit den Beinen nach oben auf eine Platte legen. Die Brunnenkresse grob hacken und mit der Flüssigkeit, die die Wachteln beim Ruhen abgegeben haben, unter die Linsen rühren. Die Linsen noch einmal mit etwas Salz abschmecken.

Die Linsen auf große vorgewärmte Schalen verteilen, die Wachteln darauf anrichten und mit ein paar Klecksen Crème fraîche garnieren.

Marinierte Ente mit Eiernudeln

Für 8 Personen. Die Würzmischung ist in 15 Minuten fertig, fürs Marinieren müssen Sie eine Nacht einplanen. Danach schieben Sie die Keulen einfach ein paar Stunden in den Ofen. Der Rest ist in etwa ½ Stunde erledigt.

Für die Ente

40 g Meersalz

½ EL Fenchelsamen

10 Gewürznelken

1 TL Chiliflocken

3 Sternanis

2 EL Sichuan-Pfefferkörner

4 Entenkeulen

700 g Entenschmalz

etwa 300 ml Erdnuss- oder Sonnenblumenöl

Für die Nudeln

250 g Eiernudeln

2 Köpfe Brokkoli, in Röschen zerteilt und die Stiele in mundgerechte Stücke geschnitten

2 EL geröstetes Sesamöl

2 rote Chilischoten, mit Samen und Häutchen in Ringe geschnitten

1 Bund Frühlingszwiebeln, schräg in Ringe geschnitten

2 EL Sojasauce

Die Chinatown von San Francisco ist die älteste Nordamerikas. Die Familien der meisten hier lebenden Chinesen kamen bereits im 19. Jahrhundert ins Land, um im Eisenbahnbau und in den Goldminen zu arbeiten.

Das A und O dieses Gerichts ist die Gewürzmischung, mit der die Entenkeulen mariniert werden. Das Rezept für diese aromatische, erdige Mischung habe ich von einem Koch chinesischer Abstammung, dessen Familie bereits seit vier Generationen hier lebt und bei dem ich einmal gearbeitet habe. Der Geschmack des Gerichts ist zwar nicht absolut authentisch, aber so ist das nun mal, wenn zwei Küchen einander beeinflussen.

Das Gericht ist ideal, wenn man eine größere Gästeschar zu einem zwanglosen Essen eingeladen hat, man aber trotzdem mit etwas Besonderem aufwarten möchte. Und die Ente kann bereits im Voraus zubereitet werden.

Meersalz, Fenchelsamen, Gewürznelken, Chiliflocken, Sternanis und Sichuan-Pfefferkörner in der Gewürzmühle, der Küchenmaschine oder im Mörser grob mahlen. Ein Viertel der Mischung in einem Bräter verteilen und die Entenkeulen mit der Hautseite nach unten darauflegen (der Bräter sollte möglichst so groß sein, dass die Keulen dicht an dicht liegen). Die Fleischseiten mit der restlichen Mischung einreiben. Den Bräter zudecken und über Nacht — optimal wären 2 Tage — in den Kühlschrank stellen.

Den Backofen auf 160 °C vorheizen. Die Entenkeulen aus dem Topf nehmen, trocken tupfen und die Würzmischung vorsichtig abbürsten.

Den Bräter säubern und die Keulen mit der Hautseite nach oben hineinlegen. Das Entenschmalz darüber verteilen und das Öl darübergießen, sodass die Keulen vollständig mit Fett bedeckt sind. Den Bräter in den Ofen schieben und die Keulen 30 Minuten garen. Die Temperatur anschließend auf 140 °C reduzieren und die Keulen weitere 2 Stunden garen.

Die Keulen aus dem Topf nehmen und beiseitestellen. (Das Fett kann ohne Weiteres noch einmal verwendet werden, am besten allerdings für chinesisch angehauchte Gerichte, dafür einfach durch ein mit einem Tuch ausgelegtes Sieb abseihen.) Sobald die Keulen etwas abgekühlt sind, die Haut abziehen und in 1 cm breite Streifen schneiden. Das Fleisch von den Knochen lösen und in eine Schüssel geben. Die Knochen können Sie noch für eine Brühe auskochen. Sie lässt sich monatelang in der Gefriertruhe aufbewahren und ist eine gute Basis.

Die Nudeln nach Packungsanweisung kochen. 3 Minuten vor Ende der Kochzeit den Brokkoli dazugeben und mitkochen.

Das geröstete Sesamöl im Wok erhitzen, bis es zu rauchen beginnt. Die Entenhaut mit den Chilischoten 30 Sekunden bei starker Hitze unter Rühren kross braten. Das Fleisch und die Frühlingszwiebeln dazugeben und einige Minuten unter Rühren braten. Die Nudeln auflockern, mit Brokkoli und Sojasauce in den Wok geben und das Ganze noch 1 Minute unter laufendem Rühren braten, bis die Zutaten gut vermischt sind. Noch einmal abschmecken und gegebenenfalls mit etwas Sojasauce oder Sesamöl nachwürzen.

Kalifornischer Ricottakuchen

Ergibt 10 Stücke.
Der Teig ist in 30 Minuten
zusammengerührt und in
1 Stunde gebacken.

Butter zum Einfetten

---

175 g Zucker

---

10 Eier, getrennt

---

abgeriebene Schale von
6 Bio-Zitronen

---

1 Päckchen Vanillezucker

---

125 g gemahlene Mandeln

---

175 g Mehl

---

2 TL Backpulver

---

1 TL Salz

---

450 g Ricotta

Puderzucker zum Bestäuben

Ich weiß nicht mehr genau, wie sie hieß — Amy, glaube ich. Sie war die Pâtissière des Restaurants, in dem ich gearbeitet habe. Und das war einer ihrer Dessertklassiker, der sich verkaufte wie warme Semmeln. Sie war so nett, mir das Rezept zu geben. Sie konnte ja nicht ahnen, dass ich es zwölf Jahre später in einem Buch unter meinem Namen veröffentlichen würde. Schande über mich ...

Den Backofen auf 160 °C vorheizen. Eine Springform (24 cm Durchmesser) mit Butter einfetten und mit Backpapier auslegen.

Zucker und Eigelbe mit dem Schneebesen oder dem Handmixer cremig aufschlagen. Zitronenschale, Vanillezucker und Mandeln unterziehen.

Das mit Backpulver und Salz gemischte Mehl darübersieben und mit einem Spatel unter die Eiermischung heben. Die Hälfte des Ricottas hineinkrümeln und vorsichtig untermischen.

Die Eiweiße steif schlagen und die Hälfte des Eischnees unter den Teig heben. Den restlichen Ricotta und danach den restlichen Eischnee unterziehen und den Teig in die Form füllen.

Den Kuchen in den Ofen schieben und nach 40 Minuten die Garprobe machen. Dazu in der Mitte mit einem Holzspieß hineinstechen. Der Kuchen ist fertig, wenn er aufgegangen ist, eine schöne goldbraune Farbe hat und der Spieß sauber bleibt.

Den Kuchen in der Form auskühlen lassen und mit Puderzucker bestäubt servieren.

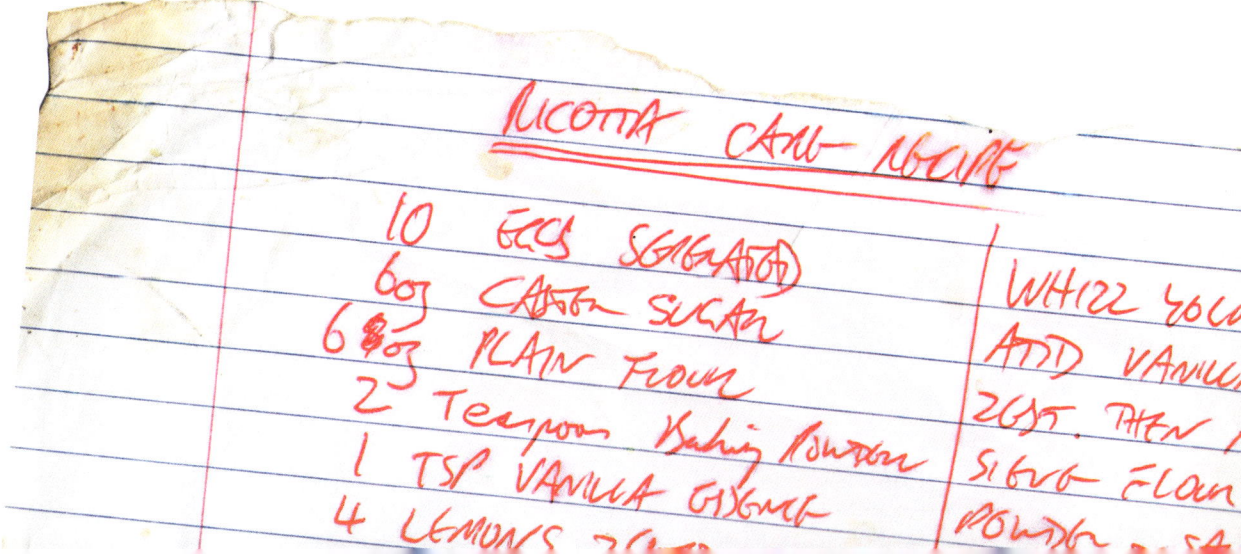

Mint Julep Crush

In etwa 15 Minuten sind
6 erfrischende Longdrinks fertig.

12 lange Stängel Minze, die Blätter
und Spitzen abgezupft

9 EL Zucker

Crushed Ice

300 ml Bourbon

Während meiner Zeit in San Francisco hatte ich fast immer zwei Jobs gleichzeitig. Doch bevor ich meinen Abendjob antrat, gab es ein paar herrliche Wochen, in denen mein Dienst nach der Frühschicht (die um sechs Uhr morgens begann) nachmittags um halb drei beendet war. Gemeinsam mit meiner Kollegin Sandy ging es dann geradewegs in die Cocktailbar nebenan. Um halb vier waren wir ein bisschen angesäuselt, um halb fünf waren wir dann schon ordentlich bedusselt und um sechs fielen wir nur noch ins Bett. Und am nächsten Tag ging das Ganze von vorne los. Was für glückliche Tage ...

Zum Auftakt nahmen wir immer ein paar von diesen Drinks. Sandy kam aus dem Süden, für sie ging einfach nichts über dieses Gesöff, das man, wie sie mir versicherte, beim Kentucky Derby, dem bekannten Galopprennen, sogar in Silberbechern serviert!

Die Spitzen, Blätter und Stiele der Minze jeweils auf einen Haufen legen. Den Zucker mit 200 ml Wasser in einen Topf geben. Die Stiele und etwa die Hälfte der Blätter (die Blätter vorher in Stücke reißen) hinzufügen, das Ganze 5 Minuten bei geringer Hitze ziehen und danach abkühlen lassen.

Den Sirup in einen Krug seihen und den Bourbon hinzufügen. (Dies alles können Sie bereits im Voraus machen und die Mischung in einer Flasche aufbewahren.)

Die restlichen Minzeblätter ebenfalls in Stücke reißen, auf sechs Gläser verteilen und mit etwas Crushed Ice vermischen. Die Gläser mit Crushed Ice auffüllen, den Sirup mit dem Bourbon darübergießen und die Drinks mit den Minzespitzen dekorieren.

Brasilien, so wie ich es erlebte, war ein Land, in dem es nur schöne Menschen zu geben schien. Dazu muss man wissen, dass ich damals gerade unter akutem Liebeskummer litt und mein Selbstvertrauen deshalb auf dem Nullpunkt war. Aber nichtsdestotrotz: Diese Menschen waren einfach eine Augenweide. An den belebten Sandstränden rund um Porto Seguro wimmelte es nur so von Menschen mit perfekten Bodys, die sich die Zeit mit Volleyballspielen, Capoeira oder einfach nur damit vertrieben, ihre perfekten Körper spazieren zu führen (dass Brasilien in puncto Schönheitsoperationen international an dritter Stelle steht, gibt allerdings schon ein bisschen zu denken).

Wir waren im Bundesstaat Bahia, dem fünftgrößten (von insgesamt 26) und vermutlich ärmsten, doch davon habe ich nicht viel bemerkt. Ich sah nur haufenweise Karnevalswagen — um genau zu sein: Es waren 150 an der Zahl —, von denen die Bässe dröhnten, und zierliche Girlies in einem funkelnden Nichts von Kostümen.

Über das Partyalter war ich damals zwar schon ein bisschen hinaus, doch diese Profis rissen mich noch einmal so richtig mit, und so machte ich Nacht für Nacht Party bis zum Umfallen. Ich hatte gelesen, dass man in Rio ganze fünf Nächte lang durchfeiert. Da hieß es, sich ranhalten und flugs ein paar Sambaschritte lernen, um als Bleichgesicht wenigstens in diesem Punkt mit den Einheimischen mithalten zu können.

Als ich in Brasilien ankam, war ich in einem ziemlich desolaten Zustand und brauchte erst einmal Zeit zum Wundenlecken. Aber nach etlichen durchfeierten Nächten war ich fast wieder die Alte. Ein Gefühl der Erleichterung überkam mich, als ich mich nach meinem letzten nächtlichen Trip mehr stolpernd als gehend zum nachmittäglichen Frühstück begab. Alles, was ich jetzt brauchte, war Ruhe, nichts als Ruhe. Als ich den Raum betrat, traute ich meinen Augen kaum: Er war voller Menschen, die mir mit strahlend lächelnden Gesichtern eröffneten, wir könnten uns glücklich schätzen, denn in dieser sinnenfreudigen Ecke von Bahia feiere man den Karneval ganze sieben Tage lang!

Das war einfach zu viel für uns. Und so packten meine Freundin Bridget und ich unsere Siebensachen, einschließlich unserer verbliebenen Gehirnzellen und dem, was von unserer Leber noch übrig war (plus ein paar Pfauenfedern, denn in Brasilien weiß man ja nie ...), und machten uns auf den Weg nach Salvador, der Hauptstadt von Bahia, die als kleines Mekka für Kunst- und Musikliebhaber gilt.

Ob es nun einfach daran lag, dass ich so froh darüber war, Sodom und Gomorrha gerade noch entronnen zu sein, oder ob die Stadt tatsächlich so schön ist — ich weiß es nicht. Jedenfalls verliebte ich mich in diese Stadt mit ihrer 400 Jahre alten portugiesischen Architektur, den vielen kleinen Balkons und den Kunstgalerien. Und an den Abenden lag im Pelourinho, der historischen Altstadt, Musik in der Luft. Aber nicht etwa von der lauten, schnellen Art, wie wir sie gerade zur Genüge genossen hatten, sondern weiche, lyrische, von der traditionellen portugiesischen Musik inspirierte Gitarrenklänge.

Nachdem wir während des ersten Teils unserer Reise kaum zum Essen gekommen waren, holten wir dies hier ausgiebig nach und genossen die wunderbare salvadorianische Küche in vollen Zügen. Doch nicht nur unsere Mägen verlangten nach Nahrung, auch die kulturellen Bedürfnisse durften nicht zu kurz kommen. Und nach ein paar Tagen in dieser reizenden Stadt hatten wir uns wieder voll regeneriert. Ich hatte Brasilien von seiner lauten, schrillen und von seiner leisen, beschaulichen Seite kennengelernt, und mein seelisches Gleichgewicht war auch wiederhergestellt.

BRASIL

Kurz-
porträt

Geografisches: Brasilien, das größte Land Südamerikas, grenzt im Osten an den Atlantik. Auf dem Kontinent teilt es, bis auf Chile und Ecuador, mit allen südamerikanischen Ländern eine Grenze. Im Süden erstreckt sich das brasilianische Hochplateau, der Norden ist geprägt vom Amazonasbecken mit dem größten Regenwald der Welt. Es herrscht ein tropisches bis subtropisches Klima.

Einwohnerzahl: 194 Millionen

Religion: 75 % Katholiken und 15 % Protestanten, starken Zulauf hat auch die afrobrasilianische Religion Candomblé, in der verschiedene Gottheiten angebetet werden.

Bevölkerung: Mehr als die Hälfte Weiße, 40 % Mulatten, 6 % Schwarze. Der Rest sind andere Mischlinge.

Lebenserwartung: Männer 69, Frauen 76 Jahre

Externe Einflüsse: Die portugiesischen Einwanderer holten einst afrikanische Sklaven ins Land. Innerhalb von 300 Jahren kamen ca. drei Millionen Afrikaner als Arbeitskräfte nach Brasilien. Diese beiden Einwanderergruppen haben das moderne Brasilien geprägt.

Was man hier isst: Am liebsten Gegrilltes, aber auch viele frische Salate und Obst. Sehr beliebt sind Schmor-gerichte, die in schwarzen Tontöpfen, *Moquecas*, zubereitet werden, die man mit Mangrovensaft versiegelt.

Nahrungsmittelexporte: Sojabohnen, Geflügel, Kaffee, Rind- und Kalbfleisch, Zucker

Die fünf beliebtesten Zutaten: Fisch und Meeresfrüchte (vor allem Garnelen), Früchte (Papayas, Wassermelonen, Guaven), Paprikaschoten, Palmöl (vor allem in Bahia mit seinen starken afrikanischen Einflüssen) und – wie in allen Ländern, die einen Bezug zur iberischen Halbinsel haben – Schweinefleisch.

Bekanntestes Gericht: *Feijoada* (siehe Seite 96)

Was man hier trinkt: Viel frisch gepressten Fruchtsaft, Getränke auf Guarana-Basis und – erstaunlicherweise – Antarctica-Bier

Mein Lieblingsgericht: *Moqueca de camarão*

Mein eindrucksvollstes Erlebnis: Der Karneval war für mich im wahrsten Wortsinn ein einziger atemberaubender Moment.

Das sollte man besser nicht verlangen: Dass man die Musik leiser macht …

AUSBEIN-
MESSER

Ans Einkaufen war — abgesehen von rosa Federn und Partyartikeln — während des Karnevals in Porto Seguro natürlich nicht zu denken. Deshalb musste mein Messer warten, bis wir nach Salvador fuhren. Im Schaufenster eines Haushaltwarengeschäfts entdeckte ich dieses Messer, und weil die seltsame Form meine Neugier weckte, ging ich hinein, um mir das Ding mal aus der Nähe anzusehen. Mein Portugiesisch reicht gerade einmal für die Küche, und dass der Ladeninhaber ein gebrochenes Englisch sprach, ist noch freundlich ausgedrückt. Doch mit Tierlauten und Körpersprache fand ich heraus, dass man es dafür benutzte, irgendetwas mit Schweinekeulen zu machen.

Zu Hause ging ich damit zu meinem Fleischer. John, der hier die Messer wetzt, Perry, sein gelehriger Azubi, und ich sahen uns das Messer an, überlegten und begannen damit auf gut Glück an einer Schweinekeule herumzuexperimentieren. Doch keinem von uns gelang es, herauszufinden, wozu es gut war, dass der Griff so hoch über der Klinge angebracht war, und welchen Zweck die Aussparung in der Klinge unterhalb des Griffs erfüllt — außer dass man sich selbst schneidet. Deshalb schrieben wir mit der Hilfe meiner brasilianischen Freundin Rosangela an den Hersteller und baten um Aufklärung.

Und so sah die Antwort aus:

»Tramontina, zusammen mit einem Experten für das Zerlegen von Schweinen bei dem größten Tiefkühl in Brasilien und der Welt,

hat dieses Messermodell entwickelt, um das Ausbeinen oder Zerlegen von den Teilen, aus denen eine Schweinekeule besteht, einfacher und angenehmer zu machen.

Da der Schinken und ein Stück von großer Dicke und als eine Funktion der Geometrie der Klinge, die höchste Position des Griffs erleichtert die Bewegung und Präzision, die die Person mit dem Messer an dem Knochen ausführt.

Die Frage, weshalb die Messerklinge bis unter den Griff reicht und als eine Funktion des Griffs sehr nah an den Enden der Klinge sein müssen mit dem oben genannten Ziel und damit die Bewegungen der Klinge besser beherrscht werden und dadurch einen besseren Gebrauch bein Schinkenausbeinen bieten.«

Alles klar? Also probierte ich es noch einmal, diesmal in der Überzeugung, dass ich zumindest versuchte, das damit zu machen, wofür es gedacht war, nämlich eine Schweinekeule zu entbeinen, und schaffte es schließlich sogar. Sie hätten mich dabei allerdings mal keuchen und schnaufen hören müssen …

Gewiss, beim Schlachten gibt es von Land zu Land erhebliche Unterschiede, und ich kann nur vermuten, dass diese Schlachtexperten in der brasilianischen Fleischindustrie etwas wissen, was John, Perry und ich nicht wissen. Eines steht jedoch fest: Wenn ich wieder nach Brasilien fahre, nehme ich das Messer mit und lasse mir zeigen, wie's funktioniert. Bis dahin aber bleibt es das exotischste und am wenigsten benutzte Messer in meiner Schublade.

Brasilianische Rezepte

Brasilianischer Frühstückssaft

Panquecas de Queijo
Süße Pfannkuchen mit Früchten & Ziegenkäse

Barbecuesalat mit selbst gemachter Mayonnaise

Moqueca de Peixe e Camarão
Brasilianischer Fischtopf

Feijoada
Geschmorte schwarze Bohnen mit allerlei vom Schwein

Arenque
Fresco: os olhos devem estar brilhantes e a carne bem firme. É ótimo em grelhados, frito, assado e em recheios. Muito bom para saladas.

Enlatado: quando vier em molho e tomate, aqueça um pouco e sirva com torradas ou vegetais. Use também frio, em saladas. Se estiver em molho de mostarda, é excelente para torta de peixe, coberta com purê de batatas e levada ao forno.

Atum
Fresco: a carne, rosada para vermelho, é de consistência firme e gordurosa. Muito saborosa, tem poucas espinhas. O atum fresco pode ser conservado no frigorífico por no máximo dois dias. Para que a carne adquira bom sabor, tempere-a com meia hora de antecedência. Para cozimento, deixe-o no lume de 10 a 30 minutos, contorme a espessura da posta. É ótimo para caldeiradas, ensopados e gratinados.

Enlatado: use como o salmão, acompanhado de ses, saladas, em recheios ou patês.

Bacalhau
Fresco: escaldado, frito ou grelhado. Para evit parta, quando frito, é bom empaná-lo bem.

Defumado: cortado em filetes e curtido em empregado escaldando-se em água ou leite e manteiga ou com molho.

Congelado: não precisa descongelar. Frite como se estivesse fresco, apenas deixando u de tempo do que o normal para o fresco. Se grande, corte-a antes e use normalmente. O antigo de conservação de alimentos, o fun expô-los ao fumo de madeira, o que, além confere-lhes um sabor especial.

Abadejo
Fresco: este peixe é ótimo para dietas do teor de hidratos de carbono, ou ainda m pessoas com problemas digestivos. A ca textura delicadíssimos. A maior parte d badejo não tem escamas e a pele deve se esfregada, a fim de eliminar a película á receita, pode-se retirar a pele. Ótimo g no forno. Muito bom também para en

Camarão
Fresco: cozinhe durante 10 minutos ensopados ou molhos. Pode ser frit conservar o camarão fresco no treez Para limpá-lo, puxe a casca, por baix cabeça, e a tripa das costas do ventre com um palito. As cabeças e as casc deisadas em salmoura e reaproveita Enlatado: empregue-o como se est

Pargo
Peixe ótimo para cozer e assai.

Pescada
É ideal para cozer ou fritar. Em I mma uma grande variedade de p

Peixe-espada
É cozido em postas. Pode ser fr

Polvo
Fresco: é um dos moluscos d muito saboroso, contorne o do polvo deve ser lustrosa e l cheiro, suave. Para prepará-l base, lave em água corrente e

Brasilianischer Frühstückssaft

Ergibt 4 Gläser und dauert nicht mal 10 Minuten.

---

1 Stück Wassermelone (1 kg)

---

1 Papaya

---

2 Guaven (wenn Sie welche bekommen)

Saft von 1 frisch gepressten Limette

---

einige Tropfen flüssiges Guarana (oder Sie nehmen den Inhalt von 1 Kapsel, nach Belieben – aber authentisch)

---

1 Handvoll Eiswürfel

Frisches Obst ist in Brasilien nicht nur einfach umwerfend, es ist auch ein wichtiger Bestandteil der täglichen Ernährung. Neben all diesen Früchten mit ihren leuchtenden Farben und bizarren Formen, die in den Tropen gedeihen, sehen unsere Äpfel und Birnen ziemlich blass aus.

Papayas enthalten ein Enzym, das sie besonders gut verdaulich macht. Manche Ernährungswissenschaftler sind sogar davon überzeugt, sie seien das Beste, was man – vor allem nach einer durchzechten Nacht – am Morgen zu sich nehmen könne.

Die Früchte schälen, die Kerne gegebenenfalls entfernen, das Fruchtfleisch grob zerkleinern und im Mixer pürieren. Den Saft sofort genießen.

Panquecas de Queijo
Süße Pfannkuchen mit Früchten & Ziegenkäse

In 45 Minuten bekommen Sie spielend 6–8 Pfannkuchen fertig.

---

90 g Zucker

---

5 Guaven oder 4 große, feste Birnen, geschält, in Spalten geschnitten, die Kerne entfernt und in mundgerechte Stücke geschnitten

---

2 EL Honig

---

50 g Butter

---

250 g junger, weicher Ziegenkäse ohne Rinde

Früchte zum Servieren

Für den Teig

---

165 g Mehl

---

1 Prise Salz

---

1 gehäufter EL Zucker

---

2 Eier, verquirlt

---

250 ml Milch

In Arraial d'Ajuda machten wir die Nacht zum Tag und so wurde das Frühstück zu unserer wichtigsten Mahlzeit. Noch völlig verschlafen starrten wird dann auf das Meer und warteten darauf, dass uns unsere Wirtin mit ihrem Frühstück wieder zum Leben erweckte.

Den Zucker mit 300 ml Wasser zum Köcheln bringen und die klein geschnittenen Früchte zugedeckt bei geringer Hitze darin pochieren (Birnen 8–10 Minuten, Guaven 20–25 Minuten). Mit einem Schaumlöffel aus dem Topf heben und beiseitestellen. Den Honig unter den Sirup rühren und langsam einkochen lassen. Zum Schluss sollte nur noch eine kleine Tasse Sirup übrig sein.

Für den Teig das Mehl mit Salz und Zucker mischen. Eier und Milch unterrühren und so viel Wasser hinzufügen, dass der Teig die Konsistenz von flüssiger Sahne bekommt. 1 Stückchen Butter in einer Pfanne erhitzen, bis sie zu knistern beginnt. Die Pfanne schwenken, um die Butter zu verteilen (die Wände sollten ebenfalls mit Butter überzogen sein). So viel Teig hineingießen, dass der Boden gerade damit bedeckt ist, und den Pfannkuchen backen, bis der am Rand braun wird. Wenden und auf der anderen Seite backen. Mit dem restlichen Teig ebenso verfahren und vor jedem Pfannkuchen erneut etwas Butter in die Pfanne geben.

Die pochierten Früchte mit dem Ziegenkäse vermengen. In die Mitte der Pfannkuchen je einen schmalen, aber dicken Streifen streichen und die Pfannkuchen aufrollen. Mit dem heißen Sirup begießen.

Barbecuesalat
mit selbst gemachter Mayonnaise

In nur 10 Minuten ist diese Beilage für 6 Personen fertig.

500 g Kartoffeln, geschält und in 2,5 cm große Würfel geschnitten

2–3 Möhren, in dicke Scheiben oder Würfel geschnitten + 1–2 Möhren, in dünne Scheiben geschnitten zum Garnieren

2 Maiskolben, die Körner abgestreift

3 Handvoll Tiefkühlerbsen

5 Frühlingszwiebeln, in feine Ringe geschnitten

1 Handvoll glatte Petersilie, fein gehackt

Für die Mayo

2 Eigelb

1–2 Knoblauchzehen, geschält und mit 1 kräftigen Prise Salz gehackt

3 EL frisch gepresster Zitronensaft

1 TL Dijonsenf

200 ml Olivenöl

100 ml bestes Olivenöl

Salz und Pfeffer

Jedes Land kennt eine eigene Version dieses Salats: den berühmten Russischen Salat, den iranischen Salat Olivier – und in Brasilien bereitet man ihn gerne auch mit Minze zu. Sie erinnern zwar alle ein bisschen an die Kinderpartys der 1970er – aber warum auch nicht. Wir haben diesen Salat oft gegessen. Manchmal mit Trauben und Äpfeln, und mit Hühnerfleisch wird daraus ein einfaches Kinderessen.

Natürlich können Sie auch fertige Mayonnaise verwenden, aber die fünf Minuten, die es dauert, sie selbst zusammenzurühren, lohnen sich in jedem Fall. Und die Arbeit können Sie ja der Küchenmaschine überlassen.

Die Kartoffeln in einem Topf mit Wasser bedecken, mit 1 kräftigen Prise Salz würzen und zugedeckt aufkochen lassen. Die Wärmezufuhr anschließend verringern und die Kartoffeln etwa 5 Minuten weich garen. Möhren, Mais und Erbsen hinzufügen, die Wärmezufuhr erhöhen und den Deckel wieder auflegen. Das Gemüse einmal aufkochen lassen, abgießen, einige Minuten unter fließendem kaltem Wasser abschrecken und gut abtropfen lassen.

In der Zwischenzeit die Mayo zubereiten. Dazu die Eigelbe in der Küchenmaschine mit Knoblauch, Zitronensaft, Dijonsenf, Salz und Pfeffer cremig aufschlagen und nach und nach beide Sorten Olivenöl in einem feinen Strahl einlaufen lassen. Die fertige Mayo zum Schluss noch einmal mit Salz und Pfeffer abschmecken.

Das abgekühlte Gemüse mit Frühlingszwiebeln und Petersilie mischen (etwas Zwiebel und Petersilie zum Garnieren aufheben) und mit der Mayonnaise vermengen. Ich nehme übrigens immer nur die Hälfte der Mayo. Den Rest können Sie problemlos 5 Tage im Kühlschrank aufbewahren. Und damit's so richtig brasilianisch bunt wird, den Salat zum Schluss noch mit den dünn geschnittenen Möhrenscheiben, der restlichen Petersilie und den übrigen Frühlingszwiebeln garnieren.

Moqueca de Peixe e Camarão
Brasilianischer Fischtopf

Moquecas sind eine Spezialität aus Bahia, dem im Norden des Landes gelegenen Bundesstaat, den ich besucht habe. Seinen Namen verdankt das Gericht, das aus den unterschiedlichsten Zutaten zubereitet werden kann, dem gleichnamigen Topf, in dem es gekocht wird.

Wie bei allen regionalen Klassikern gibt es auch hier zig Varianten. Das Rezept für diese Version habe ich von der quirligen Maria Graça Fish (ihr Mann ist aus Yorkshire), die in der brasilianischen Botschaft in London für Küche, Musik und Kultur zuständig ist.

Die Moqueca ist ideal für ein Essen mit Freunden, denn sie ist einfach zuzubereiten und macht doch was her. Und überdies lässt sich vieles schon im Voraus vorbereiten.

4 Personen bekommen Sie mit diesem leckeren Eintopf satt. Die Zubereitung dauert 30 Minuten (wobei das Ganze idealerweise noch 1 Stunde durchziehen sollte), die Kochzeit beträgt etwa 15 Minuten.

---

4 Plattfischsteaks mit Knochen (à etwa 175 g, z. B. Heilbutt, Scholle, Steinbutt ...)

3 Knoblauchzehen, mit 1 kräftigen Prise Salz fein gehackt

4 Limetten

1 große Handvoll Koriandergrün, gehackt

50 ml bestes Olivenöl

50 ml Palm- oder Olivenöl

3 rote Zwiebeln, in Ringe geschnitten

5 Strauchtomaten, grob gehackt

2 grüne Paprikaschoten, in Streifen geschnitten

1 EL Tomatenmark

1 Dose Kokosmilch (400 ml)

4 EL Mehl, mit Salz und Pfeffer gewürzt

300 g frische, rohe King oder Tiger Prawns, geschält (die Schwänze jedoch nicht abtrennen) und die Därme entfernt

Langkornreis zum Servieren

Salz und Pfeffer

Die Fischsteaks abspülen und trocken tupfen. Mit Knoblauch, dem Saft von 2 frisch gepressten Limetten, Salz, Pfeffer und dem größten Teil des Koriandergrüns 1 Stunde bei Zimmertemperatur (oder über Nacht im Kühlschrank) marinieren lassen.

In einem breiten Topf die Hälfte des Olivenöls mit der Hälfte des Palmöls erhitzen und 2/3 der Zwiebelringe 10 Minuten bei mittlerer Hitze braten, bis sie weich und leicht karamellisiert sind. Die Hälfte der Tomaten und der Paprikaschoten hinzufügen und einige Minuten weich garen.

Das Tomatenmark einrühren, die Hälfte der Kokosmilch dazugeben und das Ganze 10 Minuten köcheln lassen. Mit Salz und Pfeffer abschmecken und das Gemüse in der Küchenmaschine zu einem dicken Püree verrühren.

Etwa 30 Minuten vor dem Servieren den Reis nach Packungsanweisung zubereiten. Das restliche Öl bei starker Hitze in einem breiten Topf erhitzen. Den Fisch im Mehl wenden und im heißen Öl auf jeder Seite 3–4 Minuten goldbraun braten. Aus der Pfanne nehmen, gegebenenfalls noch etwas Öl in die Pfanne gießen und das restliche Gemüse etwa 5 Minuten bei starker Hitze unter Rühren braten. Das pürierte Gemüse und die restliche Kokosmilch hinzufügen, noch einmal abschmecken und zum Köcheln bringen. Die Fischsteaks einlegen, mit dem Gemüse bedecken und den Deckel auflegen.

Nach 4 Minuten die Garnelen dazugeben und 3–5 Minuten garen, bis sie sich rosa gefärbt haben. Noch einmal abschmecken, das restliche Koriandergrün einrühren und mit Reis und Limettenspalten servieren.

Feijoada
Geschmorte schwarze Bohnen mit allerlei vom Schwein

8 Personen bekommen Sie damit satt. Rechnen Sie mit 1 Nacht Einweichzeit, 1 Stunde Vorbereitungszeit und 4 Stunden Kochzeit.

---

1 kg schwarze Bohnen, über Nacht eingeweicht

---

2 Lorbeerblätter

---

1 EL Schweineschmalz

---

2 Zwiebeln, grob gehackt

---

6 Knoblauchzehen, geschält und mit 1 kräftigen Prise Salz grob gehackt

---

Saft und 6 Stückchen Schale von 1 Bio-Orange

---

125 ml Cachaça oder weißer Rum

---

glatte Petersilie und Frühlingszwiebeln, gehackt

Für die Fleischeinlage

---

300 g frische oder geräucherte Schweinerippchen, in 8 cm große Stücke zerteilt

---

100 g gedörrtes Rindfleisch oder 200 g Carne seca (wenn erhältlich)

---

300 g Pancetta oder durchwachsener Räucherspeck, in Würfel geschnitten

---

200 g Räucherwurst oder Chorizo, in dicke Scheiben geschnitten

---

Für die Fleischeinlage (nach Belieben)

---

gepökelte Schweineschnauze und -schwanz

---

1 Schweinshaxe (vorzugsweise gepökelt), der Länge nach zerteilt

Dies ist eines der ältesten, leckersten und berühmtesten brasilianischen Gerichte. Es stammt aus der Zeit, als es noch keine Kühlsysteme gab und man das Fleisch zur Haltbarmachung pökelte, trocknete und räucherte.

Die Schweineschnauze, der Schwanz und die Haxe sollten möglichst gepökelt sein. Sie dienen hauptsächlich als Geschmacksträger, deshalb sollte man nach Möglichkeit nicht darauf verzichten.

Die Feijoada schmeckt noch besser, wenn man sie ein bis drei Tage, am besten sogar eine ganze Woche ruhen lässt.

Schnauze, Schwanz und Haxe zweimal waschen und 2 Tage einweichen. Das Wasser dabei gelegentlich erneuern. Anschließend abspülen, in einem Topf mit Wasser bedecken und zugedeckt etwa 90 Minuten köcheln lassen.

Die eingeweichten Bohnen abgießen und in einem Topf mit kaltem Wasser bedecken. Die Lorbeerblätter und die frischen Schweinerippchen dazugeben, aufkochen und etwa 1 Stunde köcheln lassen, bis die Bohnen weich werden. Dabei darauf achten, dass sie stets mit Wasser bedeckt sind. Das getrocknete Rindfleisch oder das Carne seca und – wenn Sie geräucherte Rippchen nehmen – die Rippchen hinzufügen und das Ganze weitere 30 Minuten köcheln lassen, bis die Bohnen fast gar sind.

Sobald Sie das Rindfleisch in den Topf gegeben haben, Schmalz in einer mittelgroßen Pfanne erhitzen und die Pancetta oder den Speck mit Zwiebeln, Knoblauch und Räucherwurst oder Chorizo etwa 15 Minuten braten, bis die Zutaten schön weich sind und zu karamellisieren beginnen. Das Fleisch und den größten Teil der Zwiebeln mit einem Schaumlöffel herausnehmen. Das Fleisch zu den Bohnen geben. 1 große Tasse Bohnen abnehmen, in der Pfanne mit den restlichen Zwiebeln zerdrücken und wieder unter die Bohnen rühren. Schnauze, Schwanz und Haxe mitsamt ihrem Topfinhalt zu den Bohnen gießen oder etwa 1 Liter Wasser angießen. Den Deckel auflegen und das Ganze nochmals 90 Minuten bei geringer bis mittlerer Hitze kochen lassen. Nach 1 Stunde Orangenschale, -saft sowie Cachaça oder weißen Rum hinzufügen.

Am Ende der Kochzeit sollte die Flüssigkeit fast vollständig eingekocht und die Bohnen dick und sämig sein. Die Feijoada noch einmal abschmecken und mit Reis, Grünkohl, Orangen, einer scharfen Sauce und – wenn sie richtig authentisch sein soll – Farofa (geröstetem Maniokmehl) servieren.

Madeira ist eine Insel für Jungverheiratete und beinahe Tote. Das zumindest sagte man uns, als wir die Reise gerade gebucht hatten, und tatsächlich hatte ich noch nie zuvor an einem Flugsteig so viel Silberhaar und so viele bügelfreie cremefarbene Jackets gesehen. Es war Oktober, wir wollten noch ein bisschen Sonne tanken und sagten uns: Warum nicht mal Madeira?

Auf dem portugiesischen Festland war ich schon häufiger: mal eine Woche Golfurlaub in Albufeira (als Teenager ...), dann mal ein langes Wochenende in Lissabon mit einer äußerst resoluten Ex (und Rock 'n' Roll ohne Ende) und natürlich der unvermeidliche Strandurlaub an der Algarve. Aber ich war zwar auf portugiesischem Gebiet, hatte jedoch keine Lust, das Land zu erkunden. Mir war eher nach Chillen (außer in Lissabon, das ich liebte, wo ich aber die meiste Zeit mit Streiten und damit verbrachte, beim Fado Rotz und Wasser zu heulen). Auf Madeira war das anders – hier wollte ich alles in mich aufsaugen.

Durch den Golfstrom herrscht auf der Insel ein subtropisches Klima. Deshalb gedeihen hier auch so viele exotische Pflanzen. Trotzdem ist das Meer rundherum keineswegs ruhig. Die Wellen des Atlantiks krachen mit voller Wucht gegen die Felsen und man wird beim Schwimmen ganz schön rumgeworfen. Doch an Land ist die Luft meist angenehm warm, auch wenn wir ein paar Nebeltage hatten, an denen man sich wie unter einer Glocke fühlte. Madeira ist übrigens das portugiesische Wort für Wald, und Bergwälder gibt es hier reichlich. Es lohnt sich, sie zu erkunden, genauso wie die Städte und die Landschaft. Und es gibt hier ausgezeichnetes Essen. Wir jedenfalls wurden nicht ein einziges Mal enttäuscht.

Die um einen natürlichen Hafen errichtete Hauptstadt Funchal wurde im 15. Jahrhundert gegründet, kurz nachdem Heinrich der Seefahrer seine besten Leute zu neuen Eroberungen ausgeschickt hatte. Ihren Namen verdankt sie dem Fenchel, der hier in Hülle und Fülle gedeiht. Was die Stadt zu bieten hat?

Nun, man kann sich, angeregt von ein paar Gläschen Madeira, einfach dem Dolcefarniente hingeben. Und dann sollte man unbedingt mit der Seilbahn in den malerischen Ort Monte hinauffahren, einen Rundgang durch den Park machen und die Stufen zur Wallfahrtsstätte Nossa Senhora do Monte erklimmen. Dort angekommen warten Sie am besten, bis Sie einer der verloren in der Gegend herumstehenden Gondolieri – die alle weiße Strohhüte tragen – anspricht und Sie einlädt, in einen Korb mit Kufen einzusteigen. Er wird Sie dann in einem solchen Affentempo durch die engen gepflasterten Straßen wieder nach unten befördern, dass Sie Ihr Steißbein noch tagelang spüren.

Der gleichnamige Wein wird hier schon seit vielen Hundert Jahren hergestellt. Der Legende nach soll sich auf einem Schiff ein Fass selbstständig gemacht haben und wochenlang an Deck in der Sonne herumgerollt sein. Die Matrosen probierten ihn trotzdem und stellten fest, dass der Wein stärker und süßer geworden war – und das war die Geburtsstunde eines einträglichen Industriezweigs.

Ich war schon immer ein Fan von diesem Stöffchen. Es eignet sich hervorragend zum Kochen und ich liebe den Hauch von Nostalgie, der diesen Wein umgibt. Und für einen so alten Wein ist er eigentlich gar nicht so teuer. Wir haben verschiedene Jahrgänge probiert: aus unseren Geburtsjahren, vom Sommer '69 und – sehr geschichtsträchtig – von 1934, dem Jahr der nationalsozialistischen Machtergreifung.

Unser Hotel war einmal ein Grandhotel, das auf den hochtrabenden Namen *Reid's Palace* hörte. Heute ist davon nicht mehr viel zu spüren, aber die Atmosphäre ist angenehm und passte perfekt zu unserem Urlaubsprogramm. Denn Action war diesmal nicht angesagt, sondern vielmehr ein Seniorenprogramm. Verbrachten wir unsere Nachmittage doch am liebsten damit, Madeira zu schlürfen, zu relaxen und gemächlich durch die zahlreichen botanischen Gärten zu schlendern. Und das tat auch mal gut.

PORTUGAL

KURZPORTRÄT

Geografisches: Das im äußersten Westen Europas gelegene Land grenzt nur an Spanien. Im feuchteren, kühleren Norden Hochwälder, im heißeren Süden hügeliges Flachland. Die im Nordatlantik, etwa 580 km westlich von Marokko gelegene Inselgruppe Madeira ist eine autonome Region Portugals. Madeira ist die größte Insel der Gruppe. Bewohnt sind nur Madeira und Porto Santo.

Einwohnerzahl: 10,7 Millionen

Religion: Mehr als vier Fünftel Katholiken, weniger als 3 % andere Christen, die Religionszugehörigkeit der übrigen ist unbekannt oder sie gehören keiner Kirche an.

Bevölkerung: 95 % Portugiesen, etwa 5 % ethnische Minderheiten

Lebenserwartung: Männer 76, Frauen 82,5 Jahre

Historisches: Abgesehen von einer kurzen Union mit Spanien (1580–1640) war Portugal stets ein unabhängiger Staat. Seine Blütezeit erlebte Portugal im 15. Jahrhundert, als Heinrich der Seefahrer und Vasco da Gama ihre Eroberungsreisen starteten. Seither geht es mit dem Land jedoch stetig bergab.

Was man hier isst: Gegrilltes steht ganz oben auf der Speisekarte. Gebratenes erfreut sich ebenfalls großer Beliebtheit, ebenso wie Suppen, Eintöpfe und Schmorgerichte. Außerdem verstehen sich die Portugiesen hervorragend aufs Backen (Brot und Gebäck).

Nahrungsmittelexporte: Wein, Bier, Zucker, Olivenöl, Tomaten

Die fünf beliebtesten Zutaten: Fisch und Meeresfrüchte, vor allem *bacalhau* (Stockfisch), Olivenöl, Reis, Tomaten, Schweinefleisch

Bekanntestes Gericht: Ohne Frage das Piri Piri, wobei es sich hier um ein Gericht afrikanischen Ursprungs handelt, das nach der Vogelaugenchilischote benannt ist, mit der es zubereitet wird.

Was man hier trinkt: Viel Wein – junge Weißweine *(vinho verde)* und dunkle Rotweine, Coral- und Sagres-Bier. Und natürlich Madeira von trocken bis süß zu jeder Gelegenheit: Sercial, Verdelho, Bual und Malmsey.

Mein Lieblingsgericht: *Espetadas* (siehe Seite 108)

Mein eindrucksvollstes Erlebnis: Auf Madeira bin ich zum ersten Mal mit einem Helikopter geflogen. Senkrecht in die Luft zu steigen, ist allerdings ein bisschen gewöhnungsbedürftig.

Das sollte man besser nicht verlangen: Ein Elfmeterschießen gegen England.

Rustikal & Griffig

Nicht dass Sie denken, ich bekäme den Hals nicht voll, aber auf Madeira habe ich mir gleich zwei Messer gekauft, die allerdings, wie sich herausstellte, beide auf dem portugiesischen Festland hergestellt worden waren.

Das schönere stammt von Joaquim Franzino, einem kleinen Messerschmied aus der Provinz Évora, und hat einen abgerundeten Griff aus Olivenholz. Für mich ist ein Messer erst dann mein Messer, wenn einmal mein Blut daran geklebt hat, doch bei diesem Messer floss es gleich in Strömen. Ich machte das Catering bei einer Hochzeit im Greenwich Park und war gerade dabei, die 15 Lammkeulen für die 200 Partygäste aufzuschneiden, da war es auch schon passiert: Ich hatte mir mit der stumpfen Seite der Klinge meinen Zeigefinger verletzt. Mein Blut tropfte in den rosa Fleischsaft dieser perfekt gegarten Lammkeulen. Und mir blieb nichts anderes übrig, als weiterzumachen – die Show muss schließlich weitergehen …

Auch wenn das zweite Messer sehr viel unscheinbarer aussieht, hat es sich im Laufe der Jahre als ausgesprochen hilfreich und vielseitig erwiesen. Dies ist eigentlich schon die zweite Version dieses Messers. Genau das gleiche habe ich an einem sonnigen Vormittag in der Nähe von Lagos auf einem kleinen Fischmarkt erstanden. Als ich es in die Hand nahm, sagte es mir auf Anhieb zu, denn der weiße Griff fühlt sich angenehm kühl und glatt an. Als ich dann aber zu Hause erfuhr, dass uns mein Lieblings-Souschef verlassen würde, um wieder in seine Heimat Brasilien zurückzukehren, tat ich, was jeder anständige Küchenchef tun würde: Ich schenkte ihm das Messer. Denn ich war mir sicher, es würde ihm wertvolle Dienste leisten.

Ein paar Jahre später auf Madeira fiel mir wieder ein, wie gerne ich mit diesem Messer mit dem weißen Griff gearbeitet hatte. Wir klapperten ein paar Haushaltwarengeschäfte in Funchal ab. Vielleicht hatten wir ja Glück, und ich würde zufällig noch einmal ein solches Messer finden … Doch leider – überall Fehlanzeige. Also fragte ich ein bisschen herum, und irgendjemand schickte mich zu einem Kaufhaus. Und was soll ich Ihnen sagen: Das Unerwartete geschah. In der Küchenabteilung fand ich tatsächlich noch einmal dieses Messer. Das gleiche Messer vom selben Hersteller. Es war, als hätte ich einen alten Freund wiedergefunden, den man nie wiederzusehen geglaubt hätte.

PORTUGIESISCHE REZEPTE

Caldo verde
Kohlsuppe mit Kartoffeln und Salami

Açorda mit Muscheln

Gegrillte Schalentiere
(Meeresschnecken oder Muscheln)

Espetadas com Milho Frito
Fleischspieße mit knuspriger Polenta

Caldo verde
Kohlsuppe mit Kartoffeln und Salami

In 45 Minuten ist diese leckere Suppe für 4 Personen fertig.

60 ml bestes Olivenöl

2 kleine Zwiebeln, gehackt

4 Knoblauchzehen, mit Salz fein gehackt

650 g Kartoffeln, in grobe Stücke geschnitten

1 l leichter Hühnerfond

20 dicke Scheiben Salami (vorzugsweise *Fuet* oder *Salchichón*)

200 g Grünkohl, Palmkohl oder die äußeren Blätter von 1 Wirsing, in schmale Streifen geschnitten

Salz und Pfeffer

Wie beliebt diese köstliche Suppe in Portugal ist, erkennen Sie an den riesigen Tüten, in denen der bereits superfein geschnittene Kohl auf jedem Gemüsemarkt angeboten wird – damit man gleich eine ordentliche Menge davon kochen kann.

Das Öl in einer schweren Kasserolle erhitzen und die Zwiebeln anschwitzen, bis sie weich sind. Knoblauch und Kartoffeln hinzufügen, mit Salz und Pfeffer würzen und den Hühnerfond angießen. Den Deckel auflegen, das Ganze aufkochen lassen und die Salami dazugeben.

Die Suppe 15–20 Minuten köcheln lassen, bis die Kartoffeln zu zerfallen beginnen. Die Kartoffeln mit dem Rücken eines Löffels leicht zerdrücken, den Kohl dazugeben, noch einmal abschmecken und gegebenenfalls noch etwas Wasser hinzufügen.

Die Suppe zugedeckt etwa 10 Minuten bei geringer Hitze kochen lassen, bis der Kohl etwas zusammengefallen ist (er sollte aber nicht matschig werden). Die Suppe vor dem Servieren 5 Minuten ruhen lassen.

Açorda mit Muscheln

30 Minuten braucht dieses Abendessen für 2 Personen.

150 g knuspriges Weißbrot

bestes Olivenöl

1 große Handvoll Koriandergrün, mit Stielen grob gehackt

2 Knoblauchzehen, gehackt

500 g Muscheln

1 kleine Zwiebel, fein gehackt

300 ml trockener Weißwein

1 Ei, verquirlt

Salz und Pfeffer

Ob mit Garnelen, Miesmuscheln, Tintenfisch oder jeder anderen Art von Meeresfrüchten – die *Açorda* findet man in Portugal in den unterschiedlichsten Varianten. Mir persönlich hat diese Version mit Muscheln besonders gut geschmeckt.

Den Backofen auf 170 °C vorheizen.

Das Brot in grobe Stücke reißen und auf einem Backblech verteilen. Großzügig mit Olivenöl beträufeln und 15 Minuten unter gelegentlichem Wenden im Backofen rösten.

Das Koriandergrün in der Küchenmaschine oder mit dem Pürierstab mit Knoblauch, einigen Prisen Salz und 3 Esslöffeln Olivenöl pürieren.

Einen breiten Topf bei starker Hitze heiß werden lassen. Die Muscheln mit Zwiebel und Wein hineingeben und zugedeckt einige Minuten köcheln lassen, bis sie sich geöffnet haben.

Ungeöffnete Muscheln mit einem Löffel herausnehmen und wegwerfen. Den Topfinhalt mit dem Brot mischen, das Ei hinzufügen und gut umrühren.

Den Topf einige Minuten zudecken, bis das Brot weich ist. Den Deckel danach abnehmen, umrühren und die Flüssigkeit 2–3 Minuten bei starker Hitze einkochen lassen. Die Herdplatte ausschalten und die Korianderpaste (bis auf 1 Esslöffel) einrühren.

Mit Salz und Pfeffer abschmecken, mit der restlichen Korianderpaste garnieren und sofort servieren.

Gegrillte Schalentiere

In nur 15 Minuten steht dieses Gericht für 2 Personen auf dem Tisch.

etwa 500 g Schalentiere

½ Glas Wasser oder Weißwein

1 große Handvoll glatte Petersilie, die Blätter abgezupft und fein gehackt

4 Knoblauchzehen, gehackt

5 EL weiche Butter

einige Handvoll Steinsalz zum Servieren

Salz und Pfeffer

Diese Variante der traditionellen Schnecken mit Knoblauch-Petersilien-Butter habe ich auf einem Hügel mit Blick auf das Meer genossen. Die Meeresschnecken (*Lapas*) hatten einen wunderbaren Meeresgeschmack und eine sehr interessante Konsistenz. Bei uns ist diese Köstlichkeit leider nur schwer zu bekommen, aber mit Mies- oder Venusmuscheln bekommt man den Geschmack beinahe ebenso gut hin. Venusmuscheln sind allerdings häufig sehr klein, nehmen Sie deshalb am besten große oder mittelgroße Muscheln, wie zum Beispiel Miesmuscheln. Oder Sie nehmen eine Mischung aus Venus- und Miesmuscheln. Worauf es bei Muscheln vor allem ankommt, ist absolute Frische.

Weil ich immer noch glaube, meine Küche sei ein Fass ohne Boden, habe ich mir ein paar spezielle Grillpfannen für Meeresschnecken mitgebracht. Eine herkömmliche Grillpfanne tut es aber genauso gut.

Die Schalentiere mit dem Wasser oder dem Weißwein in einen ausreichend großen breiten Topf geben und zugedeckt erhitzen, bis sie sich geöffnet haben. Anschließend auf einer Platte abkühlen lassen.

Den Backofengrill auf höchster Stufe vorheizen. Die leeren Schalenhälften abbrechen und wegwerfen. Die Hälften, in denen sich das Muschelfleisch befindet, mit der offenen Seite nach oben in die Grillpfanne setzen.

Die Petersilie im Mixer oder mit einer Gabel mit Knoblauch, Butter, Salz und Pfeffer verrühren. Die Mischung mit einem Teelöffel (bei größeren Exemplaren etwas mehr nehmen) auf die Muscheln verteilen und die Muscheln 3–4 Minuten unter den Grill schieben, bis sie goldbraun sind und ihr Aroma entfalten.

Sollten auch Sie stolze(r) Besitzer(in) solcher Schneckengrillpfännchen sein, eine Servierplatte mit Steinsalz bestreuen und die Tierchen, sobald sie fertig sind, mit einem vorsichtigen Kick (Achtung! Die Schalen sind irre heiß!) so in das Salzbett befördern, dass nichts von der köstlichen Flüssigkeit im Salz landet.

Espetadas com Milho Frito
Fleischspieße mit knuspriger Polenta

Ein sättigendes Essvergnügen für 6–8 Personen. Das Fleisch ist in 30 Minuten vorbereitet. Wie lange Sie es marinieren, bleibt Ihnen überlassen, gegart ist das Ganze in 45 Minuten.

Für die Hähnchenspieße

1 kg Hähnchenbrustfilets

5 Lorbeerblätter, leicht zerdrückt

3 Knoblauchzehen, zerdrückt

60 ml bestes Olivenöl

Saft von 1 frisch gepressten Zitrone (etwa 50 ml)

pro Spieß ein Stückchen Butter, in Pergamentpapier gewickelt

Salz und Pfeffer

Für die Rindfleischspieße

1,5 kg Rinderlende

5 Lorbeerblätter, leicht zerdrückt

3 Knoblauchzehen

60 ml bestes Olivenöl

60 ml Rotweinessig

Salz und Pfeffer

Für die Polenta

bestes Olivenöl

250 g vorgegarter Polentagrieß

Öl zum Braten

Salz und Pfeffer

Was den Türken ihre Kebabs, das sind auf Madeira und in Portugal die ellenlangen *Espetadas*.

Ein *Espetada*-Set werden Sie höchstwahrscheinlich zwar nicht besitzen, aber lange Metallspieße eignen sich ebenso gut. Halten Sie also Ausschau nach möglichst langen Exemplaren, denn dann wird das Essen zu einem interaktiven Riesenvergnügen.

In einem Restaurant an der Nordküste von Madeira bekamen wir zweierlei Spieße – einmal mit Hähnchen- und einmal mit Rindfleisch – und die Präsentation war einfach umwerfend: An den Griffenden der an einem Ständer aufgehängten Hähnchen-*Espetadas* steckte ein in Pergamentpapier gewickeltes Stückchen Butter, die langsam schmolz und über das Fleisch lief, sodass es schön saftig blieb. Denselben Effekt erzielte man bei den Rindfleischspießen mit Fettstücken, die abwechselnd mit dem Fleisch auf die Spieße gesteckt waren. Das Fett und der Fleischsaft tropften schließlich auf einen Stapel Fladenbrote, die man unter den Ständer gelegt hatte und in die das Fleisch vor dem Essen eingewickelt wurde. Einfach toll!

Zu Hause ist dieses Gericht zwar nicht ganz einfach nachzukochen, aber es durfte in diesem kulinarischen Reisebericht aus Madeira einfach nicht fehlen, weil es so spektakulär und lecker ist. Alles, was Sie dafür brauchen, sind superlange Spieße, ein Grill (möglichst ein offener), ein Ständer zum Aufhängen der Spieße – und ein kräftiger Rotwein.

Die Hähnchenbrüste der Länge nach halbieren und die Hälften waagrecht dritteln.

Das Fett und die Haut von der Rinderlende abschneiden und das Fleisch in 3 cm große Würfel schneiden (Sie benötigen etwa 1 kg Fleischwürfel und 500 g Fett). Das Fett ebenfalls in 3 cm große Würfel schneiden.

Das Fleisch jeweils mit den übrigen Zutaten in eine Schüssel füllen, großzügig mit frisch gemahlenem schwarzem Pfeffer würzen und 1–2 Stunden – oder über Nacht – marinieren lassen.

Für die Polentarauten 1 Liter Wasser mit 1 kräftigen Prise Salz und 1 Schuss Olivenöl zum Kochen bringen. Den Polentagrieß unter Rühren in das sprudelnd kochende Wasser einrieseln lassen. Die Polenta etwa 3 Minuten kochen lassen und dabei laufend mit einem

Holzkochlöffel umrühren. Mit Salz und Pfeffer abschmecken. Ein ausreichend großes Backblech mit Öl einfetten. Die Polenta in einer 1—2 cm dicken Schicht auf dem Blech verstreichen und die Oberfläche mit einer Palette glatt streichen. Etwa 30 Minuten abkühlen und fest werden lassen.

Das Fleisch auf Spieße stecken und dabei fest zusammendrücken. Bei den Rindfleischspießen abwechselnd einen Fleisch- und einen Fettwürfel aufstecken. Das Fett schmilzt beim Grillen und das Fleisch wird wunderbar saftig. Bei den Hähnchenspießen ans Griffende zuerst die in Pergamentpapier gewickelte Butter stecken (sie erfüllt den gleichen Zweck wie die Fettwürfel).

Die erkaltete Polenta in 3 cm große Rauten schneiden. Eine Pfanne mit schwerem Boden etwa 1 cm hoch mit Öl füllen und bei mittlerer bis starker Hitze heiß werden lassen. Die Rauten portionsweise auf jeder Seite etwa 5 Minuten knusprig braten, auf Küchenpapier abtropfen lassen und bei geringer Hitze im Backofen warm halten.

Das Fleisch kräftig mit Salz und Pfeffer würzen und auf dem Holzkohlegrill oder unter dem Backofengrill auf jeder Seite etwa 8 Minuten grillen. Die Spieße anschließend auf einem Ständer, unter den Sie warmes Fladenbrot gelegt haben, abtropfen lassen. Die Polentarauten in einer Schüssel dazu reichen. Dazu passen hervorragend Brunnenkresse oder Rucola (ohne Dressing) und ein paar reife Tomaten.

Das erste Mal war ich mit 25 in Marokko, das war Weihnachten 1995. Ich hatte noch das Mittagessen für die Familie und Freunde gekocht und serviert, und dann brach ich mit meiner Freundin zum Flughafen auf. Das war schon eine komische Sache, so mir nichts, dir nichts von Gans mit Rosenkohl ins gänzlich unweihnachtliche Casablanca versetzt zu werden. Da wurde einem noch deutlicher bewusst, dass zwischen uns und diesem Zauberland, das mich damals wie heute fasziniert, Welten liegen. Ich hätte nie gedacht, dass etwas so Fremdes so nah sein könnte.

Ich miete mir auf Reisen immer ein Auto und jedes Mal unterschätze ich die Entfernungen aufs Neue. So auch in Marokko, wo wir in einem Tag von der Sahara über den Hohen Atlas nach Marrakesch rasen mussten, um unseren Flieger nach Hause zu erreichen. Wir haben es geschafft, aber nicht nur wir beide, auch der Wagen war ramponiert, denn unterwegs ist uns nicht nur ein Reifen geplatzt, wir hatten außerdem noch einen klitzekleinen Unfall. Dennoch ist das Autofahren hier eigentlich völlig unproblematisch, denn die Straßen sind meist schnurgerade. Es gibt einfach keine bessere Art, Entfernungen zurückzulegen und dabei so viel wie möglich von all den schönen Dingen zu sehen, die ein Land zu bieten hat.

Sei es nun eine einfache kleine Raststätte oder der überfüllte Djemaa el Fna, der größte Platz der Hauptstadt mit seinen zahllosen Imbissbuden und Verkaufsständen, überall gibt es Aufregendes zu entdecken. So auch in Provinzstädten wie Rabat und Meknes, über deren viel bevölkerten, von alten Stadtmauern umschlossenen Altstädten imposante Kasbahs thronen und in denen sich Souk an Souk reiht. Am besten hat mir Fès gefallen, die Stadt, die lange Zeit das Zentrum Marokkos war und die noch immer in dieser Zeit verhaftet ist.

Kleinere Städte wie das geheimnisvolle, versteckt in den Bergen im Norden gelegene Chefchaouen haben es vor gerade einmal hundert Jahren zu zweifelhaftem Ruhm gebracht, als man die hier vorbeiziehenden Christen tötete. Nach Einbruch der Dunkelheit, wenn die Männer in ihren wallenden Dschellabas aus den Hammams auf die von Gaslampen erleuchteten Straßen hinaustreten, fühlt man sich tatsächlich in diese Zeit zurückversetzt. Wo immer man Station macht, um eine Tasse süßen Tee zu trinken, man findet überall etwas, was einen in seinen Bann zieht, und sei es nur ein Junge mit ein paar Ziegen oder die Schönheit der Landschaft. Den einen Tag wacht man bei Berbern auf, geweckt von den Kamelen, die die Dünen hinaufstampfen, und am nächsten Tag erwacht man dick eingemummelt mitten im Schnee.

Wer die marokkanische Küche mag, für den ist sie eine echte Inspiration. Da Europa nur ein Steinwurf entfernt ist, findet man hier oft die gleichen Zutaten, doch die Behandlung und die Grundprinzipien der Zubereitung sind grundverschieden. Was im Übrigen auch für die Architektur gilt — vor allem für die maurische mit ihren Moscheen mit den aufwendigen Schnitzarbeiten, den leuchtend bunten geometrischen *zellij* (Ziegeln) und den herrlichen Marmoreinlegearbeiten.

Sie werden es inzwischen vermutlich schon gemerkt haben: Marokko hat einen besonderen Platz in meinem Herzen. Denn dies war die erste gemeinsame Reise mit meiner zukünftigen Frau, und wohin wir auch kamen, für uns erstrahlte alles in einem besonderen Glanz. Die rosarote Brille, meinen Sie? Nun, das hätte nur auf das Vallée du Dadès zugetroffen. Denn von hier kommt das Rosenwasser, das die Marokkaner so lieben.

Marokko

Kurzporträt

Geografisches: Das an der Nordspitze Afrikas gelegene Land grenzt im Norden an Spanien, im Osten und Südosten an Algerien und im Süden an Mauretanien. Der Hohe Altas ist der größte Gebirgszug Nordafrikas. In den nördlichen Regionen herrscht ein mediterranes Klima, während man im Süden vorwiegend Wüsten und Halbwüsten findet.

Einwohnerzahl: 32,5 Millionen

Religion: Fast ausschließlich Moslems (etwa 98 %)

Bevölkerung: 99 % Araber, Berber oder Mischlinge

Lebenserwartung: Männer 73, Frauen 79 Jahre

Historisches: Nach dem Tod Mohammeds im 7. Jahrhundert eroberten muslimische Araber das Land und zwangen die einheimischen Berber, zum Islam zu konvertieren. Doch die Berber ergaben sich nicht kampflos und unterwarfen sich erst im 16. Jahrhundert endgültig den alevitischen Herrschern, die Marokko bis heute regieren. Im 20. Jahrhundert kam das Land unter französisches (der Norden unter spanisches) Protektorat und erlangte erst 1966 wieder die volle Souveränität.

Was man hier isst: Am liebsten den absoluten Klassiker, die Tajine. Salate werden ebenfalls gerne gegessen, wobei das Gemüse überraschenderweise häufig erst gekocht wird. Ungesäuertes Brot und Gebäck.

Nahrungsmittelexporte: Tomaten, Zitrusfrüchte und andere Früchte, Oliven, Spargelbohnen, Käse, Melonen

Die fünf beliebtesten Zutaten: Oliven und Olivenöl, Zitrusfrüchte (einschließlich eingelegter Zitronen), Minze, Lamm, Couscous und Bulgur.

Bekanntestes Gericht: Die Tajine

Was man hier trinkt: Viel stark gesüßten Pfefferminztee. Man produziert hier aber auch einige Weine.

Mein Lieblingsgericht: Wir statteten der ersten Frauenkooperative des Landes, die Arganöl herstellt, einen Besuch ab. Das Verfahren ist einfach, doch das Öl aus der antiquierten Presse einfach köstlich.

Mein eindrucksvollstes Erlebnis: Am Rande der Sahara sah ich in völliger Dunkelheit zum Himmel hinauf. So viele Sterne hatte ich noch NIE gesehen. Vor Staunen verschlug es mir im wahrsten Sinne des Wortes die Sprache.

Auf keinen Fall fragen nach: *Kif*, das marokkanische Haschisch, wird zwar gehandelt, man spricht aber nicht gerne darüber.

Zitronenholz-Kuchen-messer

Verglichen mit unserem westlichen Luxusleben ist Marokko ein relativ spartanisches Land, und das macht zu einem großen Teil seinen besonderen Charme aus. Während in unseren Küchen fast alles auf Knopfdruck funktioniert, kommt man in den marokkanischen Küchen, in die ich hin und wieder einen Blick werfen durfte, weitgehend ohne moderne Küchengeräte aus. Dies hier ist allerdings ein Werkzeug, das ich noch nie zuvor gesehen hatte und das einzig und allein zum Schneiden von Kuchen und Gebäck dient, die man hier in der Regel aus Filoteig herstellt.

Wer schon einmal im größten Souk von Marrakesch war, weiß, dass man als Tourist Freiwild für die einheimischen Verkäufer ist. Und doch war das genau der richtige Ort, um mit meiner Messersuche zu beginnen. Trotzdem überraschte es mich nicht, dass meine Fragen entweder mit Kopfschütteln oder mit mir unverständlichen Gesten beantwortet wurden. Lediglich ein Mann, der maurischen Schmuck verkaufte, nickte. Und ich folgte ihm, aufgeregt und ein wenig beklommen, durch immer schmalere Gassen in einen weit abgelegenen, ziemlich schummrigen Teil des Suks. Hier gab es nur noch wenige Verkaufsstände, vor allem mehr Werkstätten. Die Männer hier waren ganz offensichtlich Handwerker und keine fliegenden Händler. Ein Mann reparierte Motorräder, bei einem anderen gab es wunderschöne, handgenähte Dschellabas, und dann war da noch »mein Messermann«.

Er saß, umgeben von seinem Werkzeug, Hölzern, einem Haufen Sägespänen und ein paar fertigen Holzmessern und -löffeln, in einem winzigen Raum auf einem dicken Teppich. Der Raum wirkte eher wie ein Wandschrank als wie ein Arbeitsplatz, doch er schien sich darin wohlzufühlen.

Ein Mann mit einem zerbeulten Metalltablett, das er über die Köpfe der Anwesenden balancierte, bahnte sich seinen Weg durch die engen Gänge. Mit theatralischen Bewegungen, aber ohne dabei große Umstände zu machen, goss er aus einem Emailtopf Tee in kleine Gläser und reichte sie dem Motorradmechaniker, dem Messermann und dem Schmuckverkäufer. In Marokko trinken übrigens selbst die Arbeiter auf dem Bau diese stark gesüßten aromatischen Tees.

Der Messermann sprach kein Wort Englisch, er lächelte nur, und ließ seinen alten Freund, den Schmuckhändler, übersetzen. Beide arbeiteten schon ihr ganzes Leben im Souk, der für sie offensichtlich nicht nur ein Arbeitsplatz war, und kannten jeden. Die Atmosphäre hier war eine völlig andere als im Hauptteil des Souks, wo die fliegenden Händler das Sagen hatten, und ich fühlte mich sehr privilegiert und glücklich, hier sein zu dürfen. Es interessierte die beiden auch gar nicht, ob ich etwas kaufte oder nicht – das alles amüsierte sie nur etwas.

Dieses Messer hat ein richtiger Handwerker gemacht – und man kann damit, anders als mit dem Tand, mit dem man die Touristen abzieht, wirklich Kuchen und Gebäck schneiden. Die Herstellung mag zwar nicht besonders kompliziert sein, aber ich finde, es ist nicht nur nützlich, sondern sieht obendrein sehr schön aus. Und es steht für etwas, das ich für das Wesentlichste halte: die gute Absicht.

Wir alle wissen, dass gerade Gebäck mit Liebe gemacht und behandelt werden will. Und dieses einfache Messer, das Gebackenes mit seinen weichen Rundungen ganz sanft schneidet, ist dafür geradezu perfekt geeignet. Und für mich ist es das schönste Küchenutensil, das ich je in den Händen gehalten habe.

Marokkanische Rezepte

هنا رس الحمورا

Frühstück in Essaouira

سلطة بيض والشوكوف

Artischockensalat mit Ei

سردين محشي

Gefüllte Sardinen

دل مرين مطهو مع الكمون

Gebratener Kürbis mit Kreuzkümmel

دفلين مطهو مع الكرمون

Geschmorte Dicke Bohnen

كتف من لحم الخروف المطهو بالبطاطة

Geschmorte Lammschulter
mit Couscous & geschmälzten Zwiebeln

برتقال مع طنجة

Orangen mit Bulgur & Pistazien

Morocco #1

Frühstück in Essaouira

Ergibt etwa 20 kleine Pfannkuchen. Nach dem Anrühren –
dauert ein paar Minuten – muss
der Teig 2 Stunden ruhen. Fürs
Backen und den Rest müssen
Sie noch mal etwa 30 Minuten
rechnen.

---

200 g feiner Grieß

60 g Mehl

½ TL Salz

150 ml Milch

10 g Trockenhefe

1 großes Ei, verquirlt

etwas Pflanzenöl (z. B. Sonnenblumenöl) zum Einfetten

Zum Servieren

Arganöl oder ein anderes gutes
Nussöl (Haselnussöl schmeckt ebenfalls vorzüglich)

flüssiger Honig

Eier, weich gekocht

gemahlener Kreuzkümmel

Meersalz und Pfeffer

Dieses Frühstück haben wir jeden Tag auf der
Dachterrasse eines wunderbaren Hotels namens
Lalla Mira in Essaouira genossen und dabei den
Fischern im Hafen bei der Arbeit zugesehen.

Das Pfannkuchenrezept stammt aus Latifa
Bennani-Smirès' auf Französisch verfasstem
Kochbuch *La Cuisine Marocaine*. Die Konsistenz
des Teigs wird dort als »schwach« beschrieben,
was wir wahrscheinlich als dünn oder dünnflüssig bezeichnen würden.

Leicht, locker und luftig – so sollten Pfannkuchen sein, aber der eigentliche Clou ist
die Kombination ... ein bisschen davon, ein
bisschen hiervon. Vereint sie das Ganze
doch erst zu einem wahren Genuss. Mit
einem englischen Frühstück hat das so
wenig gemein wie ein marokkanischer
Suk mit einem Londoner Straßenmarkt –
und gesünder ist es obendrein!

Den Grieß mit Mehl und Salz in eine große Schüssel sieben. Die Milch
mit 350 ml heißem Wasser verrühren und die Hefe mit dem Ei untermischen. Zur Grießmischung geben und das Ganze 5 Minuten kräftig
mit dem Schneebesen verrühren, damit der Teig schön luftig wird.
Anschließend 2 Stunden (oder über Nacht) an einem warmen Platz
gehen lassen.

Eine Brat- oder Grillpfanne leicht mit Öl einfetten und bei mittlerer
Hitze heiß werden lassen. Den Teig noch einmal umrühren, 2 Esslöffel
Teig in die Pfanne geben (die Pfannkuchen sollten etwa 6 cm groß sein)
und 1–2 Minuten backen. Die Pfannkuchen sind fertig, wenn sie oben
Blasen werfen. Wenden und etwa 20 Sekunden auf der anderen Seite
backen.

Mit Arganöl, Honig, Eiern, Kreuzkümmel, Meersalz und Pfeffer
servieren.

Artischockensalat mit Ei

In nur 20 Minuten ist diese Vorspeise für 4 Personen fertig.

- 2 Maiskolben
- 4 Eier
- 150 g Tiefkühlerbsen
- 1 Glas Artischockenherzen in Öl (etwa 300 g), abgetropft
- 1 große Handvoll Minzeblätter, in Stücke gerissen
- 1 kleiner Romanasalat, in grobe Stücke zerteilt
- Saft von ½ frisch gepressten Zitrone
- 2 EL bestes Olivenöl
- 1 kräftige Prise gemahlene Kurkuma
- Salz und Pfeffer

Marrakesch ist eine märchenhafte, quirlige, verrückte Stadt, die von morgens bis tief in die Nacht von Lärm und Geräuschen erfüllt ist: Autos, Menschen, Gebetsrufe und das Geschrei der Straßenhändler verbinden sich zu einer faszinierenden Kakophonie. Unweit des Zentrums befindet sich eines meiner absoluten Lieblingshotels, das *La Mamounia*. Wenn man es betritt, fühlt man sich in einen Roman von Agatha Christie versetzt. Es ist wie eine Oase der Ruhe aus längst vergangenen Zeiten in einem tropischen fremden Land. Und erst die Parkanlage — nach dem fantastischen, von Yves Saint-Laurent wiederhergestellten Jardin Majorelle mein zweiter Lieblingsplatz in der Stadt!

Als ich zum ersten Mal in dem Hotel abgestiegen bin, war ich noch keine dreißig. Damals hatte mein Vater mir und meiner Freundin zum Geburtstag einige Übernachtungen geschenkt. Wir kamen gerade völlig verdreckt von einer mehrwöchigen Reise und konnten uns gar nichts Schöneres vorstellen. Und dann diese bequemen Betten! Wir schliefen so gut darin, dass wir unseren Heimflug verpassten, und es gelang uns nur mit Mühe, wieder nach Hause zu kommen.

Als ich etwa zehn Jahre später wieder hierher kam (und das Hotel war immer noch das tollste Hotel aller Zeiten), habe ich am Pool diesen einfachen, köstlichen Salat genossen.

Den Maiskolben aufrecht hinstellen, mit einer Hand festhalten und mit der anderen und die Kerne mit einem scharfen Messer abstreifen. Die Eier in einen Topf mit kochendem Wasser geben und 6 Minuten kochen. Erbsen und Mais ebenfalls in den Topf geben, den Deckel auflegen und aufkochen lassen. Eier und Gemüse abgießen und unter fließendem kaltem Wasser abschrecken.

Die Artischockenherzen der Länge nach vierteln und mit Minze, Mais, Erbsen und Salat in eine große Schüssel geben. Mit Zitronensaft, Öl, Salz und Pfeffer anmachen und durchmischen.

Den Salat in einer Servierschüssel anrichten. Die Eier pellen und der Länge nach halbieren. Rund um den Salat verteilen und mit Salz und Kurkuma bestreuen.

Gefüllte Sardinen

Reicht für 6 Personen. Für die Zubereitung und das Kochen müssen Sie jeweils 15 Minuten rechnen.

75 g gemischte Kräuter, die Blätter abgezupft und gehackt (die Gewichtsangabe bezieht sich auf die gehackten Blätter)

abgeriebene Schale von 2 Bio-Zitronen + Zitronenspalten zum Servieren

1 kleines Bund Frühlingszwiebeln, fein gehackt

2 Knoblauchzehen, fein gehackt

etwa 5 EL bestes Olivenöl

12 mittelgroße Sardinen, auseinandergeklappt, Mittelgräte entfernt und die Köpfe abgeschnitten

etwa 500 ml Öl zum Braten

1 große Handvoll grober Grieß zum Panieren

Salz und Pfeffer

Trotz seiner Nähe zum Mittelmeer sind Sardinen in Großbritannien eher Mangelware. Dabei ist für mich der Duft gegrillter Sardinen der Geruch, bei dem ich zuallererst ans Mittelmeer denke. Dieses Gericht stammt aus dem Süden Marokkos. Kein Wunder also, dass man ihm die italienische Nachbarschaft ziemlich deutlich anmerkt.

Bei den Kräutern haben Sie freie Wahl. Nehmen Sie einfach, was Ihre Küche oder ihr Kräuterbeet gerade hergeben: Estragon, Basilikum, Schnittlauch, Dill, Petersilie … Meine Favoriten sind Minze, Petersilie und Koriandergrün, vor allem wenn Sie dazu noch einen Fenchelsalat mit einem Zitronendressing reichen.

Lassen Sie die Sardinen am besten von Ihrem Fischhändler vorbereiten.

Die Kräuter mit Zitronenschale, Frühlingszwiebeln, Knoblauch und Öl zu einer Paste verrühren und kräftig mit Salz und Pfeffer würzen.

Die Hälfte der Sardinen mit der Hautseite nach unten auf die Arbeitsfläche legen, mit der Kräutermischung bestreichen und die restlichen Filets mit der Hautseite nach oben darauflegen.

Den Backofen auf 160 °C vorheizen. Das Öl in einer breiten Pfanne sehr heiß werden lassen (es sollte aber nicht zu rauchen beginnen). Den Grieß auf einen Teller streuen, die Fischsandwichs darin wenden und vorsichtig ins heiße Öl legen (wenn das Öl dabei nicht zischt, ist es nicht heiß genug).

Die Sardinen auf beiden Seiten jeweils 2–3 Minuten goldbraun braten, kurz auf Küchenpapier abtropfen lassen und im Backofen warm halten, während Sie die restlichen Fische braten.

Mit Zitronenspalten und mit einem Salat — Fenchel passt sehr gut dazu, aber auch Brunnenkresse oder junger Spinat — servieren.

Gebratener Kürbis mit Kreuzkümmel

In 35 Minuten ist diese Beilage für 4 Personen servierfertig.

1 Kürbis (Sie benötigen 1 kg Fruchtfleisch)	
3 EL bestes Olivenöl	
1 TL Kreuzkümmelsamen	
1 EL Honig	
1 Handvoll Kürbiskerne	
1 Handvoll Mandelblättchen	
Salz	

Kürbisse haben nur einen Nachteil: Sie sind einfach zu groß. Trotzdem könnte ich mir nicht vorstellen, meine liebste Jahreszeit auch nur einmal verstreichen zu lassen, ohne nicht mindestens eine dieser prallen, runden Herbstfrüchte gekauft zu haben. Suppen, Pies, Risotto – kennen wir alles schon. Diese kinderleicht zuzubereitende und äußerst leckere Beilage, für die Sie jeden x-beliebigen Kürbis verwenden können, ist aber vielleicht neu für Sie.

Gegessen habe ich sie zum ersten Mal in einem kleinen Restaurant in einer Stadt in den Bergen namens Chefchaouen. Es war nach Einbruch der Dunkelheit, wenn arabische Städte erst so richtig zum Leben zu erwachen scheinen, wenn die Lichter blinken, die Gebetsrufe von den Minaretten erschallen und Essensdüfte sich mit anderen Gerüchen des Orients vermischen. Da werden wirklich alle Sinne geweckt ...

Den Backofen auf 200 °C vorheizen.

Den Kürbis schälen, die Kerne entfernen und das Fruchtfleisch in mittelgroße Stücke schneiden. Auf einem Backblech verteilen, mit dem Öl begießen, mit Kreuzkümmel und Salz bestreuen und alles gut mit den Händen durchmischen.

Den Kürbis 20 Minuten in den Backofen schieben. Die Stücke anschließend wenden, mit Honig beträufeln und mit Kürbiskernen und Mandelblättchen bestreuen. Weitere 10–15 Minuten braten (und dabei laufend überwachen, gegegenenfalls noch einmal wenden, damit er nicht verbrennt), bis die Stücke am Rand schön braun und karamellisiert sind.

In einer Schüssel anrichten und mit dem auf dem Blech verbliebenen Fett begießen.

Geschmorte Dicke Bohnen

10 Minuten Zubereitungszeit,
30 Minuten Kochzeit — und
schon ist diese Beilage für
4—6 Personen fertig.

---

400 g junge Dicke Bohnen mit
Hülsen

---

100 ml bestes Olivenöl

---

2 Knoblauchzehen, in dünne Scheiben geschnitten

---

1 große Zwiebel, in feine Ringe
geschnitten

---

1 frische oder getrocknete
Chilischote

---

1 Dose Tomaten (etwa 400 g)

---

1 kleine Handvoll Minze, fein
gehackt

---

etwas Saft von 1 frisch gepressten
Zitrone

Salz und Pfeffer

Diesen fabelhaften marokkanischen Klassiker kann man leider nur im Frühsommer genießen, denn die Bohnen müssen ganz jung und die Hülsen, die hier mitverwendet werden, dürfen noch nicht zäh sein.

Und das Tolle daran: Man kann sich das ganze mühselige Enthülsen und Enthäuten ersparen!

Die Bohnen unter fließendem Wasser waschen, die Enden abschneiden und die Hülsen schräg in etwa 5 cm breite Streifen schneiden.

Das Öl in einer breiten Pfanne erhitzen. Die Bohnen einige Minuten mit Knoblauch, Zwiebel und Chilischote anbraten und danach zugedeckt etwa 5 Minuten bei mittlerer Hitze kochen lassen. Die Tomaten einrühren, kräftig mit Salz und Pfeffer würzen und 500 ml Wasser angießen. Den Deckel auflegen, bei starker Hitze aufkochen und 15 Minuten bei geringer Hitze köcheln lassen.

Den Deckel abnehmen und die Bohnen weitere 15 Minuten kochen lassen, bis die Flüssigkeit etwas eingekocht ist.

Die Herdplatte ausschalten und die Bohnen einige Minuten ruhen lassen. Die Minze und 1 Spritzer Zitronensaft hinzufügen, noch einmal abschmecken und warm servieren.

Geschmorte Lammschulter mit Couscous & geschmälzten Zwiebeln

Für 4–6 Personen. Die Vorbereitung ist in 15 Minuten erledigt, das Kochen dauert 2 ½ Stunden.

1 Lammschulter (1,2–2 kg)

2 Möhren, gehackt

einige dicke Scheiben Weißkohl

ein paar Kartoffeln, in Spalten geschnitten

1 große Handvoll Grüne Bohnen, die Enden abgeschnitten

2 Stangen Sellerie, in große Stücke geschnitten

60 ml bestes Olivenöl + 1 kräftigen Schuss für den Couscous

5 Zwiebeln, in Ringe geschnitten

250 g Couscous

1 Handvoll Petersilie, gehackt

1 Handvoll Minze, gehackt

Saft von ½ frisch gepressten Zitrone

Salz

Für die Brühe

1,5 l leichten Hühnerfond

3 Chilischoten

3 Lorbeerblätter

1 kräftige Prise Safran

4 Knoblauchzehen, zerdrückt

1 EL Koriandersamen

½ TL Kreuzkümmelsamen

1 EL Honig

Dieses Gericht haben wir im Arabische-Nächte-Ambiente eines fantastischen Restaurants namens *Yacout* in der Altstadt von Marrakesch gegessen. Es wird im Prinzip wie eine Tajine zubereitet, das heißt, die rohen Zutaten werden alle zusammen langsam in einer Brühe gegart, hat aber den Vorteil, dass man es auch in jedem anderen Topf kochen kann.

Den Backofen auf 180 °C vorheizen.

Stammt die Lammschulter von einem älteren Tier, das Fett etwas abschneiden. Stammt sie von einem Jungtier, ist dies nicht erforderlich.

Den Hühnerfond mit den übrigen Zutaten zum Kochen bringen.

Das Fleisch mit der Hautseite nach oben in einen Bräter legen, das Gemüse hinzufügen und mit ein paar Prisen Salz würzen.

Den kochenden Fond über das Fleisch gießen, den Topf mit Alufolie verschließen und das Lamm 1 Stunde im Backofen garen. Anschließend wenden und je nach Größe nochmals 1–1 ½ Stunden schmoren lassen.

30 Minuten vor Ende der Garzeit das Öl bei mittlerer Hitze in einer großen, schweren Pfanne erhitzen. Die Zwiebeln hineingeben und zugedeckt 10–15 Minuten unter gelegentlichem Rühren sehr weich garen. Sobald sie zusammengefallen sind und etwas Farbe angenommen haben, den Deckel abnehmen, die Wärmezufuhr verringern und das Gemüse weitere 15 Minuten karamellisieren lassen. Dabei regelmäßig umrühren. Mit Salz würzen.

Das Lamm, sobald es weich ist, aus dem Ofen nehmen und mit der Hautseite nach oben ruhen lassen.

Den Couscous in eine Schüssel füllen, mit 1 kräftigen Schuss Olivenöl begießen und alles einige Minuten mit den Händen vermischen, bis die Körner mit dem Öl überzogen sind. Den Couscous etwa 2 cm hoch mit heißer Brühe bedecken, die Schüssel sorgfältig mit Frischhaltefolie verschließen und den Couscous etwa 5 Minuten quellen lassen. Anschließend mit einer Gabel auflockern und abkühlen lassen. Nach dem Abkühlen die Kräuter unterziehen und den Zitronensaft hinzufügen.

Den Couscous kuppelförmig auf einer Servierplatte anrichten, das Gemüse rundherum verteilen und das Fleisch mit den Zwiebeln darauf anrichten. Dazu die restliche Brühe mit den Chilischoten reichen.

Orangen mit Bulgur & Pistazien

In 30 Minuten ist dieses Dessert für 4 Personen auf den Tisch gezaubert.

6 EL Honig
100 g Bulgur
1 EL Orangenblütenwasser
4 große oder 6 kleine Orangen
100 g Pistazien, geschält
1 Prise Salz (nach Belieben)

Bei einem Urlaub in Südspanien haben wir einen Abstecher hinüber nach Tanger gemacht, wo wir zur Mittagszeit mit der Fähre ankamen. Mir war zwar bekannt, dass Nordafrika Orangen in großem Stil exportiert, auf die Idee, dass man sie mit Getreide kombiniert als Dessert servieren könnte, wäre ich aber nie gekommen. Ich fand's toll und habe seitdem immer alles Notwendige für diese raffinierte Süßspeise im Haus. Und das hat mir schon aus so mancher Verlegenheit geholfen.

Die Hälfte des Honigs in 150 ml kochendem Wasser auflösen. Den Bulgur in einen kleinen Topf geben, das Honigwasser darübergießen und das Orangenblütenwasser einrühren. Den Deckel auflegen und das Ganze etwa 10 Minuten köcheln lassen, bis der Bulgur die Flüssigkeit vollständig aufgesogen hat.

Die Orangen schälen und über einer Schüssel filetieren. Dazu die Häutchen der einzelnen Segmente mit einem scharfen Messer auftrennen und das Fruchtfleisch herauslösen. Die Häutchen anschließend über der Schüssel ausdrücken. Die Pistazien – in der Küchenmaschine, mit einem Messer oder im Mörser – grob zerkleinern (bei ungesalzenen Pistazien 1 Prise Salz hinzufügen).

Die Pistazien mit dem restlichen Honig und 1 Esslöffel Wasser vermengen. Vier Dessertteller vorbereiten. In die Mitte jeweils eine Ringform setzen. Den Bulgur und danach die Pistazien darauf verteilen, die Ringe abnehmen und die Orangenfilets rundherum anrichten. Und den Saft dürfen Sie zur Belohnung trinken.

Italien war nicht nur das Land, in das mich meine erste Reise führte (wen wundert's, schließlich war mein Vater ein absoluter Römerfan), es hat meine Küche, meine kulturellen Interessen und die Verbindung von beidem auch am stärksten geprägt. Ich erinnere mich noch gut, wie ich als Siebenjährige auf meinem Kinderstuhl saß und mich vor Lachen bog, als mein Vater mir erklärte, die lange trockene *Grissini*-Stange sei eine Art Brot. Und natürlich hatten es mir die *Gelati* angetan.

In den folgenden zehn Jahren fuhren wir regelmäßig nach Italien und klapperten die wichtigsten Ausgrabungs- und Kulturstätten ab. Durch all die vielen *Chiese*, *Scuole*, *Gallerie* und *Musei* wusste ich in der italienischen Geschichte bald besser Bescheid als in der meiner Heimat. Und obwohl ich wie jedes normale Kind regelmäßig um die Mittagszeit streikte, wenn wir am Vormittag schon ein Mausoleum, ein Baptisterium, ein paar sehr alte Steine und etliche verwitterte Fresken hinter uns gebracht hatten, war dadurch irgendwo in mir ein Keim gelegt worden.

Italien ist ein ungemein geschichtsträchtiges Land, ja es ist so von der eigenen Geschichte erfüllt, dass es in der modernen Zeit kaum zu funktionieren können scheint. Egal, wohin man kommt, überall stößt man auf Schätze aus der Vergangenheit, und es gibt keine Epoche, die nicht vertreten wäre.
    Viele Orte haben einen bleibenden Eindruck bei mir hinterlassen, und ich erinnere mich noch lebhaft an das Gewimmel und den Lärm in den Straßen von Neapel und unseren Abstecher auf den Vesuv oder an meinen ersten Besuch in Venedig, das im Nebel dieses kalten Januartags wie verzaubert wirkte. Andere Orte sind mir wegen ihrer Spezialitäten im Gedächtnis geblieben – Parma wegen seiner Schinken, Modena

wegen des Balsamicos, Cremona wegen der Senffrüchte – und wieder andere wegen ihrer Palazzi (Ferrara) und Fresken (Mantua). Der raue Süden gefiel mir allerdings weit besser als der eher glatte Norden. Auf eine Eigenschaft trifft man jedoch überall im Land: Ob es nun um Musik, Kunst, Religion, Mode, Politik, Geschichte oder selbstverständlich ums Essen geht, die Menschen sind immer mit Leidenschaft bei der Sache.

Wenn man mir ausgerechnet in Italien schlechtes Essen vorsetzte – und das konnte einem in einem Nobelschuppen genauso passieren wie an einem Straßenimbiss –, dann empfand ich das schon als eine ziemliche Unverschämtheit. Denn wo sonst versteht man es so gut, ein Menü mit sage und schreibe fünf Gängen (und da habe ich den Käse noch gar nicht mitgerechnet) hinzuzaubern?

Aber im Großen und Ganzen pflegen die Italiener nach wie vor die gute alte Esskultur und deshalb fühle ich mich hier auch so heimisch. Frische, mit Liebe und Leidenschaft nach alten Familienrezepten zubereitete Zutaten vom Markt sind hier immer noch das A und O. Und dann genießt man das herrliche Mahl in aller Gemütsruhe im Kreise der Familie. Ganz anders in England, wo alles im Supermarkt gekauft wird und man das Abendessen, das in nicht mal dreißig Minuten auf dem Tisch steht, vor dem Fernseher hinunterschlingt.

Bei meinem letzten Italienbesuch schloss sich der Kreis. Denn wir Schwestern fanden es nur angemessen, unserem Vater, der die Römer so liebte, in ihrer Stadt die letzte Ehre zu erweisen. Also fuhren wir alle drei nach Rom, suchte uns im Forum ein hübsches, verborgenes Plätzchen und verstreuten dort heimlich seine Asche. Unser Dad hätte das wahrscheinlich unglaublich sentimental gefunden …

Italien

Kurz-porträt

Geografisches: Die Halbinsel mit den Inseln Sizilien und Sardinien erstreckt sich von Südeuropa bis ins Mittelmeer. Norditalien wird von den Alpen und dem Apennin umschlossen. Drei aktive Vulkane (Vesuv, Stromboli und Ätna).

Einwohnerzahl: 60,1 Millionen

Religion: 83 % Katholiken, der Rest setzt sich aus Juden, Protestanten und einer wachsenden Zahl muslimischer Einwanderer (etwa 1,2 Millionen) zusammen.

Bevölkerung: Überwiegend italienischer Abstammung, außerdem etwa vier Millionen legal zugewanderte Ausländer und bis zu einer Million illegal Zugewanderte, zumeist aus Rumänien, Albanien und Marokko

Lebenserwartung: Männer 79, Frauen 85 Jahre

Historisches: Einstmals der Mittelpunkt des Römischen Reichs wurde das Land nach dessen Niedergang zum Kampfplatz ausländischer Mächte und zerfiel in viele kleine Fürstentümer. Erst 1870 wurde es durch die Bewegung des Risorgimento politisch geeint.

Was man hier isst: Gegrilltes (gut!), sehr beliebt sind auch im Ofen gebackene (*al forno*) Gerichte. Pasta ist schnell gekocht, Risottos brauchen dagegen Zeit. Puddings und Cremes dürfen ebenfalls nicht fehlen. Alles in allem eine einfache, aber vorzügliche Küche.

Nahrungsmittelexporte: Wein, Pasta, Käse, Olivenöl, Gebäck, Schokolade, geschälte Tomaten, Espresso

Die fünf beliebtesten Zutaten. Pasta, Tomaten, Olivenöl, Mozzarella, Kräuter (vor allem Basilikum)

Bekanntestes Gericht: Spaghetti

Das trinkt man hier: Viel Wein aus heimischer Erzeugung, süffiges Lagerbier (z.B. Peroni), Mineralwasser, Grappa und Limoncello

Mein Lieblingsgericht: Ein einziges Mal hat mich ein Essen wirklich überwältigt, und das waren die Tagliatelle mit weißer Trüffel, die ich in Mailand gegessen habe und die so perfekt waren, dass mir die Tränen kamen.

Mein eindrucksvollstes Erlebnis: Den Moment, als ich zum ersten Mal die Tempel von Paestum sah, werde ich nie vergessen.

Das sollte man besser nicht verlangen: Pfannenpizza

Wenn's ums Schneiden geht, ist G. Lorenzi in Mailand eine echte Institution. Seit mehr als hundert Jahren ist das Familienunternehmen in Italien die erste Adresse für Bestecke, Scheren, Küchenmesser und alles, was irgendwie schneidet. Giovanni Lorenzi, der Firmengründer, hat sein Handwerk Anfang des 20. Jahrhunderts in Deutschland gelernt. Danach kehrte er in seine Heimat zurück, um ein eigenes Geschäft zu gründen. In puncto Sammelleidenschaft hat er mich übrigens um Längen geschlagen: Hat er doch über 3700 Schneidewerkzeuge zusammengetragen, die man heute voller Stolz im firmeneigenen Museum präsentiert.

Mit einem Keramikmesser hatte ich schon lange geliebäugelt, den Schritt dann aber doch nicht gewagt, denn in der Küche arbeite ich nicht gerade mit Samthandschuhen, und da geht leicht mal was zu Bruch. Aber hier in der Stilmetropole Mailand konnte ich mich einfach nicht mehr zurückhalten. Wobei ich sagen muss, dass Keramikmesser durchaus nicht nur stylish sind, sondern auch durch andere Qualitäten überzeugen.

Denn sie sind nicht nur superscharf, sie werden auch nicht so leicht stumpf wie Messer aus Stahl, und man kann mit geradezu chirurgischer Präzision damit schneiden. Deshalb verwende ich zum Tomatenschneiden auch nur noch mein Keramikmesser. Außerdem sind sie leichter sauber zu halten und hygienischer, denn die Keramikklinge nimmt Gerüche nicht so stark an — ich habe den Knoblauchtest gemacht. Und last, but not least ist die Klinge fast so hart wie ein Diamant. Trotzdem bleibt mir jedes Mal, wenn ich mein Keramikmesser fallen lasse, fast das Herz stehen.

Und dann sieht es auch noch richtig edel aus mit dem dunkelbraunen Holzgriff und der schlichten, klaren Klinge. Es hat schon seinen Grund, dass hier auch Modedesigner Armani seine Messer kauft.

Lorenzi's Ceramica

Italienische Rezepte

Zuppa di farro e lenticchie
Linsen-Einkorn-Suppe

Sandwichröllchen

Crostini mit warmer Hühnerleber

Carciofi con polenta
Artischocken mit Polenta

Gummer mit Spaghettini

Pappardelle mit Kaninchen-/Hasen-Ragù

Lombo di maiale alla spiede
Schweinefleisch am Rosmarinspieß

Amor de pera
Birnentarte

Zuppa di farro e lenticchie
Linsen-Einkorn-Suppe

6 Personen bekommen Sie mit dieser Suppe mehr als satt und dafür müssen Sie gerade mal ½ Vorbereitungs- und ½ Stunde Kochzeit rechnen.

---

90 g geräucherter Hinterschinken

3 EL bestes Olivenöl

250 g Zwiebeln, fein gewürfelt

2 Stangen Sellerie (nach Möglichkeit mit Grün)

2–3 Zweige Rosmarin, die Blätter abgezupft und gehackt

2 Knoblauchzehen, gehackt

1 Messerspitze getrocknete Chiliflocken

175 g kleine braune oder grüne Linsen

100 g Einkorn oder Perlgraupen

1 l Hühnerfond

Salz und Pfeffer

Einkorn ist eine der ältesten Getreidearten und war ein Vorläufer des Dinkels. Für mich war dieses Gericht eine echte Offenbarung, denn eine Suppe mit Einkorn hatte ich noch nie gegessen. Das Einkorn macht sie nicht nur wunderbar sämig, sie ist außerdem sehr viel besser verdaulich.

Und sie schmeckt einfach zum Sitzenbleiben. Dabei hätte ich dieses Gericht, das wir in der mittelalterlichen Stadt Lucca gegessen haben, eigentlich gar nicht als Suppe bezeichnet, denn sie war so dick, dass der Löffel aufrecht darin stecken blieb.

Stangensellerie wird in Italien immer mit Grün verkauft – und nicht wie bei uns bloß mit ein paar mickrigen Blättchen –, denn die Blätter verleihen Gerichten wie diesem erst ihren besonderen Geschmack. Aber mit etwas Glück werden Sie bestimmt fündig – halten Sie also die Augen offen.

Die Schwarte des Räucherschinkens abschneiden und aufheben. Den Schinken in 1 cm große Würfel schneiden.

Das Öl in einem breiten Topf erhitzen. Die Zwiebeln mit Schinken und Schwarte hineingeben, den Deckel auflegen und das Ganze unter gelegentlichem Rühren bei mittlerer Hitze kochen lassen. Inzwischen den Sellerie der Länge nach in 3–4 Streifen und danach in 1 cm große Würfel schneiden. Die Blätter grob hacken und beides mit Rosmarin, Knoblauch, Chiliflocken und einigen Prisen Salz zu den Zwiebeln geben.

Die Linsen kurz unter fließendem Wasser waschen und mit dem Einkorn oder den Perlraupen zum Gemüse geben. Nach einigen Minuten den Fond angießen, einmal kurz umrühren und den Deckel auflegen.

Das Ganze bei mittlerer Hitze zum Köcheln bringen. Die Suppe bitte keinesfalls sprudelnd kochen lassen!

Nach 20–30 Minuten sollten die Linsen und das Einkorn gar, aber noch bissfest sein. Die Schwarte herausnehmen. Die Hälfte der Suppe 1 Minute im Mixer oder mit dem Pürierstab verrühren und wieder in den Topf zurückgießen.

Mit Salz und reichlich Pfeffer abschmecken und die Suppe 5 Minuten zugedeckt ruhen lassen. Auf Suppenschalen verteilen und mit einem kräftigen Schuss bestem Olivenöl verfeinern.

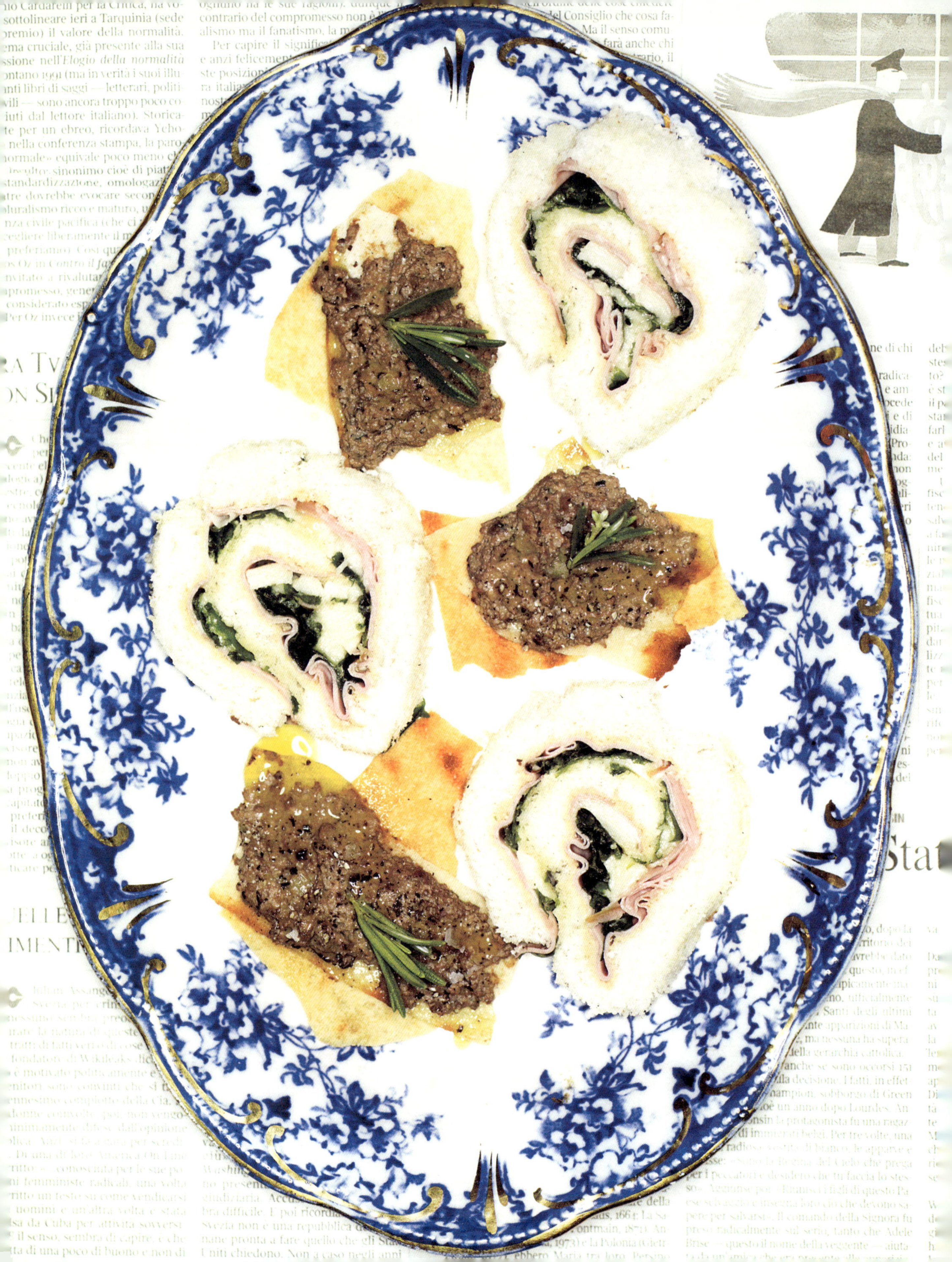

Sandwichröllchen

Für 35 Sandwichröllchen brauchen Sie nicht einmal 30 Minuten.

1 großes Toastbrot (im Ganzen und sehr frisch)

Dijonsenf

5 Scheiben italienische Mortadella

5 Scheiben Fontina-Käse

Rucola

bestes Olivenöl

Salz und Pfeffer

Die Italiener sind Meister in der Kunst des kleinen Snacks. Sie verstehen es einfach, daraus auch optisch mehr zu machen als einen kleinen Mittagsimbiss.

Diese Sandwiches hat man uns in einem venezianischen Café serviert. Bei den Zutaten können Sie Ihrer Fantasie aber durchaus freien Lauf lassen. Wichtig ist nur, dass der Belag nicht zu dick ist, damit sich das Brot noch aufrollen lässt. Mein Tipp: Die Brote zunächst mit einem Aufstrich (Senf, Olivenpaste oder Pesto) bestreichen, mit etwas Eiweißreichem (Bresaola, Mortadella, Parmaschinken, Taleggio, Fontina oder Ziegenkäse) belegen und mit ein bisschen Grün (Rucola, Basilikum oder Feldsalat) abschließen.

Die Brotrinde rundherum abschneiden und das Brot der Länge nach in 5 große Scheiben schneiden. Mit Senf bestreichen, mit Mortadella und Fontina belegen und den Rucola darauf verteilen. Mit Salz und Pfeffer würzen und mit Olivenöl beträufeln.

Das Brot von der Schmalseite her vom Körper weg aufrollen, sodass die Nahtstelle unten liegt. Die Rollen vorsichtig festdrücken, einige Minuten ruhen lassen und danach mit Ihrem schärfsten Messer aufschneiden.

Crostini mit warmer Hühnerleber

In 20 Minuten ist dieser leckere Imbiss für 6 Personen fertig.

250 g Hühnerlebern

50 g durchwachsener Räucherspeck (mit möglichst viel Fett), fein gewürfelt

2 Knoblauchzehen, fein gehackt

1 großer Zweig Rosmarin, die Nadeln abgezupft und fein gehackt

3 EL Marsala, Sherry oder Süßwein

2 EL weiche Butter

ein paar Cracker oder Toastbrote

bestes Olivenöl

Salz und Pfeffer

Die Lebern von den Sehnen befreien und mit Salz und Pfeffer würzen.

Eine große Pfanne bei starker Hitze heiß werden lassen und den Speck 5 Minuten bei geringer Hitze rundherum knusprig braun braten. Mit einem Schaumlöffel herausnehmen und zur Seite stellen.

Die Lebern eine Minute bei starker Hitze anbraten, wenden und auf der anderen Seite ebenfalls eine Minute braten. Herausnehmen und zum Speck geben.

Knoblauch und Rosmarin in die Pfanne geben und etwa 1 Minute bei starker Hitze anbraten. Die Lebern und den Speck dazugeben, mit dem Marsala ablöschen und die Flüssigkeit 1–2 Minuten verdunsten lassen. Die Pfanne dabei laufend schwenken. Zum Schluss die Butter hinzufügen und schmelzen lassen.

Den Pfanneninhalt mit ein paar Esslöffeln warmem Wasser oder etwas Marsala im Mixer oder in der Küchenmaschine zu einer cremigen Paste verrühren. In einer Schüssel anrichten und mit etwas Olivenöl beträufelt zu Crackern servieren.

Carciofi con polenta
Artischocken mit Polenta

4 Personen werden begeistert sein von dieser Vorspeise, für die Sie sich 1 Stunde Zeit nehmen sollten.

---

2 Zitronen

4 mittelgroße Artischocken

200 ml Milch

100 g grober Polentagrieß (keine Instant-Polenta – achten Sie auf die Aufschrift *bramata*)

40 g Parmesan, geraspelt + geriebener Parmesan zum Servieren

bestes Olivenöl

6 Knoblauchzehen, mit der Messerklinge zerdrückt

1 große Handvoll Salbeiblätter

Salz und Pfeffer

Ich war so um die 22, als wir nach Verona fuhren. Auf der Piazza dell'Erbe gab es einen Stand, an dem man sich seine Artischocken von einer netten Lady küchenfertig herrichten lassen konnte. Als Jungköchin, die bereits in verschiedenen Restaurants kistenweise und stundenlang Artischocken vorbereitet hatte, bewunderte ich nicht nur ihre Schnelligkeit, sondern vor allem die Tatsache, dass es so etwas überhaupt gab.

Und was soll ich Ihnen sagen, als ich ziemlich genau zehn Jahre später wieder einmal durch die Stadt schlenderte, was sah ich da …? Da saß sie noch immer dort, wie in einem Gemälde, in exakt der gleichen Haltung, und ließ ihre Artischockenherzen in einen Eimer mit Zitronenwasser fallen …

Ich habe mich hier übrigens bei der Vorbereitung der Artischocken auf eine Kurzbeschreibung beschränkt, denn alles genau aufzuschreiben dauert weit länger als die eigentliche Arbeit.

1 Zitrone halbieren und die Hände damit einreiben. Nein, ich will Sie nicht quälen, ich will Ihnen bloß ersparen, dass die Bitterstoffe in Ihre Haut eindringen. (Sie meinen, ich mache hier ein bisschen viel Wind? Na, dann lecken Sie nach der Zubereitung mal an Ihren Fingern. Igitt, pfui Teufel, kann ich da nur sagen!) Die Zitronenhälften anschließend über einer großen Schüssel mit Wasser auspressen und die ausgepressten Schalen ebenfalls hineingeben.

Die unteren Hüllblätter der Artischocke zum Stiel hin umknicken und herausziehen. Die hellen Blattspitzen abschneiden, am besten mit einem scharfen Messer.

Mit einem kleinen scharfen Messer den Stiel etwa 6 cm unterhalb des Bodens abschneiden und sorgfältig schälen. Den Boden ebenfalls schälen und schön in Form schneiden. Das, was Sie jetzt noch übrig haben, hat etwa ein Viertel der Größe der ursprünglichen Artischocke.

Zum Schluss das Heu im Innern mit einem Teelöffel herausschaben, um das Herz freizulegen. Das war's schon. Und denken Sie daran, die fertig vorbereiteten Artischocken sofort in das Zitronenwasser zu legen, damit sie sich nicht verfärben.

Nun kann's an die eigentliche Zubereitung gehen: Die Milch mit 200 ml Wasser erhitzen, bis sie zu dampfen beginnt, und den Polenta-

grieß unter laufendem Rühren einrieseln lassen. Die Wärmezufuhr verringern, mit Salz und Pfeffer würzen und die Polenta bei sehr geringer Hitze nach Packungsanweisung kochen lassen, bis ein sehr dicker Brei entstanden ist. Dabei gelegentlich mit einem Holzkochlöffel umrühren. (Im Unterschied zu dem Instantzeug hat eine mit richtigem Polentagrieß zubereitete Polenta eine herrliche weiche und gleichzeitig leicht körnige Konsistenz.) Den geraspelten Parmesan einrühren, kräftig mit Salz und Pfeffer abschmecken und den Topf zudecken.

Während die Polenta kocht, das Öl in einer großen Pfanne erhitzen und den Knoblauch einige Minuten bei geringer Hitze anschwitzen. Die Artischocken trocken tupfen, mit den Stielen nach oben in die Pfanne legen und zugedeckt 5–10 Minuten bei mittlerer Hitze garen, bis sie unten leicht angebräunt sind. Anschließend auf die Seite legen und je nach Größe weitere 6–10 Minuten kochen lassen, bis sie rundherum gleichmäßig gegart sind (um die Garprobe zu machen, mit einem scharfen Messer in den Boden stechen, das Messer muss mühelos hineingleiten). Die Salbeiblätter hinzufügen und gleichmäßig anbraten (sie sollten nicht braun, sondern nur dunkelgrün und glasig werden).

Die Polenta — gegebenenfalls mit einem Schuss heißem Wasser — noch einmal kurz durchrühren und auf vier Teller verteilen. Jeweils 1 Artischocke, etwas Knoblauch und ein paar Salbeiblätter darauf anrichten. Mit etwas Olivenöl und Zitronensaft beträufeln und mit geriebenem Parmesan und ein wenig Meersalz bestreuen.

Hummer mit Spaghettini

Dieses Essen für 2 ist ideal für den Valentinstag. Aber es will, wie es sich für einen solchen Anlass gehört, mit Liebe gemacht werden. 1½ Stunden sollten Sie schon einplanen, damit Sie Ihr Date auch noch in einem präsentablen Zustand empfangen können ...

1 lebender Hummer (etwa 600 g)

bestes Olivenöl

150 g Spaghettini

1 Stückchen Butter

75 g Crème fraîche

1 kleine Handvoll Estragon, fein gehackt

1 große Handvoll glatte Petersilie, fein gehackt

Zitronensaft

Salz und Pfeffer

Für die Brühe

200 g ungeschälte Tiefseegarnelen (roh oder gekocht)

Sonnenblumenöl oder ein anderes Pflanzenöl

½ Zwiebel, halbiert

einige ungeschälte Knoblauchzehen

3 Tomaten

Suppengemüse (Möhren, Stangensellerie, Fenchel, Champignons, Petersilie, Lorbeerblätter ...), grob gehackt

Es war am Neujahrstag auf dem Campo Santo Stefano in Venedig und die Sonne lachte, als ich dieses Gericht zum ersten Mal gegessen habe. Besser bin ich noch nie in ein neues Jahr gerutscht!

Sie sollten hierfür allerdings unbedingt einen lebenden Hummer kaufen und ihn – ganz wichtig – vor dem Kochen zwei Stunden in die Gefriertruhe legen, ohne ihn jedoch vollständig gefrieren zu lassen.

Für die Brühe die Garnelen kurz in der Küchenmaschine zerkleinern und einige Minuten bei starker Hitze in wenig Öl in einem Topf braten. Zwiebel, Knoblauch, Tomaten und Suppengemüse dazugeben und umrühren, bis sich das Gemüse etwas erwärmt hat. Mit Wasser (etwa 1 Liter) bedecken, den Deckel auflegen und aufkochen lassen. Bei halb geöffnetem Deckel und geringer Hitze 30 Minuten köcheln lassen. Sie können sich inzwischen ja anderweitig amüsieren ...

Die Brühe in eine Schüssel abseihen. Das Gemüse und die Garnelen dabei gut mit dem Rücken einer Schöpfkelle ausdrücken. Die abgeseihte Brühe wieder in den Topf gießen und um etwa zwei Drittel reduzieren. Den Schaum gegebenenfalls abschöpfen.

Inzwischen Wasser in einem großen Topf zum Kochen bringen und den gekühlten Hummer 10 Minuten kochen. Herausnehmen und abkühlen lassen. Das Wasser nicht wegschütten.

Den Backofen auf 180 °C vorheizen. Das Hummerwasser mit 1 kräftigen Prise Salz und 1 Schuss Olivenöl erneut aufkochen und die Spaghettini darin al dente kochen. Abgießen und abdecken. Während die Nudeln kochen, den Hummer auf den Rücken legen, mit einem langen scharfen Messer der Länge nach halbieren und die Beine mit dem Messerrücken aufbrechen. Die Hälften auf ein Backblech legen und das Fleisch mit der Butter bestreichen. Den leeren Pastatopf auf die Herdplatte stellen und heiß werden lassen. Die vorbereitete Brühe hineingießen und zum Köcheln bringen. Die Crème fraîche einrühren, mit Salz und Pfeffer abschmecken und bei geringer Hitze einkochen lassen, bis die Brühe die Konsistenz einer Sauce hat.

Inzwischen den Hummer mit Alufolie abdecken und 10 Minuten im Backofen erhitzen. Spaghettini, Estragon und Petersilie mit der Sauce mischen, mit Zitronensaft, Salz und Pfeffer abschmecken und mit dem Hummer auf einer Platte anrichten.

Pappardelle mit Kaninchen-/
Hasen-Ragù

Für 6 Personen als Vorspeise,
als Hauptgericht reicht's nur
für 4. Dauert zwar alles in allem
2–3 Stunden, aber das Kaninchen gart auch alleine.

1 Kaninchen oder Wildhase
(500–700 g), in 6 Teile zerlegt (bitten
Sie am besten Ihren Fleischer, das
für Sie zu erledigen)

4 EL bestes Olivenöl

1 große oder 2 kleine Möhren, der
Länge nach geviertelt und in Scheiben
geschnitten

6 kleine Schalotten, geschält

3 Stangen Sellerie, in Würfel
geschnitten (die Blätter gegebenenfalls gehackt)

3 Zweige Rosmarin, die Nadeln
abgezupft und gehackt

2 Lorbeerblätter

3 Knoblauchzehen, gehackt

1 EL Pfefferkörner

etwa 250 ml Rotwein

500 ml Hühnerfond

1 kleines Glas Marsala oder Madeira

30 g Butter

200 g Weintrauben

125 g Pinienkerne, leicht geröstet

1 kleine Handvoll glatte Petersilie

500 g Pappardelle

Salz und Pfeffer

Diesen toskanischen Klassiker haben wir in einem fantastischen
Restaurant namens *Da Delfina* gegessen – großes Kompliment!

Dort hat man es mit Wildkaninchen zubereitet, Sie können aber
genauso gut Wildhasen oder ein Zuchtkaninchen nehmen. Wildhase
ist besonders mager und fleischig, was man von einem Zuchtkaninchen
eher weniger behaupten kann. Und das Wildkaninchen liegt irgendwo
dazwischen. Noch besser schmeckt das Ragù, wenn Sie es schon am
Vortag kochen und das Fleisch über Nacht in der Sauce ziehen lassen.

Den Backofen auf 170 °C vorheizen.

Herz, Leber und Nieren – so Sie sie haben – zur Seite legen und eventuelle Fellreste entfernen. Das Kaninchen unter fließendem kaltem Wasser
waschen und trocken tupfen. Die Hälfte des Öls in einer großen, flachen
Kasserolle erhitzen, das Fleisch großzügig mit Salz und Pfeffer würzen
und rundherum im heißen Öl anbraten. Dann herausnehmen und beiseitestellen. Das restliche Öl in die Pfanne geben und die Wärmezufuhr etwas
verringern. Möhren, Schalotten und Sellerie hinzufügen, gut umrühren
und das Gemüse zugedeckt 5 Minuten garen. Zum Schluss den Rosmarin
mit Lorbeerblättern, Knoblauch und Pfefferkörnern unterrühren.

Die Kaninchenteile mit dem ausgetretenen Fleischsaft zum Gemüse
geben, den Wein hinzufügen. Das Ganze zum Kochen bringen und eine
Minute köcheln lassen, bevor Sie den Fond hinzugießen. Die Flüssigkeit
sollte das Fleisch bedecken. Alles erneut zum Kochen bringen, mit Salz
würzen und zugedeckt 1 1/2 Stunden im Ofen schmoren, bis das Fleisch
gar ist. Herausnehmen und abkühlen lassen.

Das Fleisch von den Knochen lösen, in mundgerechte Stücke zerteilen
und zugedeckt bei mittlerer Hitze in der Sauce erwärmen.

Herz, Leber und Nieren grob hacken und in den Topf geben. Den Marsala, Butter, Weintrauben und die Hälfte der Pinienkerne dazugeben und
das Ganze bei geöffnetem Topf 8 Minuten köcheln lassen, bis die Trauben
weich sind. Die Herdplatte danach ausschalten und den Topf zudecken.
Die Petersilie grob hacken und mit den restlichen Pinienkernen mischen.

Die Pappardelle in kochendem Salzwasser al dente kochen, abgießen und
mit 1 Schuss Olivenöl und dem Ragù übergießen, vorsichtig durchmischen,
noch einmal abschmecken und mit der Petersilienmischung bestreuen.

Lombo di maiale alla spiede
Schweinefleisch am Rosmarinspieß

4 Personen werden mit diesen Spießen satt. Die Zubereitung dauert alles in allem 50 Minuten, und fürs Marinieren müssen Sie noch 1 Stunde extra rechnen.

4 lange Rosmarinzweige (etwa 30 cm, mit holzigen Stielen)

bestes Olivenöl

4 Knoblauchzehen, fein gehackt

2 Schweinelenden (à etwa 400 g)

250 g Schweineschmalz oder eine Mischung aus Schweinefett und bestem Olivenöl

1 Ciabatta (etwa 300 g)

Salz und Pfeffer

Gott segne die Kleinbauern, die dieses rustikale Gericht erfunden haben, das wir in einem kleinen Lokal in den Bergen um Florenz gegessen haben, ganz in der Nähe des Ortes, an dem Michelangelo – und einige seiner herrlichen Marmorskulpturen – das Licht der Welt erblickten.

Zugegeben, das Allergesündeste ist es nicht gerade, dafür aber supersaftig. Richtig authentisch wird es, wenn Sie statt Schweineschmalz den berühmten *Lardo di Colonnata* nehmen, einen mit Rosmarin verfeinerten fetten Schweinespeck, den man einfach einmal probiert haben muss – und den Sie vorher natürlich erst in Würfel schneiden und auslassen müssen. Ich konnte es mir einfach nicht verkneifen, gleich ein ganzes Kilo durch den Zoll zu schmuggeln. Für die Aufregung wurde ich dann aber monatelang belohnt. Sie können natürlich auch Schinkenspeckränder oder herkömmlichen Speck nehmen, sollten beides dann aber mit etwas bestem Olivenöl verfeinern.

Die Nadeln von den Rosmarinzweigen abstreifen (die Nadeln an der Spitze dabei stehen lassen) und fein hacken.

Etwas Olivenöl mit der Hälfte des Knoblauchs und der Hälfte der Rosmarinnadeln verrühren. Die Schweinelenden in etwa 3 cm dicke Scheiben schneiden (Sie benötigen etwa 16 Scheiben) und ungefähr 1 Stunde in der Mischung marinieren.

Den Backofen auf 200 °C vorheizen. Das Schweinefett bei geringer Hitze in einem kleinen Topf heiß werden lassen. Den restlichen Knoblauch und Rosmarin mit 1 kräftigen Prise Salz darin frittieren. Das Fleisch mit Salz und Pfeffer würzen.

Die Ciabatta in Stücke schneiden (sie sollten etwa die gleiche Größe haben wie die Fleischstücke), in das Fett tauchen und dabei gut andrücken, damit sie sich gut mit Fett vollsaugen. Abwechselnd mit dem Fleisch auf die Rosmarinstiele stecken (5 Brot- und 4 Fleischstücke pro Spieß, sodass an den Enden jeweils ein Stück Brot sitzt).

Die Spieße auf ein Backblech legen, mit dem restlichen Fett begießen und 12–15 Minuten in den Backofen schieben. Anschließend ein paar Minuten ruhen lassen, auf einer Servierplatte anrichten und mit dem ausgetretenen Fleischsaft übergießen. Mit Zitronenspalten und Tomatenscheiben servieren.

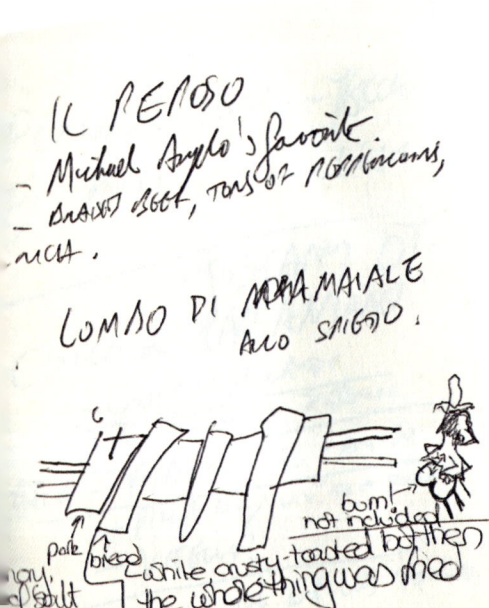

Amor de pera
Birnentarte

Ergibt 8 große Stücke, zum Backen sollten Sie so um die 1 ½ Stunden rechnen und danach noch 1 Stunde für die Kühlzeit.

Für den Teig

250 g Mehl

75 g Puderzucker

125 g Butter in kleinen Stücken

3 Eigelb

Für die Birnen

125 g Zucker

1 Vanilleschote, der Länge nach aufgeschlitzt und das Mark herausgekratzt

6 cl Amaretto

6 feste Tafelbirnen (vorzugsweise Comice oder Conference), geschält

Für die Konditorcreme

500 ml Milch

3 Eigelb

75 g Zucker

40 g Maisstärke

Für den Guss und zum Bestreuen

2 Blatt Gelatine

1 Handvoll Mandelblättchen, geröstet

Dieses Dessert stammt aus dem *Do Forni*, einem venezianischen Restaurant. Nachdem wir auf einem langen Umweg endlich ein Plätzchen in einem zweiten, in einer anderen Gasse gelegenen Speisesaal gefunden hatten, verbrachten wir einen fantastischen Abend mit *Brodo di nonna*, *Stinco* und reichlich *Amarone*, den wir dann noch mit dieser Tarte krönten. Rein äußerlich hat sie zwar einen ziemlich französischen Touch, aber der Geschmack ist pure italienische Romantik. Ein Dessert zum Niederknien!

Für den Teig Mehl und Puderzucker 1 Minute in der Küchenmaschine mischen, die Butter und danach die Eigelbe kurz untermengen und den Motor dann sofort ausschalten. Das Ganze sollte nur 3 Minuten dauern. Den Teig in Frischhaltefolie 30 Minuten im Kühlschrank ruhen lassen.

Für die Birnen den Zucker mit 500 ml Wasser, der Vanilleschote, dem Mark und dem Amaretto in einem breiten, flachen Topf erhitzen, bis er sich aufgelöst hat. Die Birnen (mit Stielen) halbieren, die Kerngehäuse mit einem Teelöffel entfernen und die Hälften zugedeckt etwa 15 Minuten pochieren. Sie sollten durchgegart, aber nicht weich sein. Beim Pochieren darauf achten, dass alle Birnen in der Flüssigkeit liegen.

Für die Konditorcreme die Milch zum Kochen bringen. In einer Rührschüssel die Eigelbe mit dem Zucker cremig aufschlagen und danach die Stärke unterschlagen. Die kochende Milch einrühren und die Mischung in einen sauberen Topf füllen. Bei geringer Hitze aufkochen und 1 Minute unter Rühren kochen lassen. Vom Herd nehmen, mit Frischhaltefolie abdecken (die Folie direkt auf die Creme legen) und vollständig abkühlen lassen.

Den Backofen auf 180 °C vorheizen. Den Teig ausrollen und eine Tarteform mit herausnehmbarem Boden (18 × 4 cm) damit auskleiden. Die Form 10 Minuten in den Kühlschrank stellen. Den Teig, sobald er sich fest anfühlt, 15–20 Minuten blindbacken, bis er eine goldgelbe Farbe angenommen hat, und danach einige Minuten abkühlen lassen.

Die Birnen aus dem Sirup nehmen. Den Sirup um zwei Drittel einkochen lassen. Die Gelatine einige Minuten in kaltem Wasser einweichen, unter den Sirup rühren und den Guss bei Zimmertemperatur abkühlen lassen.

Die Konditorcreme gleichmäßig auf dem Tarteboden verstreichen, die Birnen darauf verteilen und mit den Mandelblättchen bestreuen. Mit dem Guss überziehen und die Tarte mindestens 1 Stunde kalt stellen.

Japan

Spirituell, ästhetisch und außergewöhnlich – alles war hier irgendwie subtil und herzerfrischend. Vom Frühstück, das im Durchschnitt aus 16 weitgehend undefinierbaren, hübsch angerichteten kleinen Speisen bestand, bis zur Tatami genannten Matte, auf der man sich schlafen legte – es war von A bis Z ein herrliches, unvergleichliches Abenteuer.

Mit einem ordentlichen Jetlag und stetig wachsender Aufregung brachen wir von Tokio aus zu unserer Rundreise über die Inseln auf. Kaum hatten wir den Fuji hinter uns gelassen, fanden wir uns zu meinem Erstaunen (denn in Tokio war es warm gewesen) plötzlich in einer verschneiten Berglandschaft wieder (mir war nicht bewusst gewesen, dass Japan eine lange, aus dem Meer ragende Bergkette ist).

Und so kontrastreich verlief die gesamte Reise. Doch in all seiner Gegensätzlichkeit vermittelt das Land jenen Eindruck von Harmonie und Ausgewogenheit, der für die japanische Kultur charakteristisch ist, wo die Ruhe der berühmten japanischen Gärten den Gegenpol zur Hektik der Städte bildet. Ich kann ich mich nicht erinnern, um fünf Uhr nachmittags jemals so aufgeregt gewesen zu sein wie auf dem Tukiji-Fischmarkt in Tokio. Doch das Yin zu dem Yang war die Zeit, die wir in einem Kloster in Koyasan verbrachten. Von hier aus soll nicht nur der Buddhismus in Japan verbreitet worden sein, es ist außerdem einer der heiligsten Orte des Shintoismus, einer Religion, in der die Naturverehrung eine wichtige Rolle spielt (kein Wunder bei all den vielen Naturschönheiten).

Ob Kunst, Schrift oder Architektur – Eleganz ist das beherrschende Merkmal des alten Japan. Das moderne Japan zieht unsere Aufmerksamkeit mit schrillen Verpackungen und blinkender Leuchtreklame auf sich. Die Hochgeschwindigkeitszüge rasen blitzschnell durchs Land, eine Kabukitheater-Aufführung hingegen braucht ihre Zeit (acht Stunden später hatte ich einen total steifen Nacken).

Wir fuhren von Insel zu Insel, um ja die Kirschblüte (*hanami*) nicht zu verpassen, die die Japaner mit einem großen Frühlingsfest feiern. Oft waren wir etwa eine Woche zu früh dran, aber hin und wieder kamen wir genau richtig. Eine solche Blütenpracht hatte ich noch nie gesehen. Dazwischen hatten wir Zeit zur Besinnung, in den vielen mehrstöckigen Tempeln zum Beispiel oder auf dem Philosophenweg im alten Teil von Kyoto, und zum »Relaxen« in den berühmten dampfenden Schwefelbädern von Kyushu, die so irrsinnig heiß waren, dass ich meinen Herzschlag unter den Fingernägeln spüren konnte.

Zurück in Tokio bestiegen wir mitten im Stau ein Taxi und zeigten dem Fahrer die Karte mit unserer Adresse. Eine halbe Stunde später wollte er sie noch mal sehen ... Sollten Sie mal eine Nacht im Park Hyatt verbringen wollen, rate ich Ihnen, einen Monatsvorrat an Bohnen und Reis mitzunehmen ...

KURZPORTRÄT

Geografisches: Bergreiche Inselgruppe bestehend aus den vier Hauptinseln Hokkaido, Honshu, Shikoku und Kyushu sowie etwa 4000 kleineren Inseln. Kalt und schneereich im Norden, subtropisches Klima im Süden.

Einwohnerzahl: 128 Millionen

Religion: Shintoismus und Buddhismus (vielfach in Kombination)

Bevölkerung: 98,3 % Japaner, der Rest setzt sich vorwiegend aus Chinesen und Nordkoreanern zusammen.

Lebenserwartung: Männer 79, Frauen 86 Jahre

Was man hier isst: Worauf es vor allem ankommt, ist eine ansprechende Präsentation. Vieles wird roh gegessen. Ansonsten kommen alle gängigen Garverfahren (Dämpfen, Grillen, Schmoren, Braten und Frittieren) zum Einsatz.

Nahrungsmittelexporte: Gebäck, Getränke, Mehl, unfermentierte Getränke, Äpfel

Die fünf beliebtesten Zutaten: Algen und Fisch (vor allem Thunfisch), Tofu, Miso, Essig, Reis

Bekanntestes Gericht: Sushi

Das trinkt man hier: Sake (gekühlt zu kalten Speisen, auf Wunsch wird er zu warmen Gerichten auch angewärmt serviert), Kirin-, Asahi- und Sapporo-Bier. Kaffee in Dosen, die heiß aus dem Automaten kommen.

Mein Lieblingsgericht: In einer Sushibar in Tokio, die auf Gerichte aus der Edo-Zeit (17.–19. Jahrhundert) spezialisiert war, bestellte ich mir Garnelen. Man fischte die Tierchen aus dem Becken, entfernte Köpfe und Schalen und richtete sie mit einem Hauch Wasabi auf Reis an. Sie können sich vermutlich vorstellen, was sie noch taten, als ich sie in den Mund steckte …

Mein eindrucksvollstes Erlebnis: Das war ohne Zweifel der Besuch in Hiroshima. Obwohl man nicht wusste, ob hier jemals wieder etwas wachsen würde, kommt man heute in eine pulsierende Stadt, in der nur noch die Atombombenkuppel, das einzige Gebäude, das den Angriff überstanden hat, an die Katastrophe erinnert.

Das sollte man besser nicht tun: Eine Visitenkarte mit lässig ausgestreckter Hand entgegennehmen wollen. Die hackt man Ihnen nämlich sonst mit einem Samuraischwert ab. Denn auf nichts legt man hier mehr Wert als auf Etikette (Sie müssen die Karte mit beiden Händen in Empfang nehmen).

Unagisaki hocho

Wer ein besonderes Messer sucht, wird es ohne Zweifel nirgends leichter finden als in Japan ... schwierig wird's erst, wenn man einen ganzen Koffer voll davon hat. Bis Kyoto hatte ich mich ziemlich zurückgehalten und nur ein paar Messer gekauft, doch beim Anblick der Objekte der jahrhundertealten japanischen Messerschmiedekunst konnte ich einfach nicht mehr an mich halten.

Artisugu ist ein 400 Jahre altes Familienunternehmen und man ist einigermaßen stolz darauf, die Messer für die kaiserliche Familie anfertigen zu dürfen, und das schon seit dem Mittelalter. Zu sagen, ich fühlte mich wie ein Kind, das ein Spielwarengeschäft betritt, würde das Gefühl, mit dem ich durch die Tür schritt, nur annähernd beschreiben. Ich würde eher sagen, ich fühlte mich wie ein Junkie in einem Mohnfeld, als ich mit großen Augen, klopfendem Herzen und schweißfeuchten Händen vor all dieser Pracht stand.

Das Geschäft ist nicht groß, aber die Aufteilung ist durchdacht. Links befinden sich die Auslagen mit den Messern, rechts andere Kochutensilien, und im hinteren Teil gibt es eine kleine Werkstatt, in der man seine Messer schärfen und gravieren lassen kann. Ich muss an die dreißig Mal durch den Laden gegangen sein, bis ich mich endlich entscheiden konnte. Denn in japanischen Küchen gibt es für fast alles ein spezielles Messer, und entsprechend groß ist denn auch die Auswahl — auch wenn die Unterschiede für uns westliche Banausen nur gering sein mögen.

Inzwischen bekommt man auch bei uns gute japanische Messer, und dann gibt es ja auch noch das Internet ... Deshalb beschloss ich, nach einem Messer Ausschau zu halten, das man so schnell kein zweites Mal finden würde. Wegen seiner ungewöhnlichen Form, seines gut durchdachten Designs, seiner schlichten Ästhetik und seiner superscharfen Klinge ist dieses Messer, das, wie man mir sagte, zum Filetieren von Aal gedacht ist, der ganze Stolz meiner Sammlung. Am exaktesten kann ich damit schneiden, wenn ich es wie einen Stift halte.

Ich bin sehr stolz, Ihnen das Prunkstück meiner Sammlung präsentieren zu können: das elegante und mörderscharfe Aalmesser *Unagisaki hocho*, wie man es in Kyoto schmiedet.

伊藤若冲

乗興舟

Imperial River Voyage

京都国立博物館
KYOTO NATIONAL MUSEUM

Japanische Rezepte

エビの茶碗蒸し
Eiercreme mit Nordseegarnelen

「ライジング・サン」サラダ
Salat »Aufgehende Sonne«

サーモンの生姜焼き
Lachs mit Ingwersauce

茄子の甘酢煮込み
Süßsaure Auberginen mit Sesam

牛肉味噌炒め
Kurzgebratene Steaks mit Zwiebeln

鯛めし
Gedämpfte Brasse mit Reis

Eiercreme mit Nordseegarnelen

Vorbereitet ist diese Vorspeise für 4 Personen in gerade mal 15 Minuten und dann muss sie noch 40 Minuten in den Ofen.

---

5 Radieschen, in Juliennestreifen geschnitten

50 g Edamame (die jungen unreifen Sojabohnen werden mit Hülsen verkauft und sind in asiatischen Lebensmittelgeschäften erhältlich)

10 g Hiziki-Algen (nach Belieben, aber authentisch), 5 Minuten in kochendem Wasser eingeweicht

100 g Nordseegarnelen

6–7 Eier (je nach Größe)

2 EL Fischsauce

Eier und Meeresfrüchte sind einfach ein ideales Paar. Denken Sie nur an ein Rührei mit Räucherlachs ... Kein Wunder also, dass diese Kombination in Japan so beliebt ist.

Einerseits ist dieses Gericht nichts anderes als eine Art Eiercreme mit ein paar Stückchen drin, und dennoch habe ich etwas so Unvergleichliches noch nie zuvor gegessen. Man wird regelrecht süchtig. Jedes Mal, wenn ich nach Japan komme, frage ich in den Restaurants danach – und bekomme es auch meist, selbst wenn es nicht auf der Speisekarte steht. Eigentlich gehört ja nur eine einzige Edamamebohne hinein und nicht gleich eine ganze Handvoll, aber die künstlerische Freiheit habe ich mir genommen.

Meine Schwester Floss, die viel Wert auf Essen, das Leib und Seele zusammenhält legt, hat dies übrigens zu ihrem ultimativen »Trostessen« erklärt.

Den Backofen auf 150 °C vorheizen.

Die Radieschen mit Edamame, Hiziki-Algen und Nordseegarnelen mischen und auf 4 große Portionsförmchen, hitzebeständige Gläser oder Ähnliches verteilen.

Die Eier in einem Krug kräftig mit der Fischsauce und 125 ml warmem Wasser verrühren und in die Förmchen gießen.

Die Förmchen in eine ofenfeste Form stellen (sie sollte in etwa die gleiche Höhe haben) und so viel kochendes Wasser einfüllen, dass die Förmchen bis zum Füllstand im Wasser stehen. Mit Alufolie abdecken und 35–40 Minuten in den Ofen schieben, bis die Eiermasse gerade gestockt und in der Mitte noch leicht wabbelig ist.

Die Förmchen aus dem Wasser nehmen, die Cremes 1 Minute abkühlen lassen und auf kleinen Tellern mit Teelöffeln servieren.

Salat »Aufgehende Sonne«

In knapp 30 Minuten ist dieser Salat für 2 Personen fertig.

---

2 EL Sesamöl

---

1 Handvoll Shiitakepilze, grob zerkleinert

---

2 EL Sake

---

1 EL Mirin (süßer Reiswein)

---

175 g frischer Spinat (am besten mit Stielen), in etwa 2 cm breite Streifen geschnitten

---

2 Möhren, in Juliennestreifen geschnitten (oder geraspelt, wenn Sie sich die Mühe nicht machen wollen)

---

1 Bund Radieschen, in Scheiben geschnitten

Für das Dressing

---

1 Chilischote, grob gehackt

---

1 Handvoll gesalzene Erdnüsse

---

1 EL Sojasauce

---

1 EL Reisweinessig

---

2 EL Mirin

Wenn Sie zum ersten Mal in Tokio ankommen, werden Sie nicht nur einen Jetlag haben, es wird Ihnen auch die Sprache verschlagen. Unser Flieger landete spätnachts, und bis wir die zig Stockwerke zu unserem Hotelzimmer überwunden und die atemberaubende Aussicht ausgiebig genossen hatten, begann es bereits zu dämmern, und wir riefen den Zimmerservice.

Als die Sonne aufging, genossen wir diesen einfachen Salat und tranken dazu eine Flasche Reiswein. Diese erste Mahlzeit im Land der aufgehenden Sonne wird mir unvergesslich bleiben.

Das Öl in einer Pfanne erhitzen und die Pilze einige Minuten anbraten. Sake und Mirin hinzufügen und das Ganze einige Minuten bei mittlerer Hitze kochen lassen, bis die Flüssigkeit verdunstet ist. Die Herdplatte ausschalten und die Pilze abkühlen lassen.

Einen Topf heiß werden lassen, den Spinat hineingeben, kurz umrühren und den Deckel auflegen. Den Spinat etwa 1 Minute zusammenfallen lassen, anschließend aus dem Topf nehmen und auf einem Teller abkühlen lassen. Möhren und Radieschen in eine Schüssel füllen, den Spinat kurz, aber kräftig ausdrücken und mit den Pilzen dazugeben.

Für das Dressing die Chilischote mit den Erdnussen im Morser (oder mit einem Messer) grob zerstoßen. Mit den übrigen Zutaten verrühren und den Salat damit beträufeln.

Lachs mit Ingwersauce

Eine raffinierte Vorspeise für 4 Personen, die Sie nicht einmal ½ Stunde kostet.

---

etwa 600 ml Raps-, Oliven- oder Traubenkernöl (der Lachs muss vollständig mit Öl bedeckt sein)

---

1 Stück Lachs (etwa 300 g) vom Kopfende, entgrätet, aber nicht enthäutet

---

150 g Ingwerwurzel, gewaschen, aber ungeschält

---

2 EL Sake

---

2 EL Mirin (süßer Reiswein)

---

1 EL helle Sojasauce

---

1 kleine Handvoll Alfalfasprossen

½ Kästchen Senfkresse

---

50 g Lachsrogen

Klarheit und Reinheit spielen in der japanischen Kultur eine wesentliche Rolle und das spiegelt auch dieses Gericht wider. In England isst man zum Frühstück Porridge, die Japaner essen Lachs mit Ingwer und salziger Sojasauce. Für uns ist das Frühstück in erster Linie ein Energielieferant, in Japan dagegen ist das Erste, was man am Morgen zu sich nimmt, Gehirnnahrung. Wir Europäer essen so etwas lieber als Vorspeise am Abend, wenn das Gehirn sein Tagespensum bereits weitgehend erledigt hat. Wie dem auch sei – ob morgens oder abends, es schmeckt in jedem Fall verdammt gut.

Das Öl bei mittlerer Hitze in einer kleinen Pfanne (etwa 20 cm Durchmesser) erwärmen. Um zu prüfen, ob es die richtige Temperatur hat, ein Stückchen Brot hineinwerfen. Bilden sich lediglich kleine Bläschen und es brutzelt leise, hat das Öl die richtige Temperatur. Die Wärmezufuhr etwas verringern und einige Minuten warten, damit sich die Temperatur stabilisieren kann (für alle, die über ein Thermometer verfügen: Es sollte etwa 110 °C anzeigen).

Den Lachs in 4 Quadrate schneiden und mit der Hautseite nach unten in das Öl legen. Der Fisch sollte zusammensinken und leicht köcheln, darf aber keine Farbe annehmen. 3 Minuten kochen lassen, vorsichtig aus der Pfanne heben und auf Küchenpapier abtropfen lassen.

Den Ingwer in eine Schüssel raspeln. Die Hälfte der Raspel über einer kleinen Schüssel auspressen. Sobald Sie den Saft vollständig herausgepresst haben, mit der zweiten Hälfte ebenso verfahren. Sie benötigen 3–4 Esslöffel Saft (die ausgepressten Fasern können Sie zum Aromatisieren von Tee verwenden). Den Ingwersaft anschließend mit Sake, Mirin und Sojasauce verrühren.

Den Lachs, sobald er auf Zimmertemperatur abgekühlt ist, enthäuten. Die Sauce auf vier Teller verteilen und jeweils ein Stück Lachs darauf anrichten. Alfalfasprossen und Kresse mischen und den Fisch damit garnieren. Zum Schluss den Lachsrogen hinzufügen.

Süßsaure Auberginen mit Sesam

Als Hauptgericht für 4, als Vorspeise für 6 Personen. Die Zubereitung dauert alles in allem etwa 30 Minuten, und dann muss das Ganze noch für 1 1/2 Stunden in den Ofen.

---

1 kg Auberginen, in 5 cm dicke Scheiben geschnitten

---

30 g Sesamkörner

---

50 g Ingwerwurzel, gewaschen und mit Schale fein gewürfelt

---

100 ml geröstetes Sesamöl

---

160 ml Mirin (süßer Reiswein)

---

250 ml Reisweinessig

---

160 ml helle Sojasauce

---

4 EL Honig

Salz und Pfeffer

Das japanische Frühstück fand ich einfach umwerfend. Ob es nun glibberige Algen waren oder sauer eingelegte Pflaumen, die einem die Tränen in die Augen trieben – die Japaner wissen, wie man morgens auf Touren kommt.

Dieses Gericht war Bestandteil eines mehrgängigen Frühstücks und kann heiß oder lauwarm serviert werden. Machen Sie sich aber auf ein ziemlich »intensives« Geschmackserlebnis gefasst oder servieren Sie es besser mit Reis zu gegrilltem Fleisch oder Fisch.

Den Backofen auf 180 °C vorheizen. Ein Backblech (etwa 40 × 30 cm) mit 3 großen Prisen Salz bestreuen.

Die Schale der Auberginenscheiben einmal einritzen, die Scheiben nebeneinander auf dem Blech verteilen. Das Gemüse mit einigen Prisen Salz bestreuen und 20 Minuten ruhen lassen.

Die Sesamkörner einige Minuten im Backofen rösten.

Den Ingwer mit Sesamöl, Mirin, Reisweinessig, Sojasauce und Honig in einem Topf zum Köcheln bringen. Die Herdplatte danach ausschalten und die gerösteten Sesamkörner hinzufügen.

Die Auberginenscheiben mit Küchenpapier trocken tupfen und das Backblech auswischen. Den Topfinhalt hineingießen und die Auberginen hineinsetzen (sie sollten zur Hälfe oder zu zwei Dritteln darin versinken. Das Blech mit Alufolie abdecken und die Folie an den Rändern gut andrücken, damit die Auberginen im Dampf garen. Die Auberginen 30 Minuten im Backofen garen, die Folie anschließend entfernen, die Scheiben wenden und für 1 weitere Stunde in den Ofen schieben. Die Auberginen nach 30 Minuten erneut wenden.

Kurzgebratene Steaks mit Zwiebeln

Ganze 15 Minuten braucht dieses Gericht für 2.

2 Rib-Eye-Steaks (à etwa 225 g)

2 EL Pflanzenöl

1 weiße Zwiebel, in hauchdünne Ringe geschnitten (das geht am besten mit einem Gemüsehobel oder mit dem Schneideaufsatz der Küchenmaschine)

75 ml Sake

2 EL Misopaste, mit etwa 60 ml Wasser angerührt

Salz

Als wir den Zug in Tokio bestiegen, lachte die Sonne, und als wir ein paar Stunden später nach einem Nickerchen wieder aufwachten, staunten wir nicht schlecht, als wir uns in einer tief verschneiten Landschaft wiederfanden. Unser Ziel war Takayama, die Bergregion, in der die berühmten Hida-Rinder zu Hause sind, deren butterzartes, marmoriertes Fleisch nicht minder begehrt ist als das der Kobe-Rinder, die in einer anderen Präfektur heimisch sind.

Wir bekamen dieses Gericht als sechsten Gang eines zwölfgängigen Abendessens (in Japan eine absolute Seltenheit) und um ehrlich zu sein, ich hätte gerne auf jeden der anderen elf Gänge verzichtet — nur nicht auf dieses Rindfleisch, das beste, das ich je gegessen habe.

Die Steaks rechtzeitig vor der Zubereitung aus dem Kühlschrank nehmen, damit sie sich auf Zimmertemperatur erwärmen.

Das Öl in einer ausreichend großen, schweren Pfanne bei starker Hitze heiß werden lassen und die Zwiebel einige Minuten zugedeckt darin anschwitzen. Dabei gelegentlich umrühren. Den Deckel anschließend abnehmen und die Zwiebel leicht anbräunen lassen. Aus der Pfanne nehmen und in eine Schale füllen. Die Pfanne mit Küchenpapier auswischen und erneut bei starker Hitze heiß werden lassen.

Die Steaks auf beiden Seiten salzen und in der sehr heißen Pfanne auf jeder Seite 1 Minute anbraten. Mit dem Sake ablöschen und einige Minuten später die angerührte Misopaste hinzufügen. Die Steaks nach etwa 1 Minute wenden, 1 Minute auf der anderen Seite braten, aus der Pfanne nehmen und einige Minuten ruhen lassen. Inzwischen den Bratfond mit 1 Esslöffel Wasser sehr stark reduzieren und den Fleischsaft, den die Steaks beim Ruhen abgegeben haben, einrühren.

Die Steaks aufschneiden, mit der Misosauce überziehen und mit den Zwiebeln garnieren.

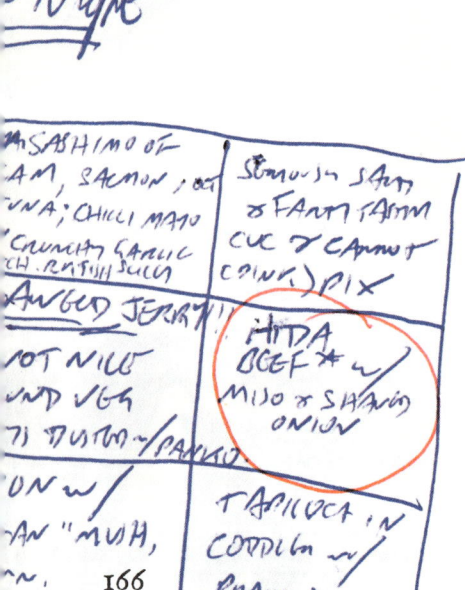

Gedämpfte Brasse mit Reis

Für dieses herrliche Fischgericht für 2 Personen müssen Sie alles in allem etwa 1 Stunde einplanen.

---

100 g Vollkornreis

---

1 El Sesamöl

---

ein paar dunkle Kohlblätter (z. B. Wirsing, Spitzkohl oder Chinakohl)

---

2 Brassenfilets (à etwa 125 g)

---

helle Sojasauce

---

2 Frühlingszwiebeln, schräg in Ringe geschnitten

---

1 große Handvoll Bohnensprossen

Salz

Wenn Sie dieses Gericht wirklich stilecht servieren wollen, sollten Sie unbedingt in einen großen oder zwei kleine Bambusdämpfer investieren. Ich erinnere mich noch lebhaft daran, wie man es uns servierte: Eine in einen Kimono gewandete Schönheit schwebte mit den Körben an unseren Tisch und präsentierte uns den Inhalt. Danach stellte sie sie aber nicht einfach nur vor uns hin, sondern richtete das Ganze mit flinken Bewegungen in kleinen Schalen an. Ich weiß nicht, warum, aber dieser reizenden Lady bei der Arbeit zuzusehen, machte dieses Essen für mich zu einem noch größeren Genuss.

Den Reis 1 Minute bei geringer Hitze im Öl anschwitzen. Etwa 300 ml Wasser angießen (der Reis sollte etwa zur Hälfte im Wasser liegen).

Bei starker Hitze aufkochen lassen und den Reis zugedeckt bei sehr geringer Hitze 25–35 Minuten garen. Er ist fertig, wenn sich in der Oberfläche kleine Löcher gebildet haben und kein Wasser mehr im Topf ist. Den Reis dann etwa 5 Minuten zugedeckt auf der ausgeschalteten Herdplatte ruhen lassen.

Während der Reis kocht, die harten Blattrippen aus den Kohlblättern herausschneiden und den oder die Dämpfkörbe mit den Blättern auskleiden. Die Fischfilets auf der Fleischseite salzen. Den Reis mit je 1 Esslöffel Sojasauce in die Dämpfkörbe füllen und die Filets mit der Hautseite nach oben darauflegen.

Jeden Korb auf einen Topf mit siedendem Wasser setzen und den Fisch 8–10 Minuten dämpfen, bis sich das Fleisch weiß gefärbt hat.

Nun haben Sie die Wahl: Entweder Sie servieren das Gericht mit Frühlingszwiebeln und Bohnensprossen garniert direkt im Korb oder Sie enthäuten den Fisch, hacken die Kohlblätter, vermischen das Ganze mit dem Reis und servieren es, ebenfalls mit Frühlingszwiebeln und Sprossen garniert, in Schalen.

Hierzulande weiß man überraschend wenig über diesen mehr als 7000 Inseln zählenden Archipel im Südchinesischen Meer. Vor meiner Reise wusste ich selbst nicht viel und dachte, wenn ich von den Philippinen hörte, vor allem an die sogenannten Manila-Umschläge (über deren genauen Zweck mir selbst in der Hauptstadt niemand Auskunft geben konnte). Heute habe ich einen recht guten Überblick über den Staat, eine Expertin bin ich aber immer noch nicht, da ich mir dort während meiner Recherchen eine üble Lebensmittelvergiftung geholt habe (ausgerechnet von einem Pilzburger) und außer Gefecht gesetzt war.

Soviel zu den negativen Erlebnissen. Konzentrieren wir uns auf die Dinge, die ich über dieses freundliche und gelassene Volk lernte. Zum Beispiel schloss ich die Menschen sofort ins Herz, als ich erfuhr, dass sie fünf Mahlzeiten am Tag zu sich nehmen: Neben den üblichen drei Hauptmahlzeiten noch eine sogenannte *merienda* am Vormittag und eine am Nachmittag – ein zweites Frühstück sowie Kuchen zu Kaffee und Tee.

Die tausenden Inseln lassen sich grob in Regionen unterteilen, deren Bewohner sich vor allem mit ihrer jeweiligen Heimatregion identifizieren: Grob gesagt ist der nördliche Teil des Staates, Luzon, reich und fruchtbar, während das weitgehend unberührte Mindanao im Süden recht arm ist. Dazwischen, im Taifungebiet, liegt eine Vielzahl kleinerer Inseln: die Visayas. Wie die meisten Besucher (von denen es überraschend wenige gibt), verbrachte ich den Großteil meines Aufenthalts auf der bevölkerungsreichen Hauptinsel Luzon. Es ist offensichtlich, dass die Philippinen zu Asien gehören, umso verblüffter war ich über die starken Einflüsse, die zwei westliche Kulturen hier hinterlassen haben:

Die Spanier waren die Ersten und blieben etwa 300 Jahre. Noch heute sind die Filipinos vorwiegend katholisch, überall sieht man Kirchen im spanischen Stil und stößt auf kunstvoll ausgestattete Prozessionen, bei denen die Bildnisse von Heiligen durch die Straßen getragen werden. Und es ist nicht ungewöhnlich, dass Familien zehn Kinder haben – der Vatikan hat hier offensichtlich auch heute noch Gewicht. Der iberische Einfluss lässt sich zudem in den landestypischen Gerichten erkennen: Ein beliebtes Nationalgericht heißt Tapa, an vielen Straßenecken werden Empanadas (gefüllte Teigtaschen) als Snacks verkauft und Paella ist auf beinahe jeder Speisekarte zu finden.

Der Einfluss der Amerikaner ist ebenso deutlich zu erkennen, auch wenn sie auf der Suche nach Kolonien erst zu Beginn des 19. Jahrhunderts kamen und den Archipel nach dem Ende des Zweiten Weltkrieges verließen. Auf den Straßen von Manila ist das Angebot an Burgern und Hotdogs so umfangreich, wie ich es nur von Manhattan erwartet hätte. Wer es sich leisten kann, trinkt Coca Cola, trägt amerikanische Klamotten. Und die Menschen lieben ihre Einkaufszentren, wie man sie sonst vor allem aus Amerika kennt – drei der weltweit größten Malls befinden sich auf den Philippinen.

Aus irgendeinem Grund hatte ich kein Problem mit den Spuren, die die spanische Kolonialzeit in der philippinischen Kultur hinterlassen hat. Die Amerikaner hingegen scheinen das Land überrannt und den Menschen ihre Lebensweise aufgestülpt zu haben (obwohl es auch gut sein kann, dass die Filipinos diese neue Supermacht mit offenen Armen empfangen haben).

Wie auch immer, dieser Staat war die erste Demokratie in Asien und die Menschen – abgesehen von den Einwohnern der geschäftigen Hauptstadt – sind ziemlich locker drauf. Je weiter man sich von der Hauptstadt entfernt, desto schwächer wird der Einfluss der beiden Kolonialmächte. Mir haben die lebhaften Märkte in den Städtchen und die dort herrschende Komm'-ich-heute-nicht-komm'-ich-morgen-Atmosphäre sehr gut gefallen. Und trotzdem bin ich bis heute nicht ganz hinter das Wesen der Filipinos gekommen – genauso wenig wie hinter Sinn und Zweck der Manila-Umschläge.

Geografisches: Die Philippinen zählen 7107 Inseln und sind damit der zweitgrößte Archipel der Welt (nach Indonesien). Die Landschaft ist geprägt von Gebirgsketten und tropischem Klima. Die zwei Hauptwetterlagen sind: trocken und nass. Erdbeben und Taifune sind häufig.

Einwohnerzahl: 94 Millionen

Religion: Über 80 % Katholiken, etwa 10 % Protestanten und 5 % Muslime

Bevölkerung: 91,5 % malaiische Christen, 4 % malaiische Muslime, 1,5 % Chinesen, 3 % andere

Lebenserwartung: Männer 70, Frauen 74 Jahre

Einflüsse: Ab dem 16. Jahrhundert war der Archipel eine spanische Kolonie und wurde benannt nach König Philipp II von Spanien. Die spanische Kultur hat starke Spuren hinterlassen, aber auch die Einflüsse der amerikanischen Besatzung während des Zweiten Weltkriegs sind deutlich zu erkennen. Chinesen kommen schon seit so langer Zeit auf die Philippinen, dass Teile der chinesischen Kultur längst mit der philippinischen verschmolzen sind.

Kulinarische Highlights: Langsam Gegartes oder in Wok-ähnlichen Pfannen Kurzgebratenes, viele in Bananenblätter gewickelte Speisen. Faible für Gebratenes und Frittiertes. Reich an Kohlenhydraten, nicht ganz so scharf.

Nahrungsmittelexporte: Bananen, Kokosnüsse, Ananas

Die fünf beliebtesten Zutaten: Essig, *itlog* (Eier), Schwein, alles was aus dem Meer kommt, Reis/Nudeln.

Bekanntestes Gericht: *Adobo* (siehe Seite 184)

Getrunken wird: Limonade, frische Säfte

Das Beste, was ich dort gegessen habe: *Lechon de leche* – am Spieß gebratenes Spanferkel

Mein eindrucksvollstes Erlebnis: Die beinahe senkrecht gelegenen Reisterrassen in den Bergen von Luzon – raffiniertes, ästhetisches altes Bewässerungssystem.

Auf keinen Fall fragen nach: *Balut* – befruchtetes Ei (Huhn oder Ente), das nur einen Tag, bevor das Küken geschlüpft wäre, vorgekocht und gepellt als Snack gegessen wird. Das heißt, das Küken ist deutlich darin zu erkennen: eine Brechreiz erregende Speise.

Die Philippinen

Balisong

~KUTCILIYO~

Hier haben wir zwei verschiedene Arten von Messer: Einmal das *Kutciliyo*, ein einfaches Küchenmesser, das mir vor allem seiner Form wegen gefällt. Der chinesische Einfluss auf die Küche der Philippinen spiegelt sich in diesem Messer wider. Es ist beinahe ein Spaltmesser, aber eben nur beinahe – bezeichnend für die philippinische Kultur hat das Messer einen eigenen Charakter. Manch einer wird den Griff klobig finden, aber mir gefallen diese Unregelmäßigkeiten, die deutlich erkennen lassen, dass es sich hierbei um Handarbeit handelt. Die Angel (beziehungsweise der Erl – also die spitz zulaufende Verlängerung der Klinge) geht bis an das Ende des Griffs (in der Branche spricht man hier von einem feststehenden Messer) und ist dort mit einer diamantenförmigen Niete befestigt (nicht wie sonst üblich mit seitlichen Nieten). Das Messer liegt hervorragend in der Hand und hat das perfekte Gewicht – vermutlich das Messer meiner Sammlung, das meinen persönlichen Vorlieben am ehesten entspricht.

Das zweite Messer ist ein typisches Beispiel für eine Regel, die dafür da ist, um gebrochen zu werden ... Meine Regel hieß: nur Küchenmesser! Messer an sich sind schon eine strittige Angelegenheit, man muss das Jagen und Kämpfen gar nicht erst ansprechen. Und ich wollte wirklich, dass es in meiner Sammlung und in diesem Buch nur um die Küche geht. Doch das *Balisong*, ein Butterfly, ist ein so wunderbares Stück Schmiedekunst und so tief in der Kultur der Philippinen verwurzelt, dass es kleinlich gewesen wäre, es nicht in meine Sammlung aufzunehmen. Diese Klappmesser stammen ursprünglich aus der Provinz Batanagas. Heutzutage werden sie mit unterschiedlichen Strömungen der asiatischen Kampfkunst in Verbindung gebracht. Zusammengeklappt sehen sie aus wie Stöcke, daher auch die Legende, dass die Einheimischen diese Messer herstellen ließen, um die spanischen Kolonialherren glauben zu lassen, sie wären unbewaffnet. *Balisong* gibt es in den verschiedensten Längen. Normalerweise haben sie keine gewellten Klingen, so wie meins. Es heißt, alle Einwohner der Provinz Batangas würden immer ein *Balisong* bei sich tragen.

Ich brauche ein Messer, sagte ich zu meinem Reiseführer. Auf den Philippinen löst diese Aussage weder Entsetzen noch Erstaunen aus. Etwas später, auf dem Weg vom Zentrum Taals zu einem kleinen Restaurant im Randbezirk der Stadt, hielten wir unerwartet an einem winzigen Laden, an dem uns eine außergewöhnlich große Auswahl an handgefertigten Küchenmessern, Scheren und – selbstverständlich – *Balisong* in allen möglichen Größen und Ausführungen erwartete. Die Inhaberin des Ladens war sehr freundlich und hatte einen verdammt coolen Namen: Liza Balisong.

ISANG
MUSHROOMBURGER
BUSOG KA NA!

Rezepte von den Philippinen

Achara
Süßsauer eingelegtes Gemüse

Muschel-Ingwer-Suppe

Empanaditas
Kleine, mit Schweinehack gefüllte Teigtaschen

Pancit Guisado
Traditionelles Glasnudelgericht

Adobo mit Schweinefleisch

Das Geheimnis der Maria Clara
Kokosmilchreis, knuspriger Muscovadozucker,
Mango und Eiscreme

Banana Turon
Gebackene Babybananen

Erdnusskrokant

PHILIPPINES AT ITS BEST

REPUBLIC OF THE PHILIPPINES
MANILA INTERNATIONAL AIRPORT AUTHORITY
VAT Reg. TIN 000-786-732-000
PASSENGER SERVICE CHARGE
P 550.00
NON-REFUNDABLE
VALID FOR DEPARTURE
KEEP TICKET FOR INSPECTION
OFFICIAL RECEIPT
No. 094418

PHILIPPINE DIARY

4.50 4.25
3.60
3.75
3.90   6.00
3.70

BEFRIENDING PHILIPPINE CUISINE...

DISHES

...ted in garlic, soy sauce and vinegar

VEGETABLES
petsay :: bokchoy
repolyo :: cabbage
pipino :: cucumber
talong :: eggplant
gourd

MEAT & POULTRY
karne :: meat
manok :: chicken
karne ng baka :: beef
karne ng baboy :: pork
kambing :: goat
hamon :: ham

DRINKS
tubig :: water
kape :: coffee
tsa :: tea
salabat :: ginger tea
tsokolate :: chocolate
alak :: liquor
serbesa :: beer

Achara
Süßsauer eingelegtes Gemüse

Für ein 1 l fassendes Einmachglas. Die eingesalzene Papaya
muss über Nacht ziehen.
Zubereitungszeit 10 Minuten,
danach muss das Ganze noch
1 Woche im Kühlschrank ziehen,
bis es fertig ist.

400 g grüne Papaya, geschält und
gerieben oder in feine Streifen
geschnitten

1 TL Salz

1 mittelgroße Möhre, in feine Streifen
geschnitten

1 weiße Zwiebel, gerieben

1 rote Paprikaschote, Stielansatz,
Samen und Scheidewände entfernt,
in feine Streifen geschnitten

1 grüne Paprikaschote, Stielansatz,
Samen und Scheidewände entfernt,
in feine Streifen geschnitten

Für den Sirup

150 g Zucker

175 ml Weißweinessig

1 cm Ingwerwurzel, in feine Streifen
geschnitten

2 Knoblauchzehen, in feine Scheiben
geschnitten

viel frisch gemahlener
schwarzer Pfeffer

Eine philippinische Version der Mixed Pickles – hier wird diese süßsaure Konserve meistens zu Fleisch oder Fisch (gegrillt oder gebraten)
gegessen, sie passt aber zu fast jedem Gericht. Das eingelegte Gemüse
hält sich im Kühlschrank mehrere Monate und wird mit der Zeit noch
köstlicher.

Ich esse es auch gerne mal einfach so oder auf einem kleinen Stück
Paprika oder Gurke als Kanapee.

Im Jahr 2007 sicherlich die von mir bevorzugte Würzbeilage. Wir haben
immer ein Glas im Kühlschrank und ich überprüfe die Qualität regelmäßig, indem ich ein wenig davon koste ...

Grüne Papaya gibt es in Asialäden.

Die grüne Papaya in eine große Schüssel geben, salzen und gut durchmischen. Mit Frischhaltefolie abdecken und über Nacht im Kühlschrank
ziehen lassen.

Für den Sirup alle Zutaten zusammen in einen Topf geben und etwa
5 Minuten köcheln lassen. Über Nacht abkühlen lassen.

Am nächsten Tag die Papaya abspülen, die Streifen in ein Küchentuch
geben und auswringen. Die Schüssel kurz ausspülen und abtrocknen.
Das vorbereitete Gemüse hineingeben, den Sirup darübergießen und
alles sehr gut vermischen. In ein großes, steriles Einmachglas geben
und die Gemüsestreifen mit dem Löffelrücken nach unten drücken,
damit sie vollständig vom Sirup bedeckt sind und eventuelle Luftblasen
entfernt werden.

Eine Woche im Kühlschrank ziehen lassen, dabei täglich einmal kurz
auf den Kopf stellen. Danach kann die Achara genossen werden.

Muschel-Ingwer-Suppe

Diese Gericht für 2 Personen ist in 15 Minuten fertig.

---

500 g Venusmuscheln

---

etwas geröstetes Sesamöl

---

1 cm Ingwerwurzel, in feine Streifen geschnitten

---

ein paar feine Scheiben Vogel-augenchilischote, nach Belieben

---

100 g Pilze, in feine Scheiben geschnitten (schmeckt toll mit Austernpilzen, diese nicht schnei-den, sondern in Stücke reißen)

---

1 Schuss Fischsauce (gibt's im Asialaden)

½ Bund Brunnenkresse, grob gehackt

Das meiste Essen auf den Philippinen fand ich richtig lecker – allerdings auch ziemlich schwer und fettig. Als ich diese Brühe in einem kleinen Restaurant in der Nähe des Strands von Manila serviert bekam (keine 2 km von der Stelle entfernt, an der die Muscheln gesammelt worden waren), meinte ich zu spüren, wie sich mein Cholesterinspiegel senkte.

Die Venusmuscheln in einem Sieb 1–2 Minuten unter fließendem kaltem Wasser abspülen. Das Sesamöl in einem Topf erhitzen, und sobald es heiß ist, Muscheln, Ingwer und gegebenenfalls die Chilischoten hinzu-fügen. Den Deckel auflegen und den Topf einmal gut schütteln. Nach einer Minute 500 ml Wasser dazugießen, den Deckel erneut auflegen und das Ganze aufkochen. Dann die Temperatur etwas reduzieren.

Die Muscheln sollten sich nun geöffnet haben (nicht geöffnete Muscheln unbedingt entsorgen). Mit einer Schaumkelle die Muscheln aus dem siedenden Wasser schöpfen und auf zwei gewärmte Schüsseln verteilen. Den Schaum von dem siedenden Muschelwasser abschöpfen. Dann die Pilze, etwas Fischsauce und die Brunnenkresse hinzugeben. Umrühren und abschmecken. Wenn die Pilze etwa 3 Minuten im sieden-den Wasser waren, die Bouillon mit einer Kelle über die Muscheln in die Schüsseln geben. Sofort genießen!

Empanaditas
Mit Schweinehack gefüllte Teigtaschen

Für etwa 30 Stück. Es dauert etwa 1 ½ Stunden, diese kleinen genussvollen Päckchen zuzubereiten.

Für den Teig

600 g Mehl + etwas zum Bestäuben

1 TL Backpulver

2 TL Zucker

1 TL Salz

375 g kalte Butter, gewürfelt

2 Eier, leicht verschlagen

12–14 EL eiskaltes Wasser

Für die Füllung

50 g Glasnudeln

2 TL neutrales Öl (vorzugsweise Erdnussöl)

1 Zwiebel, gewürfelt

300 g Schweinehack

4 große Knoblauchzehen, zerdrückt

½ TL gemahlener Kreuzkümmel

2 ½ EL Reisweinessig + etwas mehr

1 Handvoll Rosinen

1 Kartoffel (etwa 175 g), geschält und in etwa 2 cm große Würfel geschnitten

275 g Kürbis, geschält, entkernt und in etwa 2 cm große Würfel geschnitten

1 Bund Koriandergrün, fein gehackt

Erdnuss- oder Pflanzenöl zum Frittieren

Salz und Pfeffer

Auf dem Markt in der Stadt Taal gab es eine unglaubliche Auswahl an Snacks. Dort lernte ich den Empanaditas-Mann kennen: Seine kleinen Empanadas waren die köstlichsten, die ich jemals gegessen habe!

Der Teig lässt sich einfach in der Küchenmaschine zubereiten: Mehl, Backpulver, Zucker und Salz hineingeben und vermischen. Die kalten Butterwürfel einen nach dem anderen dazugeben, jedes Mal kurz verkneten lassen. Insgesamt sollte der Mixer nicht länger als 1 Minuten laufen. Das Ei mit dem eiskalten Wasser leicht verschlagen, in den Mixtopf geben und erneut verkneten lassen (höchstens 30 Sekunden). Für die Zubereitung per Hand die kalte Butter mit den Fingerspitzen mit den trockenen Zutaten verreiben, dann die flüssigen Zutaten unterrühren. Den Teig in Frischhaltefolie gewickelt mindestens 30 Minuten im Kühlschrank ruhen lassen.

Kochendes Wasser über die Glasnudeln gießen und 2–3 Minuten ziehen lassen. Dann abgießen und die Nudeln im Sieb kurz unter fließendem kaltem Wasser abspülen. Das Öl bei mittlerer Hitze in einer großen Pfanne erhitzen und die Zwiebel darin anschwitzen. Nach etwa 1 Minute Hackfleisch, Knoblauch, Kreuzkümmel und etwas Salz hinzufügen und alles unter Rühren einige Minuten erhitzen. Essig, Rosinen, Kartoffel und Kürbis untermischen. Die Temperatur erhöhen und 250 ml Wasser dazugießen, sodass das Gemüse vollständig bedeckt ist. Mit Salz und Pfeffer würzen und den Deckel auf die Pfanne legen. Nach 10–15 Minuten sollte die Flüssigkeit fast vollständig verdampft und das Gemüse sehr weich sein. In eine Schale geben und grob zerstampfen. Nach dem Abkühlen Glasnudeln und Koriander unterheben und mit Essig und Salz abschmecken.

Nun den Teig ausrollen. Durch den hohen Butteranteil ist der Teig sehr weich und lässt sich schwerer verarbeiten, je wärmer er ist. Am besten also eine Hälfte im Kühlschrank lassen, während die andere Hälfte auf einer gut bemehlten Arbeitsfläche etwa 0,5 cm dünn ausgerollt wird. Mit einer runden Ausstechform 10 cm große Kreise ausstechen und diese in nur eine Richtung ausrollen, sodass sie oval werden. Mit wenig Wasser bestreichen, etwas Füllung in die Mitte geben, den Teig zusammenfalten und den Saum mit den Fingern zusammendrücken.

Einen Topf etwa 4 cm hoch mit Öl füllen und erhitzen. Die Empanaditas nacheinander 4–6 Minuten im heißen Öl braten. Nach der Hälfte der Zeit wenden. Sie sind fertig, wenn sie eine dunkle, goldbraune Färbung haben. Auf Küchenpapier abtropfen lassen, auf einer Servierplatte anrichten.

Pancit Guisado
Traditionelles Glasnudelgericht

Für 4 Personen. Etwa 15 Minuten für die Zubereitung einplanen, dann sind es nur noch 10 Minuten Kochzeit.

---

500 ml Hühnerfond

---

3 Scheiben Bauchspeck (etwa 50 g), in feine Streifen geschnitten

---

150 g Glasnudeln

---

2 EL Erdnussöl

---

300 g Weißkohl, in Streifen geschnitten

---

125 g grüne Bohnen, in etwa 3 cm lange Stücke geschnitten

---

3 Knoblauchzehen, gehackt

---

1 Vogelaugenchilischote

---

125 g Garnelen, geschält und der Darmfaden entfernt

---

1 Möhre, gerieben

---

1 Limette + mehr zum Servieren

1½ EL Sojasauce

In Anbetracht der geografischen Gegebenheiten ist es kein Wunder, dass die lokale Küche stark von chinesischen Gerichten beeinflusst wurde. Diese philippinische Version eines *Chow Mein* schmeckt viel frischer und leichter als das Original. Eine hier beliebte Zitrusfrucht ist die Kalamansi, die der Limette ähnelt, aber eine dünnere, leicht orangefarbene Haut hat. Für das Nachkochen dieses Gerichts zu Hause tut es aber auch eine gewöhnliche Limette.

Ich habe dieses Gericht im Café der wunderschönen Casa Manila in Intramuros, der alten Hauptstadt, gegessen. Das Anwesen ist eine in großen Teilen noch authentische spanische Kolonialvilla, die im Auftrag von Imelda Marcos – die hier immer noch eine hoch angesehene Persönlichkeit ist und überall, wo sie auftaucht, überschwänglich willkommen geheißen wird – restauriert und in Teilen rekonstruiert wurde. Dieses Gebäude war eines der schönsten in der Stadt, die im Zweiten Weltkrieg von amerikanischen und japanischen Bombern beinahe dem Erdboden gleichgemacht wurde.

Bei diesem Gericht nimmt die Vorbereitung am meisten Zeit in Anspruch. Wegen der starken Hitze geht das Kochen an sich dann ruck-zuck. Bevor man beginnt, sollten also alle Zutaten bereitstehen.

Den Hühnerfond aufkochen und den Schinkenspeck hinzugeben. Bei geschlossenem Deckel erneut aufkochen und den Speck dann mit der Schaumkelle wieder aus dem Fond heben.

Die Glasnudeln in eine Schüssel geben und mit dem heißen Fond übergießen. Gelegentlich umrühren, damit die Nudeln gleichmäßig einweichen.

Das Öl in einem Wok oder einer großen Pfanne erhitzen und den Speck einige Minuten darin anbraten. Sobald er Farbe annimmt, den Weißkohl und die Bohnen hinzufügen und etwa 1 Minute unter Rühren weiter erhitzen. Dann den Knoblauch und gegebenenfalls die Chilischote unterrühren. Abschließend die Glasnudeln mit dem restlichen Fond, die Garnelen und die Möhren untermischen und alles bei geschlossenem Deckel etwa 3 Minuten köcheln lassen.

Dann den Deckel vom Topf nehmen und rühren, bis die Flüssigkeit vollständig verdampft ist. Vom Herd nehmen und mit einem kräftigen Spritzer Limettensaft und Sojasauce abschmecken.

Adobo mit Schweinefleisch

Für 4–6 Personen. ½ Stunde für die Vorbereitung einplanen, dann muss alles noch etwa 1 Stunde alleine vor sich hin köcheln.

60 ml Erdnussöl

10 Knoblauchzehen, in feine Scheiben geschnitten

700 g Schweinebauch (ohne Knochen, aber mit Haut) in etwa 5 x 2,5 x 2,5 cm große Stücke geschnitten (das kann der Fleischer übernehmen)

2 rote Zwiebeln, in Scheiben geschnitten

2 rote oder grüne Paprikaschoten, Stielansatz, Samen und Scheidewände entfernt und in Stücke geschnitten

etwa 1 cm Ingwerwurzel, gewaschen, aber ungeschält, und gerieben

½ TL edelsüßes Paprikapulver

250 ml Weißweinessig

125 ml helle Sojasauce

6 Lorbeerblätter

1 gestrichenen EL Pfefferkörner

Salz

Adobo ist nicht nur der Name dieses Gerichts – der Begriff steht auch für die Art der Zubereitung (ähnlich dem Schmoren). Essig spielt hierbei eine wichtige Rolle, daher ist Adobo nichts für Zartbesaitete. Es ist ausgesprochen köstlich, oder *masarap*, wie man hier sagt, und sehr geschmacksintensiv. Als Beilage eignet sich einfacher Reis am besten.

Das Öl bei starker Hitze in einer großen Pfanne (etwa 25 cm Durchmesser und mindestens 7 cm tief) erhitzen.

Die Hälfte der Knoblauchzehen im heißen Öl schwenken und erhitzen, bis sie goldbraun sind. Dann mit einer Schöpfkelle aus der Pfanne nehmen und auf Küchenpapier abtropfen lassen.

Das Schweinefleisch in der Pfanne bei starker Hitze etwa 10 Minuten goldbraun anbraten. Sobald die Fleischstücke am Boden der Pfanne haften bleiben, Zwiebeln, Paprikaschoten, Ingwer und den restlichen Knoblauch hinzufügen (keine Sorge, wenn die Pfanne jetzt so richtig voll ist – das fällt alles noch zusammen), gründlich mischen und alles bei mittlerer Hitze abgedeckt 5–7 Minuten köcheln lassen, bis das Gemüse fast gar ist. Dabei gelegentlich umrühren.

Nun das Paprikapulver untermischen, gefolgt vom Essig, der Sojasauce und 500 ml Wasser. Die Lorbeerblätter und Pfefferkörner dazugeben und mit ein wenig Salz würzen.

Erneut aufkochen und dann bei schwacher Hitze und geschlossenem Deckel 50–60 Minuten köcheln lassen, bis die Flüssigkeit merklich eingedickt ist. Zum Servieren die anfangs frittierten Knoblauchscheiben darüberstreuen.

Das Geheimnis der Maria Clara
Kokosmilchreis, knuspriger Muscovadozucker, Mango und Eiscreme

Für 4–6 Personen. Etwa
30 Minuten Zubereitungszeit.
Das Ganze muss aber noch
abkühlen und durchziehen.

100 g Langkornklebreis
(erhältlich in Asialäden, ersatzweise
Risottoreis)

400 ml Kokosmilch

4 EL Zucker

40 g Muscovadozucker (im Asia- oder
in Dritte-Welt-Läden erhältlich)

2 reife Mangos, in Spalten
geschnitten

Vanilleeiscreme

Diesen Nachtisch hatte ich im besten Restaurant, in dem ich in Manila gegessen habe: dem auf die angesehene Küche der Region Pampagna spezialisierten *Bistro Remedios*. Die Höhepunkte der sechs vorangegangenen Gänge waren winzige frittierte Krabben, ein fantastischer Salat aus essbaren Farnsprossen und Reis, der in einem Bambusrohr im Feuer gegart worden war — offenbar eine Überlebenstechnik, die die Einheimischen den amerikanischen Soldaten im Zweiten Weltkrieg beibrachten.

Maria Clara ist die Heldin des wohl bekanntesten Romans von den Philippinen: *Noli me Tangere* von José Rizal. Wieso der liebenswerte Inhaber dieses besonderen Restaurants das Dessert nach der Romanfigur benannt hat, geht über mein kulturelles Verständnis hinaus. Aber ich bin mir sicher, dass Maria Clara einverstanden wäre, dass ich das Rezept dieses einfachen und doch speziellen Desserts hier verrate.

Sowohl der Reis als auch die wundervollen Knusperstückchen aus Muscovadozucker können einen Tag im Voraus zubereitet werden.

Den Reis mit der Kokosmilch, dem Zucker und 125 ml Wasser in einen Topf geben und bei starker Hitze unter Rühren aufkochen. Dann die Temperatur reduzieren und 15–20 Minuten garen lassen. Dabei häufig umrühren, damit der Reis nicht anbrennt. Vom Herd nehmen und abkühlen lassen (wer es eilig hat, kann den Reis dazu auf einem Backblech oder Tablett verteilen).

Ein Stück Frischhaltefolie auf der Arbeitsfläche ausbreiten, den abgekühlten Reis daraufgeben und in der Folie zu einer Art Wurst (etwa 5–7 cm Durchmesser) zusammenrollen. Die Enden gut verdrehen, um sie zu verschließen, und den Reis so ein paar Stunden im Kühlschrank ruhen und quellen lassen.

Den Backofen auf 200 °C vorheizen. Den Muscovadozucker auf einem mit Backpapier ausgelegten Backblech verteilen, größere Klumpen dabei etwas feiner zerbröckeln. Etwa 5 Minuten backen – der Zucker soll nicht schmelzen! – dann 10 Minuten abkühlen lassen, bevor man die kristallisierten Zuckerstückchen mithilfe einer Palette vom Blech hebt.

Den Reis in Scheiben schneiden und zusammen mit ein paar Spalten Mango, Vanilleeis und den Knusperstückchen aus Muscovadozucker servieren.

Banana Turon
Gebackene Babybananen

Für 4 Personen. Etwa
30 Minuten Zubereitungszeit.

Für die Sauce

100 g Zucker

2 Sternanis

1 daumengroßes Stück Ingwerwurzel, ungeschält

Für die gebackenen Bananen

1 l Pflanzenöl (kann anschließend wiederverwendet werden)

8 Babybananen, geschält (oder 4 gewöhnliche Bananen, geschält und halbiert)

8 Lagen Frühlingsrollenteig (im Asialaden erhältlich)

Zucker zum Servieren

Die etwa fingergroßen Babybananen findet man auf den Philippinen – ebenso wie in vielen anderen heißen Ländern – relativ häufig. Für dieses Dessert sind sie perfekt geeignet und inzwischen sind sie auch hier in Asialäden oder gut sortierten Lebensmittelgeschäften erhältlich.

Sie sollen übrigens auch gegen Magenschmerzen helfen (die rohen Babybananen, nicht die frittierten – die helfen höchstens bei Heißhunger auf etwas Süßes und Fettiges …).

Für die Sauce 175 ml Wasser mit Zucker und Sternanis in einem Topf vermischen und bei schwacher Hitze auf den Herd geben. Den Ingwer grob reiben und dazugeben. Was sich nicht reiben lässt, über dem Topf ausdrücken, damit der ganze Ingwersaft genutzt wird, und die Reste auch in die Flüssigkeit geben. Einmal umrühren und danach aufkochen lassen (möglichst ohne zu rühren). Köcheln lassen, bis der Sirup eingedickt ist und eine leicht goldene Farbe hat. Das dauert etwa 15–20 Minuten.

Inzwischen das Öl für die Bananen in einem Topf erhitzen, der groß genug ist, dass 4 in Teig gewickelte Babybananen auf einmal hineinpassen, aber gleichzeitig auch klein genug, dass das Öl 4 cm hoch darin steht. Jede Banane in eine Lage Frühlingsrollenteig wickeln. Dafür die Frucht in die Mitte der Teigplatte legen, den Teig an den kurzen Enden in die Mitte umschlagen und dann längs aufrollen. Das Ganze sollte ungefähr so aussehen wie eine Frühlingsrolle.

Die eingewickelten Bananen in zwei Etappen mit einer Schöpfkelle vorsichtig in das heiße Öl geben und frittieren, bis sie goldbraun sind. Das dauert etwa 5 Minuten. Sollten die Bananenpäckchen beim Frittieren an die Oberfläche steigen, müssen sie nach etwa der Hälfte der Zeit gewendet werden.

Die gegarten Bananen mit der Schöpfkelle aus dem heißen Öl nehmen, kurz auf Küchenpapier abtropfen lassen und sie, solange sie noch heiß sind, in dem auf einem flachen Teller verteilten Zucker wenden. Kurz abkühlen lassen. Inzwischen nach dem Sirup sehen: Sollte er zu dickflüssig oder fest geworden sein, einfach einen kleinen Schuss Wasser dazugeben und vor dem Servieren erneut einige Minuten erwärmen.

Erdnusskrokant

Hieran werden einige Personen was zu knabbern haben. Ist in 20 Minuten zubereitet und muss dann nur noch abkühlen.

etwas neutrales Pflanzenöl (vorzugsweise Sonnenblumenkernöl)

500 g Zucker

200 g gesalzene Erdnüsse

100 g Sesamsamen

Wir waren auf dem Weg zu einem Hahnenkampf und unser Reiseführer legte am Süßwarenladen einer Freundin einen Zwischenstopp mit uns ein.

Besagter »Laden« befand sich an den Bahnschienen und bestand aus einem Wellblechdach, unter dem einige auf Böcke gelegte Platten als wackelige Tische dienten, und Beth, die Inhaberin, in mehreren großen Töpfen, die von in Kuhlen im Boden glühenden Kohlen erhitzt wurden, Karamell kochte. Kein Fußboden, keine Wände, nur ein köstliches Produkt, basierend auf den besonderen kleinen Erdnüssen, die hier wachsen.

Zwanzig Minuten später war ich froh über diese schmackhafte, knackig-klebrige Ablenkung von den grölenden Männern um mich herum und den kämpfenden Hähnen im Ring, die Sporen aus Rasierklingen trugen …

Ein Backblech mit Backpapier auslegen und leicht leicht mit Öl fetten.

Den Zucker in einen Topf mit einem schweren Boden geben und vorsichtig 100 ml Wasser hinzugießen. Mit einem Finger verrühren, sodass der gesamte Zucker befeuchtet ist, dabei darauf achten, dass beim Rühren möglichst wenig Zucker an den Wänden des Topfes haften bleibt.

Das Wasser nun bei starker Hitze zum Kochen bringen. Nicht umrühren, höchstens den Topf hin und wieder schwenken. Wenn sich Blasen bilden und der Zucker nur an einigen Stellen Farbe annimmt, muss der Topf ständig geschwenkt werden, damit der Zucker gleichmäßig karamellisiert.

Den Topf vom Herd nehmen, sobald der Karamell eine gleichmäßige goldbraune Farbe angenommen hat. Die Erdnüsse und Sesamsamen untermischen, sodass sie vollständig vom Karamell überzogen sind. Das Ganze auf das vorbereitete Blech gießen. Dabei die Masse möglichst gleichmäßig darauf verteilen. Etwas abkühlen lassen.

Sobald die Masse kühl genug ist, dass man sie anfassen kann, das Backpapier vom Boden lösen (sonst feuchtet es durch und bleibt haften).

Den hart gewordenen Krokant mit den Händen oder mithilfe eines Hammers in Stücke brechen und in einem luftdicht verschlossenen Behälter zwischen Lagen frischen Backpapiers aufbewahren.

(Der Topf, in dem der Karamell gekocht wurde, ist am einfachsten zu reinigen, indem man ihn mit Wasser füllt, den Rührlöffel gleich mit hineingibt, das Ganze auf dem Herd erhitzt und alles einige Minuten köcheln lässt.)

Kuba und

Es hört sich vielleicht komisch an, da ich in England aufgewachsen bin und inzwischen wieder lebe, aber trotz der klimatischen Bedingungen hier hat mich der Gedanke an einen Karibikurlaub nie besonders gereizt. Ich sitze nicht sehr gerne still — besonders nicht in der prallen Sonne — und verbringe meine Freizeit am liebsten damit, Neues zu lernen (wenn auch auf eine unterhaltsame Art und Weise). Aber dann erzählte meine Schwiegermutter von einem alten Segelschiff, auf dem man von Insel zu Insel reisen kann. Ein Urlaub auf einem Piratenschiff mit vom Wind aufgeblähten Segeln, das ab und zu in einer abgeschiedenen Bucht vor Anker gehen und uns die Möglichkeit geben würde, in Beibooten den Strand zu stürmen, schien mir abenteuerlich genug, um mein Interesse zu wecken.

Und natürlich kam es dann genau so, wie ich es mir vorgestellt hatte, aber gleichzeitig auch ganz anders: Die Kulisse war perfekt, und wir gingen sogar in der Bucht vor Anker, in der *Fluch der Karibik* gedreht wurde. Der Dreimaster mit seinen vierundfünfzig Segeln war vielleicht etwas zu sauber für richtige Piraten (in unseren Kajüten gab es einen unechten Kamin und ein Badezimmer — sehr empfehlenswert übrigens für Menschen, die an Seekrankheit leiden), aber umso beeindruckender — wir verbrachten viele Nächte kichernd auf dem Oberdeck und genossen den märchenhaften Sternenhimmel. Die Schönheit der Gegend war eine Wohltat für unsere Seelen: Unglaublich attraktive Blüten verführten verwöhnte Bienen und im wunderbar ruhigen Meer sahen wir viele bewaldete Inseln — die meisten vulkanisch — mit bildschönen Buchten, die jahrhundertelang die einzige Möglichkeit waren, das Land einzunehmen.

Auf Barbados besichtigten wir ein Anwesen aus der Zeit Jakobs des I.: St. Nicolas's Abbey (errichtet 1650), eine der ersten Zuckerplantagen. Hier wird seit 300 Jahren ein ganz besonderer Rum hergestellt.

Auf Martinique besuchten wir den Ort, an dem Napoleons Josefine geboren wurde, und streiften durch die unheimlichen Überreste der Stadt St. Pierre, deren 50 000 Einwohner 1902 innerhalb weniger Sekunden von giftigen Gasen getötet wurden, als der Vulkan Montagne Pelée ausbrach. Der Legende nach gab es nur einen Überlebenden im Gefängnis der Stadt ... Ich bin mir nicht sicher, was die Moral dieser Geschichte ist.

Der Höhepunkt der Reise für mich war auf jeden Fall Grenada. Dort erlebte ich, wie aus den großen, schleimig-weißen Samen einer harten, zinnoberroten Frucht Schokolade hergestellt wird. Selbstverständlich wusste ich vorher schon alles über Kakao, und trotzdem hat es mir die Augen geöffnet, »in echt« mitzuerleben, wie aus einem dermaßen hässlichen Ding etwas so Köstliches entstehen kann.

Und das war — abgesehen von einer Menge Zeit, die wir damit verbrachten, den Horizont zu bewundern und ab und zu einen Zeh in das seltsam warme Wasser zu halten — unser Aufenthalt in der Karibik.

Da wir der Meinung waren, dass wir auch etwas Zeit für uns benötigen würden, hatten wir Vorbereitungen getroffen, die Schwiegereltern für den zweiten Teil des Abenteuers »über Bord zu werfen« und zu zweit über Jamaika nach Havanna zu fliegen. Die Ankunft war bemerkenswert: Außerhalb Kubas kann man die dortige Währung nicht kaufen. Als wir gleich nach der Landung versuchten, mit unseren Kreditkarten Geld aus einem Automaten zu holen, mussten wir feststellen, dass dies nicht möglich ist. Das erste Mal in meinem Leben lag das nicht daran, dass die Karte nicht gedeckt war, sondern an der Tatsache, dass meine englische Kreditkarte inzwischen einer amerikanischen Bank gehörte — ein großes Tabu in dieser Gegend. Nach einigen hektischen Telefonaten und nervenaufreibenden Stunden konnten wir uns Geld

die Karibik

schicken lassen und endlich mit unserer Erkundungs-
reise beginnen.

In Havanna herrscht eine ganz besondere Atmosphäre. Die Häuser sind bunt gestrichen und verfügen über großartiges Fensterwerk, allerdings sind die
meisten dermaßen vom Verfall betroffen, dass man
uns in unserem Hotel davor warnte, unter Balkons
oder Fenstersimsen zu laufen. Überall wird an Ruhm
und Ehre der Revolution erinnert: Statuen und
Monumente, Straßennamen, riesige Wandgemälde
von Che, Literatur in den Buchläden und selbstverständlich das Museo de la Revolución, vor dem das
Boot ausgestellt ist, mit dem Fidel, Raúl, Che und
achtzig weitere Revolutionäre 1956 aus Mexiko
übersetzen, um den Umsturz in Gang zu bringen.

Tagsüber geht es hier äußerst lebhaft zu:
Straßenhändler bieten frisches Obst und
Gemüse von ihren Wagen aus an, ständig
werden Reparaturarbeiten durchgeführt
und man sieht Straßenkreuzer aus den
1950ern und 1960ern umherfahren. Mit
den ehemals prächtigen Gebäuden im
Hintergrund wirkt all das wie eine
Filmkulisse.

Doch hinter dieser Lebendigkeit
war ständig auch eine gewisse
Schwermut zu spüren, und es
war offensichtlich, dass die
Zeiten hart sind: Einmal
erlebten wir, wie Mas-
sen von Menschen
auf einen Laster
zustürmten,
der gerade
am Ende
der Straße
gehalten hatte. Es

stellte sich heraus, dass hier eine Ladung Toiletten-
papier auf dem Schwarzmarkt verkauft wurde.

Als wir ein paar Worte mit einem Angestellten in
unserem Hotel wechselten, der unter anderem für
die Reinigung des Pools zuständig war, erfuhren wir
(und das ist kein Witz!), dass er eigentlich Atomphysi-
ker ist. Da die Regierung aber jegliche Finanzierung
der Forschungen eingestellt hatte, heuerte er in der
einzigen Branche an, für die er noch eine Zukunft
sah – dem Tourismus. Am stärksten waren die Probleme des Landes bei Nacht spürbar. Sobald die Sonne
untergegangen war, wurde die Stadt zu einer Fremden: Es gab keine Straßenbeleuchtung und all die
großen, offenen Eingänge der alten
Häuser, die bei Tag so einladend
erschienen, wurden zu potenziel-
len Verstecken für Räuber – die
Verbrechensrate ist sehr hoch in
dieser Stadt.

Die beste Abendunter-
haltung die uns geboten
wurde, zeigte uns eine
andere der vielen
Seiten von Havanna:
Im auffallenden
Kontrast zum all-
täglichen Kampf
ums Überleben in
der kommunisti-
schen Herrschaft
verbrachten wir
einen fabelhaft
unbekümmer-
ten Abend
im schillern-
den Club
Tropicana.

KURZPORTRÄT

GEOGRAFISCHES: Der Archipel besteht aus etwa 7000 größeren und kleineren Inseln, die auf etwa 2500 Längsmeilen und 160 Meilen Breite im Karibischen Meer verteilt sind. Es herrscht meist tropisches Klima, dies ist allerdings abhängig von den lokalen Gegebenheiten wie Höhenlage, Wasserströmungen und Passatwinden. Vulkanisches Gebiet. Tropische Stürme und Hurrikane sind häufig.

EINWOHNERZAHL: Etwa 42 Millionen (Schätzung 2010)

GRÖSSTE INSEL NACH EINWOHNERZAHL: Kuba mit 11 Millionen Einwohnern (Kuba hat mit 110 859 Quadratkilometern auch die größte Fläche). Auf Saba leben mit 1500 die wenigsten Menschen.

RELIGION: Das Christentum (vor allem der Katholizismus) mit seinen verschiedenen Strömungen dominiert. Es gibt Unterschiede zwischen den einzelnen Inseln, aber der Synkretismus, also die Verschmelzung einzelner Elemente aus unterschiedlichen Religionen, ist weit verbreitet. Die bekannteste Form ist Rastafari, ihr Einfluss reicht weit über die Insel Jamaika, auf der sie entstand, hinaus.

BEVÖLKERUNG: Mit wenigen Ausnahmen ist die Bevölkerung schwarz, Minderheiten sind Mulatten, Mestizen, Inder, Amerindier, Europäer und Weiße.

LEBENSERWARTUNG: Männer 74, Frauen 79 Jahre*

EINFLÜSSE: Im 15. Jahrhundert kamen die Spanier und Portugiesen auf der Suche nach Gold auf die Inseln. Ende des 17. Jahrhunderts waren dann alle Inseln in den europäischen Machtkampf verwickelt und blieben dies auch in den nächsten Jahrhunderten. Engländer, Holländer, Franzosen, Dänen und Spanier gründeten ihre Kolonien, versklavten die Einheimischen und brachten zusätzlich hunderttausende Sklaven aus Afrika als Arbeitskräfte für die Zuckerproduktion auf die Inseln. Im 19. Jahrhundert mischten sich dann auch die Amerikaner ein. In dieser Zeit haben die Unabhängigkeitsbewegungen ihren Ursprung und nach und nach bekamen die einzelnen Inseln eigene Verwaltungen – einige allerdings erst in den späten 1970er- und 1980er-Jahren. Als sich Kuba im 20. Jahrhundert zum Kommunismus bekannte, versuchten die Amis ihren Einfluss in der Gegend auszubauen – um die Schweine einzubuchten, sozusagen.

KULINARISCHE HIGHLIGHTS: Die Unterschiede zwischen den Inseln sind groß, sie alle haben kulinarische Eigenheiten. Und trotzdem ist es möglich, einige Gemeinsamkeiten herauszustellen. Fisch und Meeresfrüchte spielen eine große Rolle – gerne gebraten, gegrillt oder mit Gewürzen geschwärzt. Auch Kohlenhydrate sind (etwa in Form von Brotfrucht, Klößen, Maniok und Yamswurzel) wichtig. Gewürze sind zumeist im Überfluss vorhanden und beeinflussen den Geschmack der lokalen Speisen (vielleicht mit Ausnahme von Kuba). Das Obstangebot ist wunderbar, ebenso wie das an einfachen Salaten. Und man sollte auf die scharfen Scotch-Bonnets-Chilischoten achten.

NAHRUNGSMITTELEXPORTE: Bananen, Rum, Zucker, Zitrusfrüchte, Kaffee

DIE FÜNF BELIEBTESTEN ZUTATEN: Kochbananen, Fisch, Piment, Thymian, Scotch Bonnets (s.o.)

BEKANNTESTES GERICHT: Schwierig, jede Insel hat ihr eigenes besonderes Gericht. Vielleicht Jerk-Hühnchen (in einer speziellen Würzpaste mariniertes Hühnchen, das gebraten, gegrillt oder im Ofen gegart wird).

GETRUNKEN WIRD: Alles mit Rum oder einfach nur Rum. Die Biersorten Carib und Banks sind sehr populär, ebenso Malzgetränke, Guinness in Flaschen und Kaffee.

MEIN LIEBLINGSGERICHT: Hier möchte ich einen Drink nennen: Daiquiri!

MEIN EINDRUCKSVOLLSTES ERLEBNIS: In einem Restaurant am Strand von Bajan sitzen, die Sonne spüren, während das Meer in sanften Wellen an den Strand schlägt, dabei einen unglaublich frischen Fischsalat und ein eiskaltes Bier genießen – und dreißig Jahre zu spät realisieren, dass so ein Strandurlaub doch seine Vorteile hat.

AUF KEINEN FALL FRAGEN NACH …: dem Weg zur nächsten Schwulenbar.

(Dies ist nur ein sehr grober Überblick, da die Inseln geografisch weit auseinanderliegen und es sich um unabhängige Nationen handelt.)

*Diesen Zahlen sind ungefähre Durchschnittswerte, errechnet aus auf zwölf Inseln erhobenen Daten: Kuba, Bermuda, Aruba, Antigua & Barbuda, den Turks- und Kaikosinseln, Curaçao, den Kaimaninseln, Puerto Rico, den Bahamas, Montserrat, St. Lucia und Anguilla.

Schnitzkunst von den grenadischen Inseln

Würde man die von meinen Reisen mitgebrachten Messer danach beurteilen, ob sie die von mir gesetzten Kriterien, a) kulinarische Aufgabe und b) typisch für die Region, aus der sie stammen, erfüllen, dann würde dieses kleine Messer von der winzigen Insel Bequia, das so wunderschöne Schnitzereien im Griff hat, vermutlich 1 1/2 von 2 Punkten erhalten. Die Technik, mit der der Griff verziert wurde, stammt zwar nicht von den karibischen Inseln, ist aber trotzdem Teil des kulturellen Erbes der Region. Die Schnitzkunst wird dort schon seit Hunderten von Jahren gepflegt, zurückgehend vermutlich auf gelangweilte Seefahrer, die Bilder in die Knochen und Zähne von Walen schnitzten, die sie gefangen hatten. Meistens handelte es sich bei diesen Bildern um Dinge, die sie tagtäglich vor Augen hatten (erlegte Wale, Schiffe, Inseln) oder um solche, die sie vermissten (Frauen, Frauen und noch mehr Frauen).

Heute, da der kommerzielle Walfang verboten ist, ist diese Schnitzkunst am Aussterben. Der Griff meines kleinen Taschenmessers besteht nicht aus Knochen, sondern einem politisch viel korrekterem Material, ist deshalb aber nicht weniger attraktiv. Es ist die Handarbeit eines der wenigen Künstler, die das Handwerk des Schnitzens noch verstehen: Sam McDowell. Das machte es zu einem von nur zwei Messern in diesem Buch, das ich bis zu dem Menschen zurückverfolgen kann, der es hergestellt hat.

Sam stammt ursprünglich aus Amerika und wohnt heute auf Bequia. Auf diesem Inselchen gibt es nur wenige Häuser, eine Post und eine Bar, die sich um eine Hafenbucht drängen. Man hat wirklich das Gefühl, man wäre am Ende der Welt (ich vermute, daher hat Sam die Zeit, seine Kunstfertigkeit im Schnitzen weiterzuentwickeln). Das Taschenmesser ist nicht nur wunderschön, sondern auch sehr funktional: Es liegt gut in der Hand und verfügt über zwei Klingen aus japanischem Stahl, die mit einem wunderbar schnappenden Geräusch zuklappen.

Aber vor allem erinnert es an das Meer. Und aus meiner Erfahrung kann ich sagen, dass das Messer eine spürbare Anziehungskraft auf die Menschen ausübt, die es zu Gesicht bekommen: Jeder, dem ich es bis jetzt gezeigt habe, möchte es in die Hand nehmen und drücken — fast so, als läge noch ein wenig Seefahrermagie darin.

Heutzutage sind vor allem die dicken Handwerkertaschenmesser weit verbreitet, die zwar sehr praktisch sind, aber auch offensichtlich aus Massenproduktion stammen. Daher liebe ich mein kleines Seefahrertaschenmesser mit handgeschnitztem Griff umso mehr und trage es auf Schritt und Tritt bei mir.*

*Außer im Handgepäck, wenn ich fliege.

Rezepte aus Kuba & von den karibischen Inseln

Buljol
Klippfisch mit Limette und Thymian

Salat mit Palmherzen und Avocado

Verdammt scharfe Chilisauce

Bouillon von St. Lucia

Kaninchenlasagne

Bananen-Daiquiri

Blutorangen-Margarita

Buljol
Klippfisch mit Limette und Thymian

Als Hauptspeise für 2 oder als Snack für 6 hungrige Seefahrer. Ist der Klippfisch einmal eingeweicht, beträgt die Zubereitungszeit etwa 30 Minuten.

---

300 g Klippfisch, in einem Sieb etwa 5 Minuten mit fließendem kaltem Wasser abgespült, dann einige Stunden oder über Nacht eingeweicht (dabei das Wasser mehrmals wechseln)*

4 EL bestes Olivenöl

1 grüne Paprika, Stielansatz, Samen und Scheidewände entfernt und in Streifen geschnitten

2–3 Frühlingszwiebeln, in dünne Ringe geschnitten

3 EL frisch abgezupfte Thymianblättchen

8–12 Kirschtomaten, gehackt

Chilischoten (nach Belieben, vorzugsweise Scotch Bonnet – aber Vorsicht!), fein gehackt

Saft von 2–3 frisch gepressten Limetten

Salz und Pfeffer

---

* 300 g trockener Klippfisch sollten etwa 400 g eingeweichten Fisch ergeben.

Thymian, Limette und verdammt scharfe Chilischoten sind die Heilige Dreifaltigkeit der karibischen Inseln. Dieses Gericht gibt es normalerweise zum Frühstück, aber wir genossen es zum Mittagessen – zusammen mit dem Blick auf die Hafenbrücke, die der Hauptstadt von Barbados ihren Namen gab: Bridgetown.

Wer hätte gedacht, dass getrockneter Fisch so frisch schmecken kann? Es lohnt sich auf jeden Fall immer etwas Klippfisch auf Lager zu haben. Dazu folgende Tipps: Erstens muss der Fisch trocken gelagert werden, darf also nicht in den Kühlschrank, sonst wird er feucht und verdirbt. Zweitens packt man den Klippfisch am besten in einen luftdicht verschließbaren Plastikbehälter, denn er ist sehr geruchsintensiv (um es mild auszudrücken).

Den eingeweichten Klippfisch kurz abspülen, in einen Topf geben und mit frischem Wasser bedecken. Aufkochen und etwa 20 Minuten sprudelnd köcheln lassen. Danach gleich abgießen und erneut mit fließendem kaltem Wasser abspülen.

Inzwischen alle anderen Zutaten vorbereiten und in einer Schüssel vermischen.

Den Fisch mit den Händen auseinandernehmen und in kleine Stücke teilen, dann gut mit den übrigen Zutaten vermischen. Nach Belieben mit Salz und Pfeffer würzen, mit einem Schuss Limettensaft abschmecken und auf Toastbrot oder Kräckern servieren.

Salat mit Palmherzen und Avocado

Für 2 Personen als Mittagessen.
Ist in 15–20 Minuten fertig.

1 TL Traubenkernöl (oder ein anderes gutes neutrales Öl)

Saft von 1 frisch gepressten Limette

2 grüne Chilischoten, in dünne Ringe geschnitten

180 g Palmherzen aus der Dose, in Scheiben geschnitten

½ Salatgurke, die Samen entfernt und in dünne Scheiben geschnitten

eine Handvoll Minzblätter, gehackt

je 1 Papaya und 1 Avocado, geschält, entkernt und in Spalten geschnitten

Dieser Salat ist so sommerlich – sommerlicher geht's nicht.

Auf unserer Karibikreise habe ich das erste Mal Palmherzen gegessen: Unser Reiseführer hackte einfach einen Palmwedel frisch vom Baum, schnitt ihn längs auf und schälte das Mark heraus, sodass wir kosten konnten. Ich war begeistert von dem süßlichen, leicht nussigen Geschmack sowie der zarten und doch irgendwie knackigen Konsistenz. Hierzulande sind Palmherzen in Gläsern oder Dosen in großen Supermärkten erhältlich. Sie haben auch den besonderen, sanften Geschmack, sind aber nicht so knackig wie die frischen.

Das Öl mit der Hälfte des Limettensafts in einer Schüssel verrühren und Chilischoten, Palmherzen, Gurke und Minze untermischen. Die Spalten von Papaya und Avocado kreisförmig auf einer Servierplatte oder einzelnen Tellern arrangieren, die mit dem Dressing gewürzte Mischung in die Mitte geben und das Ganze mit einer ordentlichen Portion Limettensaft abschmecken.

Verdammt scharfe Chilisauce

Reicht für 1 Einmachglas. In 20 Minuten fertig, muss dann nur noch 1 Woche ziehen.

5 große Knoblauchzehen

10–15 Chilischoten (vorzugsweise Scotch Bonnet), Stielansätze entfernt

3 EL frisch abgezupfte Thymianblättchen, gehackt

1 kleine rote Zwiebel, grob gehackt

100 ml Apfelessig

1 TL Salz

2 Lorbeerblätter

Zu einer Reise in diesen Teil der Welt gehört es einfach dazu, dass man irgendwann wortwörtlich vom Hocker gehauen wird, weil man ahnungslos in etwas richtig Scharfes gebissen hat. Das liegt wohl daran, dass die Scotch-Bonnet-Chilischote zu den schärfsten Sorten der Welt gehört.

Das folgende Rezept ist für eine wirklich verdammt scharfe Sauce, deshalb lasse ich auch die Samen in den Chilis. Wenn Sie es weniger scharf bevorzugen, entfernen Sie sie einfach.

Die Knoblauchzehen mit der flachen Seite der Messerklinge zerdrücken, dann schälen. Alle Zutaten bis auf die Lorbeerblätter in der Küchenmaschine oder im Standmixer zu einer sehr feinen Masse verarbeiten.

In ein steriles Einmachglas füllen, die Lorbeerblätter in die Sauce drücken, das Glas verschließen und mindestens 1 Woche im Kühlschrank durchziehen lassen. Gibt jahrelang Feuer.

Bouillon von St. Lucia

Für 4–6 Personen. Nach etwa
4 Stunden ist die Haxe gar, die
Brühe braucht noch 30 Minuten.

---

1 Schweinshaxe von Vorder- oder
Hinterbein, mit Knochen und
möglichst gepökelt (etwa 1 kg)

---

4 Gewürznelken

---

1 Möhre, in Stücke geschnitten

---

2 Lorbeerblätter

---

1 große Zwiebel

---

250 g Kartoffeln, geschält und
gewürfelt

---

1 Süßkartoffel (etwa 350 g), geschält
und in große Stücke geschnitten

---

1 Kochbanane, geschält und in
Scheiben geschnitten

---

1 Messerspitze Cayennepfeffer

---

2 Prisen gemahlener Piment

---

200 g Wirsing (ersatzweise Weißkohl),
die harten Stiele aus den Blättern
entfernt und der Rest grob in
mundgerechte Stücke geschnitten

---

150 g Erbsen

Salz und Pfeffer

Für die Klößchen

---

150 g Mehl

---

1 Päckchen Backpulver

---

15 g Butter

---

*Gegensätze: Verdammt scharfe
Chillisauce (oben) mit Bouillon
von St. Lucia (unten).*

Diese Bouillon ist das beliebteste Gericht auf dieser wunderschönen zu den Kleinen Antillen gehörenden Insel. Sowohl die Zubereitung als auch der Genuss spiegeln die entspannte Lebensweise der Einwohner wider. Die herzhafte Brühe wird vor allem zum Frühstück gegessen, manchmal auch mittags. In unseren Breitengraden wird sie wohl eher als Abendessen gelten.

Vor allem das Fleisch ist geschmacksgebend in dieser Bouillon, daher sollte sie möglichst mit einer lediglich gepökelten Schweinshaxe zubereitet werden, nicht mit Fleisch, das sowohl gepökelt als auch gekocht wurde. Mit einem ordentlichen Klecks scharfer Sauce servieren – die Verdammt scharfe Chilisauce (siehe Seite 203) passt hier sehr gut.

Die Schweinshaxe mit den Gewürznelken spicken und zusammen mit der Möhre, den Lorbeerblättern und der Zwiebel in einen möglichst großen Topf geben. Das Fleisch mit 2,5–3,5 Liter kaltem Wasser vollständig bedecken. Bei starker Hitze und geschlossenem Deckel aufkochen lassen, dann die Hitze reduzieren und das Ganze etwa 4 Stunden köcheln lassen, bis das Fleisch sehr zart ist und sich vom Knochen löst.

Mit einer Schaumkelle alles Fleisch aus der Brühe heben und beiseitelegen, das Gemüse (nicht die Lorbeerblätter) herausschöpfen und entsorgen. Die Brühe abmessen und gegebenenfalls mit etwas Wasser auf 2,5 l angießen. Bis zum Siedepunkt erhitzen, mit Salz und Pfeffer würzen und die Kartoffel- und Süßkartoffelstücke hineingeben.

Inzwischen das Fleisch in grobe Stücke teilen. Knochen, Haut und Knorpelstückchen können ebenfalls entsorgt werden.

Das Fleisch mit der Kochbanane, dem Cayennepfeffer und dem Piment in die Brühe geben.

Für die Klößchen Mehl, Backpulver und einige Prisen Salz vermischen und die Butter mit den Fingerspitzen hineinreiben. Nach und nach etwas Wasser (zwischen 50–100 ml) unterrühren, sodass ein fester Teig entsteht. Zu einer etwa 3 cm langen Wurst rollen. Daraus 12 Klößchen formen.

Sobald die Kartoffeln gar sind (nach etwa 15 Minuten), die Klößchen in die Bouillon geben und unter die Oberfläche der siedenden Flüssigkeit drücken. Den Wirsing (oder Weißkohl) hinzufügen, abschmecken und weitere 10 Minuten köcheln lassen. Abschließend die Erbsen unterrühren und noch ein paar Minuten weiter köcheln lassen. Dann kann der Herd abgestellt werden. Die Bouillon vor dem Servieren etwa 5 Minuten ziehen lassen.

Kaninchenlasagne

Für 8 Personen. Die Zubereitung der Lasagne dauert 1,5 Stunden. Sie können ja entspannen, wenn sie im Ofen ist (etwa 35 Minuten).

---

1 Kaninchen (etwa 1,75 kg), vom Fachmann ausgeweidet

3 EL neutrales Öl

1 große Zwiebel, grob gehackt

100 g Champignons, geviertelt

4 Knoblauchzehen, gehackt

2 TL edelsüßes Paprikapulver

1 TL getrockneter Oregano

2 Lorbeerblätter

300 ml Weißwein

1 l Geflügelfond

6 EL natives Olivenöl

2 große Auberginen, in 1 cm breite Scheiben geschnitten

60 g Butter

75 g Mehl

200 ml Schlagsahne

1 Dose gehackte Tomaten (etwa 400 g)

450 g Lasagneblätter (ohne Vorkochen)

200 g Pimentos del Piquillo (eingelegte Chilischoten), in feine Ringe geschnitten

ein ordentliches Stück Parmesan, gerieben

Salz und Pfeffer

Wenn man in Kuba essen gehen möchte, hat man zwei Möglichkeiten: Entweder, man geht in eines der staatlichen Restaurants, in denen oft eine ziemlich deprimierende Atmosphäre herrscht (und das Essen ist nicht viel besser). Oder man isst in einem der zahlreichen Paladeres: Der Staat erlaubt den Menschen, ihr erbärmliches Einkommen aufzubessern, indem sie an ein paar Tischen in ihrem Vorzimmer Essen servieren. Laut Gesetz dürfen nicht mehr als 12 Personen bewirtet werden, was allerdings ziemlich flexibel gehandhabt wird.

Diese Lasagne habe ich in dem berühmtesten Paladar von Havanna, *La Guarida*, gegessen (das ziemlich professionell betrieben wurde). Die Zubereitung ist zwar recht aufwendig und zeitintensiv, aber es ist wirklich die beste Lasagne, die ich jemals gekocht und gegessen habe.

Zuerst das Fleisch in drei Gruppen aufteilen: Die vier Läufe (sie werden geschmort), die Rippenstücke mit Fleisch (werden später gekocht) und die Knochen (Brustkorb und Wirbelsäule jeweils in 2–3 drei Stücke hacken). Überflüssiges Fett kann entfernt werden. Wurden Leber und Nieren mitgeliefert, können Sie sie für später beiseitelegen.

Das Öl in einem großen Topf erhitzen, die Läufe mit Salz und Pfeffer würzen und vorsichtig in das heiße Öl geben. Von beiden Seiten bräunen, dann aus dem Öl nehmen und beiseitelegen. Nun die Knochen bräunen, auch diese danach beiseitelegen und als nächstes die Zwiebel in den Topf geben und anbraten. Sobald sie beginnt zu bräunen, die Hitze reduzieren, Champignons, Knoblauch, Paprikapulver, Oregano und Lorbeerblätter hinzufügen und alles bei mittlerer Hitze einige Minuten braten.

Nun das angebratene Fleisch und die Knochen zurück in den Topf geben (gegebenenfalls zusammen mit dem Bratensaft) und den Inhalt des Topfes mit dem Kochlöffel zusammendrücken, sodass alles recht kompakt im Topf liegt. Mit dem Wein ablöschen und ein paar Minuten köcheln lassen. Den Fond hinzufügen und alles abgedeckt etwa 1 Stunde köcheln lassen.

In der Zwischenzeit den Backofen auf 220 °C vorheizen.

Zwei Backbleche mit reichlich Olivenöl einfetten. Die Auberginenscheiben nebeneinander darauf verteilen und auf beiden Seiten leicht salzen. In den vorgeheizten Ofen geben und nach 15 Minuten wenden. Nach weiteren 5 Minuten sollten sie auf beiden Seiten goldbraun sein. Aus dem Ofen nehmen und die Ofentemperatur auf 200 °C reduzieren.

Wenn das Kaninchen etwa 1 Stunde vor sich hin geköchelt hat, die Läufe aus dem Topf nehmen und abkühlen lassen. Die Knochen weitere

5 Minuten köcheln lassen, danach können sie herausgenommen und entsorgt werden. Den Topf vom Herd nehmen.

Die Brühe in einen Messbecher abseihen (es sollte etwa 1 l sein), Zwiebeln und Pilze beiseitelegen. Den Topf mit Küchenpapier auswischen, bei niedriger Temperatur erhitzen. Die Butter darin schmelzen, das Mehl hineingeben und unter Rühren etwa eine Minute erhitzen. Dann eine Kelle Brühe hinzufügen, dabei ständig mit dem Schneebesen rühren. Wenn sich alles verbunden hat, eine weitere Kelle Brühe unterrühren. Noch zweimal wiederholen. Dann den restlichen Fond auf einmal hinzugießen und unter ständigem Rühren aufkochen. Vom Herd nehmen und die Sahne unterrühren. Abschmecken und zuletzt die Pilze und die Zwiebeln untermischen.

Das Fleisch von den Knochen der Läufe lösen und zusammen mit den gehackten Tomaten in eine Schüssel geben. Das Fleisch von den Rippenstücken in 1–2 cm große Stücke schneiden und in eine separate Schüssel geben. Gegebenenfalls Leber und Niere grob hacken und daruntermischen.

Die Lasagneplatten in 4 Portionen aufteilen. Etwa ein Drittel der cremigen Sauce auf den Boden einer quadratischen Auflaufform (etwa 30 x 30 cm und 6 cm tief) verteilen. Mit einer Lage Lasagneplatten abdecken. Diese mit der Fleischsauce bedecken und darauf eine weitere Lage Lasagneplatten geben.

Als Nächstes folgt eine weitere Schicht (wieder etwa ein Drittel) der sahnigen Sauce, die von den Auberginenscheiben bedeckt wird. Eine dritte Lage Lasagneplatten darauflegen und darauf die Chilischoten, dann die Fleischsauce verteilen. Mit Salz und Pfeffer würzen. Mit der letzten Lage Lasagneplatten bedecken und die restliche cremige Sauce darauf verteilen. Nach Belieben geriebenen Parmesan darüber streuen.

Etwa 30–40 Minuten im vorgeheizten Ofen backen.

Bananen-Daiquiri

Macht 2 Personen innerhalb weniger Minuten glücklich.

---

1 Banane (die gerne schon überreif sein darf)

Saft von 1 Limette

---

100 ml heller Rum

---

1 EL brauner Zucker (oder mehr, nach Belieben)

---

1 große Handvoll Eiswürfel

In der Bar *El Floridita* in Havanna, die aufgrund ihrer Einrichtung ein bisschen so wirkt wie ein schickes Bordell, wurde angeblich der Daiquiri erfunden. Daher hat sie sich selbst auch den Titel »The Cradle of the Daiquiri« (Die Wiege des Daiquiri) verliehen. Hemingway soll sich hier das eine oder andere Glas dieses Drinks hinter die Binde gekippt haben — so wie jeder alkoholaffine Tourist seit den 1950er-Jahren.

Ich bevorzugeen einfachen Daquiri, aber den bekommt man wirklich überall, und diese Version, die ich am Strand in der Nähe von Hemingways Haus getrunken habe, hat mich wirklich umgehauen (im positiven Sinn).

Alle Zutaten im Standmixer wenige Minuten lang mischen und in schicken Gläsern servieren.

Blutorangen-Margarita

Für 4 Personen, trinkbereit in 5 Minuten.

---

200 ml weißer Tequila

---

100 ml Triple Sec

---

300 ml Blutorangensaft, vorzugsweise frisch gepresst

Saft von 2 frisch gepressten Limetten

---

je 1 Limette und 1 Blutorange, in Scheiben geschnitten, zum Servieren

---

Für die Glasränder

2 TL Salz, vorzugsweise Meersalz

---

2 TL Zucker

---

etwa 1 EL Orangenbitter oder frischer Orangensaft

---

einige Handvoll Eiswürfel

Inmitten des verblassten Glanzes von Havanna, gegenüber dem Parque Central, befindet sich das Hotel *Inglaterra*, berühmt für sein Café. Zum Sonnenuntergang hielten wir uns gerne hier auf, beobachteten das Leben und gaben dem Barmann dabei gleich etwas zu tun.

Für die Glasränder Salz und Zucker auf einer Untertasse vermischen. Den Orangenbitter in eine separate, kleinere Untertasse geben.

Den Rand jedes Glases jeweils leicht angewinkelt in die Flüssigkeit halten und dann darin drehen, sodass nicht nur der Rand, sondern auch das Glas bis etwa 1 cm darunter befeuchtet ist. Kurz abtropfen lassen und dann auf die gleiche Art und Weise im Zucker-Salz-Mix wenden, der gleichmäßig rund um den Glasrand haften bleiben sollte.

Für den Cocktail die vorbereiteten Gläser jeweils zur Hälfte mit zerkleinerten Eiswürfeln füllen (die Eiswürfel in einen Gefrierbeutel geben und ein paar Mal kräftig mit dem Nudelholz daraufschlagen). In einem Messbecher oder Cocktailshaker Tequila, Triple Sec, Blutorangen- und Limettensaft vermischen. Auf die Gläser verteilen, vorsichtig einmal durchrühren und als Deko jeweils eine Blutorangen- und eine Limettenscheibe auf den Rand stecken. Genießen Sie die Sonne!

Ich besuchte Malawi, eines der ärmsten und am stärksten von Aids betroffenen Länder der Welt, im Rahmen einer Rundreise mit dem Auftrag, über die Einführung des Fairtrade-Siegels für Erdnüsse zu schreiben. Überall wurde ich freundlich aufgenommen, sprach, lachte und kochte mit den ärmsten Menschen, die ich jemals getroffen habe. Ihre Unverzagtheit muss man einfach bewundern und dabei dankbar dafür sein, wie gut es einem selbst geht. Und man sollte versuchen, wenigstens ein bisschen zu helfen.

Mit Unterstützung der norwegischen Regierung hatte sich eine große Zahl an Erdnussbauern zusammengetan, um mit einer Stimme auf dem Markt auftreten zu können und sich so eine bessere Verhandlungsposition zu schaffen. Dabei hatten sie sich für die Fairtrade-Anerkennung entschieden, die ihnen einen fairen Preis für das hart erarbeitete Produkt sichern würde und außerdem eine gute PR versprach.

Nach Malawi zu reisen, ohne sich den Malawisee anzuschauen, ist ungefähr so, als würde man nach Paris fahren, ohne den Eiffelturm zu sehen. Und es ist beinahe unmöglich, denn der See erstreckt sich beinahe über die gesamte Länge des Landes und ist mit Abstand die bedeutendste Sehenswürdigkeit dort. Aber ich habe es tatsächlich geschafft. Was ich gesehen habe, war ein Land, dessen Bewohner vor allem von der Landwirtschaft leben. Die meisten Landbesitze sind mit einer Fläche von weniger als einem Hektar sehr klein.

Es fällt mir schwer, mich nicht über die Menschen in unseren Breitengraden aufzuregen, die jammern, Fairtrade-Produkte seien so viel teurer und ein Großteil des erhöhten Preises würde sowieso direkt in den Kassen der Supermärkte landen und nicht bei den Bedürftigen. Soweit ich es nach meinen Erfahrungen dort beurteilen kann, führen schon zwei Cent mehr, die bei den Bauern ankommen, Monat für Monat, Jahr für Jahr zu bedeutenden Veränderungen: Dächer können ausgebessert werden und bieten so Schutz vor dem Monsunregen, neue Brunnen können gebohrt werden, sodass die Menschen für sauberes Trinkwasser keine kilometerlangen Strecken mehr zurücklegen müssen. Ein wenig mehr Geld gibt die Möglichkeit, sich um kranke Angehörige zu kümmern und den Traum zu verwirklichen, den wir alle hegen, nämlich unseren Kindern eine bessere Zukunft bieten zu können.

Und für uns sind die paar Cent, die Fairtrade-Produkte teurer sind, ja tatsächlich Peanuts!

Geografisches: Malawi ist ein Binnenstaat im Bereich des ostafrikanischen Grabensystems. Der Malawisee bedeckt etwa 20 % der Gesamtfläche des Staates. Das Klima ist tropisch mit drei Jahreszeiten: kühl und trocken (Mitte April bis August), warm und trocken (September bis November), die Monsunsaison (Dezember bis April).

Einwohnerzahl: 16,6 Millionen

Religion: Christen 79,9 %, Muslime 12,8 %, andere oder keine 7,3 %

Bevölkerung: Einheimische Stammesgruppen und einige wenige Asiaten und Europäer

Lebenserwartung: Männer 56, Frauen 57 Jahre

Einflüsse: Als die Portugiesen im 16. Jahrhundert nach Malawi kamen, hatten sie Mais im Gepäck, der bald zum wichtigsten Ernteerzeugnis wurde. Zeitgleich kamen arabische Händler ins Land und begannen, wie die Portugiesen, mit dem Sklavenhandel. Im viktorianischen Zeitalter wurde das Land von den Briten kolonialisiert und in Nyasland (vom einheimischen Wort für »See«) umbenannt. Erst mit der Unabhängigkeit 1964 wurde es

Malawi, zurückgehend auf das Königreich der Maravi, das vor Ankunft der Fremden dort bestanden haben soll.

Kulinarische Highlights: Viele Kohlenhydrate, wenn möglich Proteine (Geflügel, Nüsse, Insekten). Meistens wird auf Kohle/Holz auf Kochstellen in der Erde gekocht. Süßes wie Konfitüren oder Gebäck ist auch beliebt.

Nahrungsmittelexporte: Tee, Zucker, Nüsse, Kaffee

Die fünf beliebtesten Zutaten: Fisch, Zucker, Mais (Maismehl), Kilomberoreis, Erdnüsse

Bekanntestes Gericht: *Nsima* (dickflüssiger Maisbrei)

Getrunken wird: Wasser, ob sauber oder verunreinigt. Und in Blantyre gebrautes Carlsberg-Bier

Das Beste, was ich dort gegessen habe: Eine rohe Erdnuss, frisch aus der Erde

Mein eindrucksvollstes Erlebnis: Frauen, die Nüsse per Hand sortierten, standen plötzlich alle auf und fingen spontan an a capella zu singen und dazu zu tanzen.

Auf keinen Fall fragen nach …: Nachschlag.

Malawisches Tee-Erntemesser

Wenn ich dieses Messer in die Hand nehme, muss ich an einen Mann zurückdenken. Er hat seine Initialen auf einer Seite eingeritzt und ist auf der anderen Seite mit seinem Nachnamen etwas weiter gekommen. Vielleicht ist der Name auch ganz ausgeschrieben ... schwer zu sagen. Und während ich den abgenutzten Griff in meiner Faust spüre, denke ich gerne zurück an die außerordentliche Großzügigkeit, die er einer Fremden zuteilwerden ließ.

Abgesehen von den Erdnüssen habe ich in Malawi vor allem viel Tee gesehen. Am Abend des vorletzten Tages war ich aufgrund einer Teeverkostung am Nachmittag recht hibbelig. Ich hatte etwa vierzig kleine Tassen geschlürft (nach der alten Kunst des Teeverkostens), die alle sehr stark aufgebrüht und extrem tanninhaltig waren, sodass sich meine Zunge nun anfühlte wie Sandpapier.

Wir sollten in einer Lodge auf dem Anwesen eines Teeproduzenten übernachten, in Lujari, am Fuße des Berges Mulanji. Auf dem Weg dorthin haben wir uns ziemlich verfahren und kamen so erst in der Dämmerung an. Ich befürchtete, uns würde eine weitere Teeverkostung erwarten, entspannte mich aber sofort, als ich die idyllische Umgebung sah. Vor dem Hintergrund des Berges lagen von dunkelgrünen Teepflanzen bewachsene, sanfte Hügel, und als die Nacht anbrach (und wir immer noch nicht wussten, wo genau wir eigentlich waren), sahen wir in der Ferne die funkelnden Lichter der Lodge.

Die früheren englischen Besitzer hatten ein Abendessen in ihrem Haus arrangiert. Dort hatten wir die Gelegenheit, mit etwa zwanzig Männern und deren Frauen zu sprechen, die Genossenschaftler dieser inzwischen als Kooperative geführten Plantage waren. Sie waren enthusiastisch, stolz und kommunikationsfreudig, sodass die Unterhaltung ebenso pausenlos floss wie der Wein. Ich erinnere mich, wie ich mir von einem gutaussehenden Mann (dessen Namen ich leider nicht verstanden hatte) erklären

ließ, wie man eine so große Anzahl an Teepflanzen pflegt und erntet. Er verschwand im Laufe des Abendessens für einige Zeit und kam mit einem Messer wie diesem zurück, einem Erntemesser mit einer an der Spitze nach innen gebogenen Klinge. Mit dem Hauptteil der Klinge werden die dickeren Zweige und Äste der Pflanze beschnitten, mit der gebogenen Spitze werden feinere Schnittarbeiten durchgeführt und vor allem die oberen Teeblätter abgeschnitten, die zu Tee verarbeitet werden.

Selbstverständlich war ich von diesem Messer beeindruckt und hätte es am liebsten für mich behalten. Aber es wäre mir nie in den Sinn gekommen, diesen großzügigen und stolzen Menschen darum zu bitten.

Zum Abschluss des Abendessens gab es — vollkommen unpassend zu der Gegend, in der wir waren — noch Grappa. Danach erinnere ich mich nur daran, wie wir kichernd durch die ansonsten friedliche Nacht unter einem wunderschönen Sternenhimmel zurück zu unserer Lodge stolperten. Am nächsten Morgen verließ ich mein Zimmer ein winziges bisschen verkatert. Auf der Terrasse sah ich auf dem Tisch in der Sonne das Messer liegen. Dazu nur eine Nachricht von einem der Männer, dass es für mich wäre.

Es ist also kein Wunder, dass es mich immer so außerordentlich glücklich macht, wenn ich dieses Messer in den Händen halte, obwohl ich es in meiner Küche nie brauche — es hat einfach das beste Karma der ganzen Sammlung.

THE MALAŴI COOKBOOK

Chiponde
Hausgemachte Erdnussbutter

Reicht für ein kleines Glas — und das ist genug, denn frisch (etwa 1 Woche) schmeckt die Erdnussbutter am besten, und sie zuzubereiten dauert nur 30 Minuten.

---

150 g gesalzene Erdnüsse (sie sind meistens geröstet, rohe Erdnüsse sind aber auch geeignet), vorzugsweise mit Fairtrade-Siegel

---

etwa ½ TL Maldon Sea Salt oder Fleur de Sel (oder weniger, Kinder mögen die Erdnussbutter nicht so salzig)

Sie werden den Unterschied schmecken: Selbst gemachte Erdnussbutter ist weniger fettig, weniger süß und dafür viel geschmacksintensiver als die industriell hergestellte Variante.

In den vergangenen Jahren habe ich oft zusammen mit Kindern gekocht. Dabei ist mir immer wieder aufgefallen, dass viele keine Ahnung haben, wo das, was sie essen, herkommt und wie es zubereitet wurde. Klar kennen sie Erdnüsse. Und Erdnussbutter sowieso. Aber wie das eine aus dem anderen entsteht, davon haben sie nicht den blassesten Schimmer. Also nehmen Sie sich doch die paar Minuten Zeit, den Kids diese einfache — und köstliche — Lektion zu erteilen.

Den Backofen auf 160 °C vorheizen.

Die Erdnüsse auf einem Backblech verteilen und im Ofen rösten. Bereits geröstete Erdnüsse sind nach 15 Minuten so weit (zwischendurch müssen sie einmal durchgemischt und gewendet werden). Rohe Erdnüsse brauchen etwas länger (25–30 Minuten), um die gewünschte goldbraune Farbe zu erhalten. Durch das Rösten werden die in den Nüssen enthaltenen Fette erhitzt, was Geschmack und Konsistenz der Erdnussbutter verbessert. Außerdem bekommt das Ganze eine appetitlichere Farbe.

Die Nüsse etwa 5 Minuten abkühlen lassen und dann im Mixer zerhacken. Ich mag es, wenn in meiner Erdnussbutter noch größere Stückchen sind, aber das ist Geschmackssache. Pürieren Sie die Erdnüsse so fein, wie Sie mögen. Sind sie von der Konsistenz her eher krümelig, fügen Sie noch 4 EL warmes Wasser hinzu und lassen Sie den Mixer erneut kurz laufen, bis sich alles zu einer Masse verbindet. Das Ganze in eine Schüssel geben und mit dem Salz und etwas mehr warmem Wasser verrühren (etwa 2 EL), bis die Erdnussbutter die gewünschte cremige Konsistenz hat.

In ein kleines steriles Einmachglas füllen und mit dem Boden einmal kräftig auf die Arbeitsfläche klopfen, damit keine Luftblasen in der Masse bleiben. Gut verschlossen im Kühlschrank aufbewahren.

Es kann sein, dass sich die Erdnussbutter trennt, wenn sie etwas länger ruht. Das ist kein Problem, in diesem Fall einfach gut umrühren.

Nsomba Zokazinga Ndi Ginja Komanso Anyezi
Gebratener Fisch mit Ingwer und Knoblauch

Für 2 Personen. Vorbereitungszeit 30 Minuten, dann muss der Fisch 15 Minuten braten.

---

50 g Ingwerwurzel, grob gehackt

2 Vogelaugenchilischoten

5 Knoblauchzehen, grob gehackt

3 Frühlingszwiebeln, in Ringe geschnitten

½ TL edelsüßes Paprikapulver

5 EL Erdnussöl

2 EL Weißweinessig

2 Fische aus nachhaltigem Fang (z. B. Seekarpfen oder Buntbarsch, à etwa 700 g), geschuppt und ausgenommen

etwa 750 ml neutrales Öl (vorzugsweise Erdnussöl) zum Braten

1 Limette, in Spalten geschnitten, zum Servieren

Salz und Pfeffer

Würzsaucen sind in Malawi sehr beliebt, und der marktführende Hersteller hat verschiedene Geschmacksrichtungen im Sortiment. Mir hat die Ingwersauce am besten geschmeckt, die Knoblauchvariante fand ich aber auch köstlich, deshalb habe ich mir für dieses Gericht eine Kombination überlegt, die mich vom Geschmack her an beide Saucen erinnert.

Im Bereich des ostafrikanischen Grabensystems gibt es mehr Fischarten als auf irgendeiner Fläche vergleichbarer Größe. Auf den Märkten in Malawi kann man daher Fische in allen möglichen Formen kaufen: Winzig kleine Exemplare werden fermentiert und dann zu Pulver zermahlen, von den großen Brummern werden Steaks angeboten. Zu Hause verwende ich Seekarpfen für dieses Rezept, aber auch andere Fische in Portionsgröße sind geeignet, solange sie frisch und aus nachhaltigem Fang sind.

Neben *Nsima*, einer Art Maisbrei (den ich nicht besonders lecker finde, der aber sehr günstig und vor allem sättigend ist), ist Reis in Malawi die wichtigste Sättigungsbeilage. Eine besonders köstliche Reissorte hier ist Kilomberoreis, ein Langkornreis, dessen Körner relativ dick sind. Ich war so begeistert, dass ich von meiner Reise einen 3-Kilo-Sack mit nach Hause brachte, leider hatte ich eine verdorbene, madige Fuhre erwischt. Ich mag gar nicht daran denken, wie oft mir das in den vergangenen Jahren beim Mitbringen von Lebensmitteln von Reisen schon passiert ist. Nach dem ganzen Aufwand fühlt sich das immer besonders ungerecht an.

Ingwer, Chilischoten, Knoblauch, Frühlingszwiebeln, Paprikapulver und 1 TL Salz im Mixer zusammen mit Erdnussöl und Essig zu einer feinen Paste pürieren. Die Fische auf beiden Seiten jeweils fünfmal diagonal einschneiden. In jeden Einschnitt etwa ½ TL der Paste streichen und die restliche Paste in den Fisch füllen und auf der Fischhaut verstreichen.

Zum Braten der Fische eine ausreichend große Pfanne wählen. Das Öl etwa 1,5 cm hoch hineingeben und auf hoher Stufe auf dem Herd erhitzen. Die Fische in das heiße Öl legen (das muss ein zischendes Geräusch geben) und auf jeder Seite 5–6 Minuten goldbraun braten. Sofort mit Reis, Salat und Limettenspalten servieren.

Mpunga Wosakaniza Ndi Nsinjiro
Reis mit Hühnchen und Erdnüssen

Für 6 Personen. 20 Minuten hat man zu tun, dann muss der Reis noch 20 Minuten garen.

---

2 EL Erdnussöl, mildes Olivenöl oder Rapsöl

---

125 g Bauchspeck, in Streifen geschnitten

---

1 große Zwiebel (ich nehme der Farbe wegen eine rote Zwiebel), in Streifen geschnitten

---

2 Knoblauchzehen, grob gehackt

---

1 grüne Paprika, Stielansatz, Samen und Scheidewände entfernt, in Streifen geschnitten

---

½ grüne Chilischote, in feine Streifen geschnitten (weglassen, wenn auch Kinder mitessen)

---

300 g Hähnchenbrustfilet, in mittelgroße Stücke geschnitten

---

400 g Langkornreis (sollten sie zufällig einmal irgendwo Kilomberoreis aus Malawi sehen, greifen Sie zu, denn der ist besonders locker)

---

700 ml Geflügelfond

---

75 g gesalzene Erdnüsse, grob gehackt

---

2 Frühlingszwiebeln, in Ringe geschnitten

---

1 Handvoll Korianderblätter, grob gehackt

Salz

Ein sehr einfaches Gericht, was nicht unbedingt überrascht, da es aus einem der ärmsten Länder der Welt stammt. Umso überraschender daher der Geschmack — es ist richtig lecker.

Ja, es ist einfach. Und zwar einfach köstlich. Ich habe sowohl Kinder als auch Erwachsene damit glücklich gemacht.

Das Öl bei starker Hitze in einem großen Kochtopf erhitzen und den Speck darin knusprig braten. Die Zwiebeln hinzufügen und alles unter Rühren noch einige Minuten weiter anbraten. Dann Knoblauch, Paprika und die Chilischote dazugeben und alles durch Rühren in Bewegung halten.

Bei weiterhin starker Hitze nun auch das Hähnchenfleisch und den Reis in den Topf geben und unter ständigem Rühren einige Minuten anbraten. Keine Sorge, wenn der Boden des Topfes beginnt braun zu werden, es darf bloß nichts anbrennen.

Sobald das Fleisch von allen Seiten leicht braun ist und auch die anderen Zutaten rundherum angebraten sind, kann der Geflügelfond hinzugegeben werden. Alles mit etwas Salz würzen und bei geschlossenem Deckel aufkochen. 10 Minuten köcheln lassen. Dann den Herd abstellen und den Topf weitere 10 Minuten auf der Nachwärme ziehen lassen. Den Großteil der Erdnüsse, die Frühlingszwiebeln und die Hälfte des Korianders unterrühren und abschmecken.

Heiß oder warm servieren, zum Abschluss die restlichen Erdnüsse und gehackten Korianderblätter darüberstreuen.

Masamba Amawungu Omwe Anaphikidwa Ndi Rosemary
Rosemarys Kürbiscurry

Für 6 Personen. Die Vorbereitung braucht 20 Minuten. Das Curry muss dann noch mal genauso lange vor sich hin köcheln.

75 g gesalzene Erdnüsse

3 EL Erdnussöl

2 Zwiebeln, grob gewürfelt

500 g Kartoffeln, geschält und in etwa 5 cm große Stücke geschnitten

3 Knoblauchzehen, zerdrückt

3 Vogelaugenchilischoten, mit Samen fein gehackt, oder nach Belieben

2 TL Currypulver

1 Prise gemahlene Gewürznelken

1 TL gemahlene Kurkuma

1 gehäufter TL Mohnsamen + mehr zum Servieren

1 kg Kürbis, geschält, entkernt und in 6 × 8 cm große Stücke geschnitten

200 g grüne Bohnen, geputzt und halbiert

4 reife Tomaten, Samen entfernt und geviertelt

Salz

Rosemary war eine der wenigen Personen die ich im Erdnussanbaugebiet Lilongwe traf, die sich glücklich zählen konnten, in einem richtigen Häuschen zu wohnen. Die meisten Menschen dort leben unter einfachen Wellblechdächern. Das bedeutet, dass jedes Jahr in der Regenzeit all ihr Hab und Gut vollständig durchnässt und damit auch größtenteils ruiniert wird, was es noch schwerer macht, sich eine bessere Zukunft aufzubauen.

Neben Rosemarys einfacher Unterkunft stand eine kleine Hütte, in deren Mitte ein Feuer brannte. Das war ihre Küche. Ich sah dabei zu, wie sie dieses Curry kochte — mit einem beeindruckend langen Holzkochlöffel. Sie hatte so viel Energie und eine derartig gute Laune, wie ich es für jemanden mit einem so schweren Leben kaum für möglich gehalten hätte. Die Erdnussernte ist ein Knochenjob.

Es eignen sich eigentlich alle Kürbissorten für dieses Rezept. Die besonders stärkehaltigen (z. B. Spaghettikürbisse) sind am besten.

Die Erdnüsse im Mixer fein zerkleinern oder im Mörser zerstoßen. Das Öl in einen großen Topf mit schwerem Boden geben und die Zwiebeln darin bei mäßiger Hitze anbraten. Nach etwa 2 Minuten die Herdplatte ein oder zwei Stufen höher stellen und die Kartoffeln hinzufügen. Bei geschlossenem Deckel einige Minuten garen lassen, dabei ab und zu umrühren, bis die Kartoffeln beginnen weich zu werden.

Die Hitze wieder etwas reduzieren. Knoblauch und Chilischoten hinzufügen, einige Minuten später auch die zerkleinerten Erdnüsse, das Currypulver, die gemahlenen Gewürznelken, die Kurkuma, die Mohnsamen und eine Prise Salz.

Separat etwas Wasser aufkochen.

Das Kürbisfleisch zu den anderen Zutaten geben und einige Minuten anbraten. Dann so viel kochendes Wasser hinzufügen, dass das Gemüse gerade so bedeckt ist. Den Topf abdecken und alles aufkochen. Sobald es sprudelnd kocht, Bohnen und Tomaten hinzufügen. Ohne Deckel etwa 20 Minuten köcheln lassen, bis die Flüssigkeit so weit reduziert und eingedickt ist, wie es sich für ein Curry gehört.

Mit Reis servieren und Mohnsamen darüberstreuen.

Zitronentee-Eis am Stiel

Für 8 Stück. Die Zubereitungszeit beträgt 10 Minuten (allerdings muss 2 Nächte gewartet werden, bis alles fertig ist: eine zum Aromatisieren und eine zum Einfrieren).

15 g lose Teeblätter (zur Not Teebeutel aufreißen), vorzugsweise aus Fairtrade-Produktion

Saft von ½ frisch gepressten Zitrone

40 g Zucker

Formen für Eis am Stiel

Während sich auf meiner Reise durch Malawi im Landesinneren alles um Erdnüsse drehte, konzentrierten wir uns im Süden des Landes vor allem auf Tee. Unter anderem besuchten wir Satemwa, die erste Fairtrade-Teeplantage des Landes.

Die Teeverkostungen stellten sich als überraschend tanninlastig heraus. Und da man etwa 40 starke Schwarztees in einer Sitzung verkostet, braucht man eine Menge Durchhaltevermögen und einen starken Magen.

Ein solches Zitronentee-Eis habe ich in Malawi nicht gegessen. Als ich überlegte, was für ein Teerezept ich in dieses Buch übernehmen könnte, dachte ich, dass so ein Wassereis in der heißen afrikanischen Sonne bestimmt sehr gut getan hätte.

Die speziellen Formen für Eis am Stiel gibt es in der Küchenabteilung vieler Kaufhäuser, aber auch bei Internetanbietern.

Den Tee über Nacht in 600 ml kaltem Wasser ziehen lassen. Das aromatisierte Wasser am folgenden Tag durch ein Sieb in einen Messbecher gießen und mit Zitronensaft und Zucker verrühren, bis sich der Zucker vollständig aufgelöst hat. Abschmecken und gegebenenfalls etwas mehr Zitronensaft oder Zucker untermischen. Dabei daran denken, dass der aromatisierte Tee in gefrorenem Zustand weniger süß schmecken wird.

In die entsprechenden Formen gießen und in den Gefrierschrank stellen.

Nach etwa 1 Stunde nachschauen, ob das aromatisierte Wasser schon so weit gefroren ist, dass die Stiele stabil darin halten. Ist dies der Fall, die Stiele bis zur Hälfte in die Mitte der Formen stecken.

Zurück in den Gefrierschrank stellen, bis die Masse in den Formen vollständig durchgefroren ist.

Um das Eis zu lösen, die Formen für einen kurzen Augenblick in warmes Wasser tauchen.

Wenn ich mir selbst ein Land zum Erkunden zusammenstellen könnte, dann würde es Mexiko sehr ähnlich sein: Eine interessante Geschichte, intensive Farben, hervorragendes Essen, warmes Klima, wunderschöne Landschaften, lebhafte Fiestas – hier gibt es alles, was man sich wünschen kann. Auf zwei Reisen in Mexiko bin ich jeweils über 3200 km innerhalb von 14 Tagen gefahren – größtenteils aus dem Bedürfnis, so viel wie möglich zu sehen, aber auch geschuldet der Tatsache, dass ich mir das Größenverhältnis der Karte vorher nicht genau angesehen hatte. Die ganze Fahrerei hat auf jeden Fall eines bewirkt: Ich bin mir sicher, dass dieser Fleck unseres Planeten einzigartig ist, und ich kann es gar nicht erwarten, mehr davon zu sehen.

Die Ruinen von Palenque, Tulum, Uxmal und nicht zuletzt Chichén Itzá haben es mir besonders angetan. Sie sind nicht nur in architektonischer Hinsicht außerordentlich (man bedenke, dass die Arbeiter damals weder Metallwerkzeug noch das Rad kannten), sondern für Bauwerke, die zwischen 1000 und 1500 Jahre alt sind, erstaunlich gut erhalten. Die wunderschönen, geometrischen Steinmetzarbeiten sind sehr beeindruckend und darüber hinaus auch noch amüsant.

Wenn man einen Tempel zu Ehren der Sonne erbaut, dann ist es sinnvoll, dem verehrten Objekt so nahe wie möglich zu kommen. Diese Bauwerke sind wirklich extrem hoch und die Stufen zur Spitze extrem schmal – man kann gerade so mit den Zehen darauf balancieren. Viele dieser archäologischen Fundstätten liegen tief im Dschungel und man hat das Gefühl, jeden Moment könnte einem Indiana Jones über den Weg laufen. Komischerweise ist hier trotz des Weltruhms der Tempel nie wirklich viel los, und so kann man sich vorstellen (besonders wenn man früh am Morgen ein wenig abseits der Touristenwege wandert), man selbst wäre der Entdecker. Und wenn man dann liest, dass in der Erde an jeder Ecke des Tempels Knochen geopferter Kinder gefunden wurden, während man auf einem flachen Altar auf der Spitze des Tempels sitzt, auf dem die schlagenden Herzen aus den Körpern weiterer Menschenopfer gerissen wurden, dann fühlt man sich wieder an Dr. Jones erinnert. Auf schreckliche Weise faszinierend.

Auch die Spanier haben ihre Spuren hinterlassen. Die Kirchen im schwülstigen Barockstil gehören ebenso ins regionale Bild wie die Bauten der Mayas, und einige der alten Haziendas – die früher nur als Unterkünfte für Sklaven dienten – erleben zurzeit eine Renaissance als stimmungsvolle Hotels. Der einzige Ort, an dem ich Mexikaner traf, die den in Stein gehauenen Figuren auf den Mayatempeln ähnlich sehen, war in den Bergen in der Nähe der Stadt San Cristóbal de las Casas: gekleidet in bunten Wollstoffen, mit dieser charakteristischen Hakennase und noch kleiner und dunkler als die durchschnittlichen Mexikaner. Irgendwie traurig, dass dieser kleine Landstrich in den Bergen der einzige Platz ist, der ihnen geblieben ist. Aber der legendäre Subcomandante Marcos, ständig maskierter und Zigarre rauchender Revolutionär und Chef der Freiheitskämpfer der Zapatisten (der sich auch irgendwo in diesen Bergen versteckt hält), hat sich ihrer Sache ja schon angenommen.

Und dann sind da natürlich die Lebensmittel: Märkte haben einen viel höheren Stellenwert als ich das aus Europa kenne, und in jeder Stadt gibt es Markttage, an denen es lebhaft und laut zugeht. In diesem Land ist der Einkauf von Lebensmitteln eine Freude und gibt Anlass zur Geselligkeit – ganz anders als ein Besuch des Supermarkts bei uns. Alle Speisen sind äußerst geschmacksintensiv, und es wird großen Wert auf die einzelnen Zutaten gelegt. Die Heilige Dreifaltigkeit von Chilischoten, Limone und Salz (üblicherweise unterstützt von einer Handvoll Koriander) führt zu einem herrlich frischen Geschmack. Und die sanft geschmorte *Mole Poblano* (eine würzige Schokoladensauce, die zu Pute oder Huhn gegessen wird – ein traditionelles Festgericht) schmeckt zugleich zart und komplex. Dies ist eine meiner liebsten Küchen, die man am besten zusammen mit einem eiskalten Corona-Bier in der Sonne genießt.

All das vor dem Hintergrund der wunderschönen Kulisse – die Strände werden ja oft genug bewundert und gelobt, das kann ich mir hier sparen. Meine besondere Empfehlung, sollten Sie jemals im Süden Mexikos sein, ist der Kaktuspark, der auf dem Weg von Puebla nach Oaxaca liegt: Er scheint so unwirklich, dass man denkt, man wäre in der Kulisse eines mexikanischen Spaghetti-Western gelandet.

Kurzporträt

Geografisches: Im Norden über dem Rio Grande grenzt Mexiko an die USA, im Süden an Guatemala und Belize. Die Sierra Madre und die Rocky Mountains verlaufen südlich der Grenze mit den USA. Im Norden Mexikos herrscht trockenes, wüstenähnliches Klima, im bergigen Süden gibt es viele Urwälder. Mexiko ist eines der Länder mit der größten biologischen Vielfalt.

Einwohnerzahl: 112 Millionen

Religion: Fast nur Katholiken, 6 % Protestanten

Bevölkerung 60 % Mestizen (Amerindier und Spanier), 30 % Amerindier, 9 % Weiße, 1 % andere

Lebenserwartung: Männer 73, Frauen 77,5 Jahre

Einflüsse: Der Spanier Hernán Cortés landete 1519 mit nur 550 Mann Besatzung in Mexiko und hatte das Land innerhalb von drei Jahren unterworfen und für die spanische Krone beansprucht. Die spanische Herrschaft dauerte bis zur Unabhängigkeit 1821, und selbst dann kontrollierten die in Mexiko geborenen Nachfahren der Spanier das Land.

Kulinarische Highlights: Überdurchschnittliche Qualität in allen Bereichen. Zusatzpunkte gibt es für die Fähigkeit, beinahe alles in eine Taco wickeln zu können. Viel frisches Obst und Gemüse sowie Kräuter.

Nahrungsmittelexporte: Bier, Tomaten, Spirituosen (Tequila und Mezcal), Chilis und Paprikas, Weizen, Avocados

Die fünf beliebtesten Zutaten: Mais, Chilischoten, Limetten, Hülsenfrüchte, Koriander (und Salz)

Bekanntestes Gericht: Einige sagen, es wäre *Chili con carne*, aber für mich ist es die *Mole*.

Getrunken wird: Tequila oder Mezcal (werden aus derselben Pflanze gewonnen, der Unterschied liegt in der Region der Herstellung), zum Runterspülen manchmal Sangrita (ein auf würzigem Tomatensaft basierender Shot). Viel leichtes Bier mit Limettenspalte, z. B. Corona. Starker Kaffee. Viele köstliche Säfte. Die obligatorischen Margaritas.

Das Beste, was ich dort gegessen habe: Die beste Guacamole meines Lebens, mit knackig gebratenen kleinen Grashüpfern (*chapulines*) darauf – eine leicht schockierende Erinnerung daran, wie eine reife Avocado zu schmecken hat, die nicht erst um die halbe Welt reisen musste. Außerdem ist es ein unglaublicher Genuss, frisch zubereitete, warme Maistortillas zu essen – ein himmelweiter Unterschied zu dem, was uns hier üblicherweise aufgetischt wird.

Mein eindrucksvollstes Erlebnis: Den ersten Anblick eines Mayatempels wird man niemals vergessen. Der erste, den ich gesehen habe, war Uxmal, der unglaublich weitläufig und um den herum es überraschend ruhig ist.

Auf keinen Fall fragen nach …: einem Wettrennen zur Spitze.

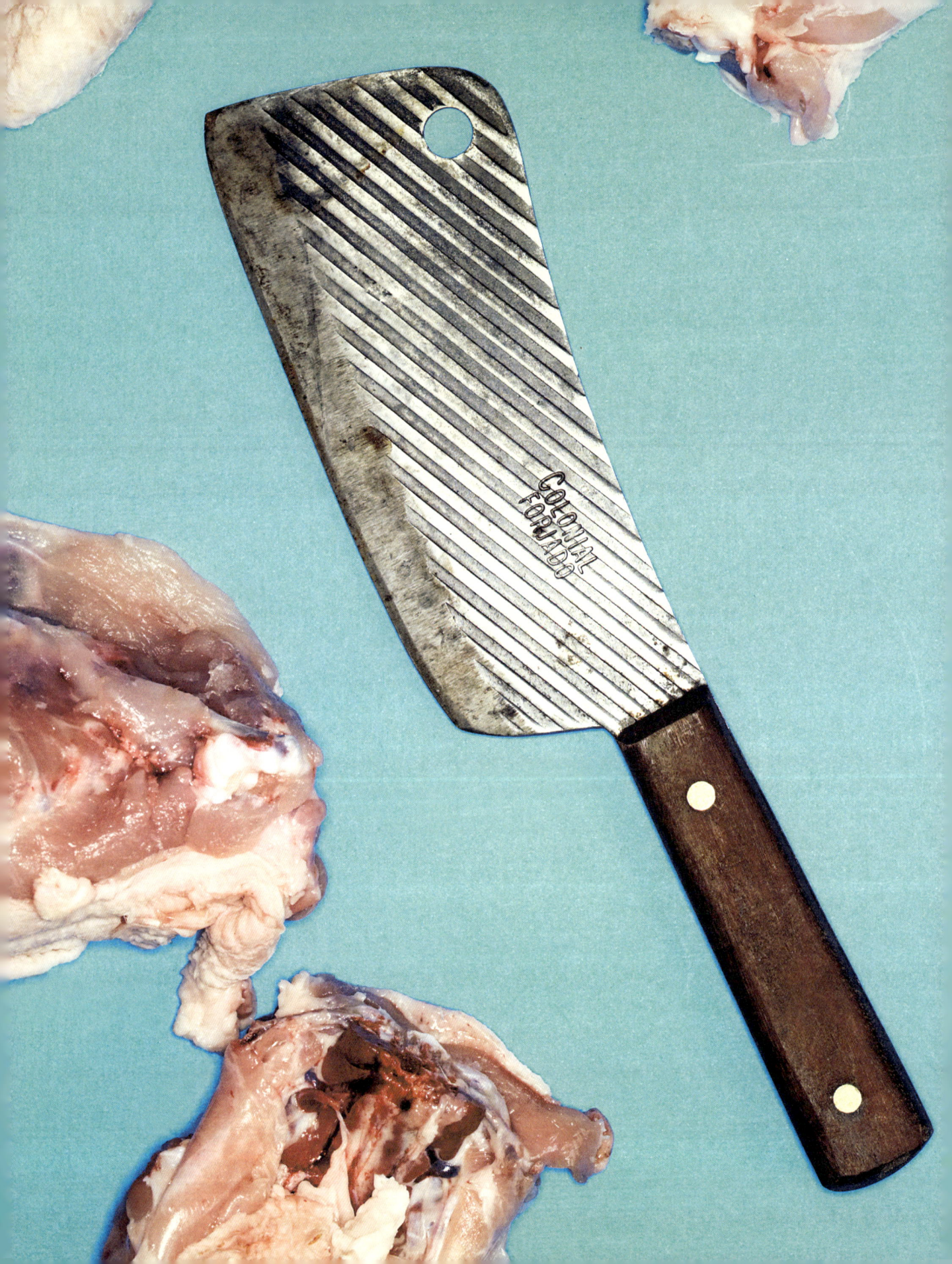

OAXACA CHOPPER

Der Markt von Oaxaca ist legendär und hat Weltklasse. Er ist so riesig, dass man sich wortwörtlich darin verlieren kann. Aber das ist in Ordnung, da es überall kleine Cafés gibt, in denen man sich ausruhen und gleichzeitig die regionalen Spezialitäten kosten kann. Wer gerne kocht und Lebensmittel liebt, wird beeindruckt durch die Gassen dieses Marktes schlendern. Hier gibt es viel zu entdecken: Obst und Gemüse, Töpfe und Pfannen, lebendige und geschlachtete Hähnchen sowie mehr Arten von getrockneten Hülsenfrüchten, Chilischoten und Mais, als man sich hätte vorstellen können.

Außerdem gibt es nahezu alles von nahezu allen Tieren, Zuckriges zum Día de los Muertos (dem Tag der Toten — einem der wichtigsten mexikanischen Festtage), Hefegebäck und andere Köstlichkeiten. Und natürlich auch eine Menge Kitsch (der mich sehr an den Markt vor meiner Haustür in Sheperd's Bush erinnert hat: »Mode« im Stil der 1970er, Taschenuhren zweifelhafter Herkunft und riesige BHs, ein Abschnitt des Marktes ist sogar der Tupperware gewidmet.

Und irgendwo in all dem Krimskrams wartete »mein« Messer auf mich. Allerdings musste ich erst eine riesige Pfanne für Tacos kaufen (die so aussieht, als hätte man den oberen Teil eines Ölfasses abgesägt und mit dem Hammer zu einer Kuppel geformt), um die Dame an dem Verkaufs-stand für Küchenartikel davon zu überzeugen, mich zu den Messern zu führen — ich hätte mich in diesem Labyrinth garantiert verlaufen. Nach-dem wir also an dem Stand einer Freundin besag-ter Dame vorbeigegangen waren (an dem ich ein paar kitschige Plastiktabletts kaufen musste, die mir inzwischen sehr ans Herz gewachsen sind), kamen wir endlich zum Messerhändler.

Das Allerbeste am Einkauf dieses Messers war, dass der Händler — sobald ich mich für das Modell entschieden hatte — einen Freund herbei-holte, der auf einem von einem Fahrrad angetrie-benen Schleifstein mein Messer schärfte, wäh-rend er mit breitem Lächeln wie verrückt in die Pedale trat, wobei die Funken nur so sprühten.

Was mir an dem Chopper sehr gut gefällt, ist seine Größe. Es sieht nicht so einschüchternd aus und liegt mir besser in der Hand als mein chinesisches Chopmesser. Es kommt in mei-ner Küche beinahe täglich zum Einsatz, denn Fischsteaks, Hühnerknochen, Schweinerippen und Lammkarrees lassen sich gleichsam gut damit schneiden. Für größere Stücke vom Rind oder größere Fleischknochen ist mein Oaxaca Chopper allerdings nicht so gut geeignet.

Keine Ahnung, warum die Klinge gestreift ist. Der Qualität tut es keinen Abbruch — im Gegenteil!

Rezepte aus Mexico

Jugo Verde
Grüner Wundersaft

Chilaquiles
Mexikanisches Frühstück

Salsa Picante Roja
Rauchige Tomaten-Chili-Salsa

Tequila Ceviche
In Tequila, Limettensaft und
Chilischote marinierter Fisch

Flores de Calabaza
Sautierte Zucchiniblüten

Hähnchen-Tostadas

Poc Chuc
Schweinefleisch mit Pomeranze

Jugo Verde
Grüner Wundersaft

Füllt ein paar Gläser in wenigen Minuten.

3 Äpfel

3 Stangen Sellerie, möglichst mit den Blättern

1 Handvoll Blattspinat

einige Zweige Minze

1 Handvoll Petersilie

Für unseren Aufenthalt in Oaxaca hatten wir uns in einer Hazienda am Stadtrand eingemietet, da wir glaubten, hier würden wir uns vom Trubel der hektischen Innenstadt erholen können. Wir hatten uns geirrt, denn in dem besagten Viertel feierte man gerade den Geburtstag des lokalen Schutzheiligen. Und zwar während der gesamten Zeit unseres viertägigen Aufenthalts. Jeden Abend wurden wir in die ausufernden Feiern miteinbezogen – Mezcal bis zum Umfallen inklusive.

Mein Spanisch ist miserabel, keiner dort sprach Englisch, wir waren die einzigen Gringos weit und breit – und trotzdem wurden wir mit offenen Armen empfangen und Teil der feiernden Gemeinschaft: Wir tanzten zu den Klängen der 15 Mann zählenden Blaskapelle, speisten kostenlos an den langen Gemeinschaftstafeln und ließen uns dazu hinreißen, mehr Mezcal zu trinken, als ich jemals vermutet hätte, dass ich dazu in der Lage wäre. Am Ende der letzten Nacht fand man mich neben der sechs Meter großen Pappmachéfigur von St.-Wer-auch-immer-der-Vorstädte. Keiner von uns wirkte besonders frisch und ich klammerte mich an die Figur wie an einen guten, alten Freund, den ich bald verlassen muss. Ich habe Mexiko schon immer geliebt, aber diese wenigen Nächte dort haben dazu geführt, dass ich die Menschen noch mehr ins Herz geschlossen habe.

Dieser Saft wurde uns zum Frühstück gereicht. Ohne ihn wären wir vermutlich nicht in der Lage gewesen, uns aufzuraffen, irgendetwas zu unternehmen. Das strahlend grüne Getränk versorgte unsere Körper auf wundersame Weise mit Energie.

Einfach alles zusammen durch die Saftpresse jagen.

Von oben: Chilaquiles, Grüner Wundersaft, Salsa Picante Roja.

Chilaquiles
Mexikanisches Frühstück

Frühstück für 2 Erwachsene oder Abendessen für 3 bis 4 Kids. Fix und fertig in 15 Minuten (wenn Sie die Salsa fertig gekauft oder bereits zubereitet haben).

3 große Handvoll Tortillachips, vorzugsweise ohne weitere Geschmackszusätze

1 Menge Salsa Picante Roja (siehe rechte Seite), wer verkatert ist, kann selbstverständlich auch gekaufte Salsa verwenden (aber Sie wissen: Es ist einfach nicht das Gleiche)

200 g Ricotta oder Queso Fresco (mexikanischer oder spanischer Frischkäse aus Kuh-, Ziegen- oder Schafsmilch)

2 Eier

1 TL Butter

1 Handvoll Koriandergrün, gehackt

Meersalz

bestes Olivenöl zum Beträufeln

Als Frühstück sind die verschiedensten Varianten dieses allgegenwärtigen Gerichts auf mexikanischen Speisekarten vertreten. Das folgende Rezept ist die etwas vereinfachte Version dessen, was ich auf einem Rastplatz aß, als ich eine Pause auf einer sehr langen Strecke von irgendwo zu irgendeinem anderen, weit entfernten Ort einlegte. Ich bin eine ziemlich tatendurstige, nicht sehr entspannte Urlauberin und diese extrem langen Fahrten haben mir einen guten Überblick über das Land und gleichzeitig einen Einblick in die Ernährungsgewohnheiten der hiesigen Arbeiterklasse ermöglicht.

Neben kuscheligen Intimitäten und einem ausgiebigen Bad ist dies eine der besten Arten, den Tag zu beginnen — wenn auch nicht jeden Tag. Auch zum Brunch eignet sich dieses Gericht hervorragend: Es ist superschnell zubereitet — verkatert oder nicht. Und mit einer weniger scharfen Sauce kommt es auch bei Kindern gut an.

Den Backofen auf 180 °C vorheizen.

Etwa ein Drittel der Tortillachips auf den Boden einer kleinen Auflaufform (ich verwende eine 6 cm tiefe, runde Form mit etwa 20 cm Durchmesser) legen. Darauf etwa ein Drittel der Salsa verteilen, gefolgt von einem Drittel des Ricottas. Zweimal wiederholen. Wenn die einzelnen Lagen nicht hundertprozentig gleichmäßig sind, ist das kein Problem. Die Auflaufform nun mit einem Deckel oder Alufolie abdecken und im Ofen etwa 10 Minuten backen.

Kurz vor dem Ende der Garzeit die beiden Eier mit etwas Butter in einer Pfanne braten, dann den Deckel oder die Folie von der Auflaufform nehmen und die Eier nebeneinander auf die Ricottaschicht legen. Die gehackten Korianderblätter und etwas Meersalz darüberstreuen und abschließend etwas Olivenöl über das Ganze träufeln.

Salsa Picante Roja
Rauchige Tomaten-Chili-Salsa

Füllt eine mittelgroße Schüssel in weniger als 30 Minuten.

---

1 rote Paprikaschote

---

3 rote Chilischoten oder 1 Schote der Sorte Habanero

---

500 g reife Strauchtomaten

---

1 Frühlingszwiebel, in feine Ringe geschnitten

---

1 große Handvoll Koriandergrün, fein gehackt

½–1 Knoblauchzehe, fein gehackt

Saft von 1–2 frisch gepressten Limetten

Salz und Pfeffer

Tortillachips (die mit etwas Paprikapulver sind nicht schlecht), zum Servieren

---

Es lohnt sich, die doppelte Menge vorzubereiten und die Hälfte einzufrieren, beispielsweise für die Zubereitung von Chilaquiles (siehe vorherige Seite), das Sie mindestens einmal in ihrem Leben gegessen haben sollten. Ansonsten ist die Verwendung dieser Salsa ziemlich offensichtlich: In Mexiko kann man sich eigentlich nirgendwo hinsetzen, ohne dass einem eine Schüssel frisch gebratener Tortillachips und dazu 1–2 Salsas vor die Nase gestellt werden.

Der Schärfegrad von Salsas variiert zwischen sehr mild und hochgradig pikant. Ich persönlich mag es so richtig scharf, und genau so ist dieses Rezept – extrem feurig.

Paprika-, Chilischoten und Tomaten (alle im Ganzen) ohne Fett bei starker Hitze anbraten. Das kann auf dem Grill oder in einer Grillpfanne geschehen. Dabei immer wieder wenden, bis die Haut fast vollständig schwarz ist und sich Blasen bilden. (Alternativ alles halbieren und unter dem Grill des Ofens garen.) Das geschwärzte Gemüse in eine Schüssel geben, mit Frischhaltefolie abdecken und stehenlassen, bis das Gemüse soweit abgekühlt ist, dass man es ohne Probleme in die Hand nehmen kann (das geht schneller, wenn man die Schüssel an die frische Luft stellt).

Dann die Haut von Paprika-, Chilischoten und Tomaten grob abpellen, dabei ein wenig von der angebrannten Schale am Gemüse lassen. Die Samen und gegebenenfalls den Stielansatz sowie die Scheidewände von Paprikaschoten und Tomaten entfernen (die Samen der Chilischoten nicht entfernen). Alles in eine Schüssel geben, überschüssige Flüssigkeit herausdrücken und dann im Standmixer oder mit dem Pürierstab grob zerkleinern — die Salsa sollte recht stückig sein.

Frühlingszwiebeln, Koriander, Knoblauch und Limettensaft per Hand unterrühren. Mit Salz und Pfeffer abschmecken und in eine schöne, farbenfrohe Servierschüssel füllen.

Als Dip zu Tortillachips reichen.

Tequila Ceviche
In Tequila, Limettensaft und Chilischote marinierter Fisch

Für 6 Personen. Ist in 10 Minuten zubereitet und muss dann noch 20 Minuten im Kühlschrank ziehen.

---

300 g weißer Fisch (geeignet sind z.B. Barsch oder Kabeljau, flache Fische wie Seezunge sollten hier vermieden werden), geschuppt und entgrätet

---

1 Schnapsglas Tequila

Saft von 2 frisch gepressten Limetten

---

2 Chilischoten (vorzugsweise 1 rote und 1 grüne, mit Samen) in feine Ringe geschnitten

---

1 kleine Handvoll Korianderblätter, fein gehackt

Fleur de Sel

Zur Heiligen Dreifaltigkeit Mexikos — Salz, Limetten und Chilischoten — muss man nur noch den Tequila hinzufügen und schon hat man eine Party.

Dieses Gericht ist verblüffend einfach zuzubereiten und schlichtweg köstlich. Das einzige, was man falsch machen kann, wäre, Fisch zu verwenden, der nicht absolut fangfrisch ist. Keine Montagsspeise, also. Und nichts für den Winter, denn die Zutat, die das Ganze abrundet, ist Sonnenschein.

Den Fisch in so dünne Scheiben schneiden wie möglich und diese nebeneinander auf eine Servierplatte oder individuelle Teller legen, dabei sollten sich die einzelnen Scheiben gerade so berühren. Den Tequila und den Saft 1 Limette darübergießen, mit Frischhaltefolie abdecken und im Kühlschrank 20 Minuten ziehen lassen.

Kurz vor dem Servieren den Saft der zweiten Limette über den Fisch träufeln und die in feine Ringe geschnittenen Chilischoten, das gehackte Koriandergrün und etwas Fleur de Sel darüberstreuen.

Dazu passen kaltes Bier, ein leichter, trockener Weißwein oder mehr Tequila.

Flores de Calabaza
Sautierte Zucchiniblüten

Als Vorspeise für 4 oder als vegetarischer Hauptgang für 2 Personen. Die Zubereitungszeit beträgt etwa 45 Minuten (das liegt aber vor allem an der Kochzeit der grobkörnigen Polenta, die ich gerne benutze).

300 ml Milch

250 ml Wasser

1 Knoblauchzehe, sehr fein gehackt

1 Chilischote (frisch oder getrocknet)

100 g Polenta

1 EL Butter

100 g Ricotta oder ein anderer halbfester, bröckeliger Käse

40 g Parmesan, fein gerieben

6–8 Zucchiniblüten (je nach Größe) mitsamt den kleinen Zucchini

2 EL bestes Olivenöl

2 Frühlingszwiebeln, in 5 cm große Ringe geschnitten

einige Blättchen Oregano und/oder Thymian (wenn Sie gerade welche dahaben)

100 ml Schlagsahne

1 Handvoll Korianderblätter, grob gehackt

1 Limette, in Spalten geschnitten

etwas Parmesan zum Servieren, nach Belieben

Salz und Pfeffer

Die wohl bekannteste Art der Zubereitung von Zucchiniblüten ist die gefüllte und frittierte Variante. Dieses Rezept spiegelt die mexikanische Einstellung zum Kochen wider: unkompliziert und entspannt.

Die Wahl der Polenta bestimmt den Geschmack dieser Speise. Instantpolenta ist in Ordnung, das Ergebnis tendenziell aber etwas pappig. Entscheidet man sich für einen gröberen Maisgrieß (der in Italien *Polenta bramata* genannt wird), bedeutet das zwar eine längere Kochzeit von etwa 30 Minuten, dafür wird man mit einem intensiveren Geschmack belohnt.

Milch, Wasser, Knoblauch und die ganze Chilischote in einen Topf geben, mit Salz und Pfeffer würzen und bei mittlerer Hitze aufkochen. Sobald die Flüssigkeit zu dampfen beginnt und erste Blasen wirft, den Maisgrieß nach und nach unter ständigem Rühren zugeben. Bei schwacher Hitze nach Packungsanweisung garen, dabei gelegentlich umrühren. Scheint die Polenta zu fest, noch ein halbes Glas heißes Wasser unterrühren – sie sollte die Konsistenz des perfekten Grießbreis haben. Sobald die Polenta gar ist, Butter, Ricotta und Parmesan untermischen (dabei ein wenig Parmesan für später aufbewahren). Im geschlossenen Topf ziehen lassen.

Die Zucchiniblüten von den Zucchini schneiden, halbieren und beiseitelegen. Das Öl bei schwacher Hitze in einer Pfanne erwärmen, die Zucchini längs halbieren und zusammen mit den Frühlingszwiebeln sowie Oregano und Thymian in die Pfanne geben. Bei schwacher Hitze einige Minuten sanft anbraten, dabei gelegentlich umrühren. Dann die Schlagsahne hinzufügen und die Temperatur erhöhen, sodass die Sahne lebhaft köchelt. Wenn die Sauce dicklich eingekocht ist, die Zucchiniblüten hinzufügen, den Herd abstellen, die Pfanne abdecken und alles ein paar Minuten durchziehen lassen.

Einen Blick auf die Polenta werfen: Ist sie inzwischen zu fest oder hat sich eine Haut gebildet, ein halbes Glas heißes Wasser unterrühren. Den Deckel von der Pfanne mit den Zucchini nehmen, den Koriander unterrühren und mit einem Schuss Limettensaft abschmecken. Die Polenta auf vorgewärmte flache Schalen verteilen und die Sauce, Zucchiniblüten und die Zucchini daraufgeben. Abschließend etwas Parmesan darüberreiben und mit einer Limettenspalte servieren.

Hähnchen-Tostadas

Für 8 vollbeladene Tostadas, fertig in etwa 1 Stunde.

1 Zwiebel, gehackt

7 Knoblauchzehen, fein gehackt

1 TL gemahlener Kreuzkümmel

1 TL Chiliflocken

1 getrocknete Chilischote

bestes Olivenöl

3 Hähnchenbrustfilets, in etwa 3 cm große Würfel geschnitten

1 Dose Tomaten (etwa 400 g)

½ TL Koriandersamen

800 g schwarze Bohnen

Tabasco

Salz

Für die Salsa

3 große reife Tomaten

1 Handvoll Korianderblätter, gehackt

Saft von 1–2 frisch gepressten Limetten

1 Chilischote, fein gehackt

1 kleine rote Zwiebel, gewürfelt

etwas grüner Salat, z. B. Eisbergsalat, gehackt (nach Belieben)

Zum Servieren

8 kleine Maistortillas, Ø etwa 12 cm

Saft von 1 frisch gepressten Limette

neutrales Pflanzenöl zum Braten

Keiner macht bessere Partysnacks als die für ihre Fiestas bekannten Mexikaner – Tortillas und ihre verschiedenen Spielarten (Tostadas, Quesadillas) gehören zum Leckersten, das ich dort auf der Straße gegessen habe.

Es gibt wohl kaum eine Stadt in Mexiko, in der man nicht nach wenigen Metern auf eine Tortillamaschine trifft, eine komplizierte Vorrichtung aus Knethaken, Laufbändern und einem Ausstecher für die runden Fladen. Es geht nichts über eine frische Maistortilla, ersatzweise kann man sie aber in gut sortierten Supermärkten kaufen.

Zwiebel mit 3 Knoblauchzehen, Kreuzkümmel, Chiliflocken und der ganzen Chilischote in 3 EL Öl bei starker Hitze anbraten und salzen. Sobald die Zwiebeln weich geworden sind, das Hähnchenfleisch zufügen und rundherum anbraten. Dann die Dosentomaten zusammen mit einem Schuss Öl hinzufügen, aufkochen, die Pfanne abdecken und die Hitze reduzieren.

Für die Bohnen 3 EL Öl in einer Pfanne mit schwerem Boden erhitzen und den restlichen Knoblauch darin bei mittlerer Hitze goldbraun anbraten. Die Koriandersamen hinzufügen und 1–2 Minuten unter ständigem Rühren weiterbraten. Dann die Bohnen zusammen mit der Flüssigkeit aus der Dose in die Pfanne geben, mit Tabasco und einer großzügigen Prise Salz würzen und etwa 10 Minuten leicht köcheln lassen, bis die Flüssigkeit merklich eingedickt ist. Per Hand stampfen oder im Mixer pürieren.

Für die Salsa die Tomaten halbieren und die Samen zum Hähnchenfleisch geben. Das Fruchtfleisch fein würfeln und in einer Schüssel mit Koriander, Limettensaft, Chilischote, Zwiebel und einer ordentlichen Prise Salz vermischen.

Nach etwa 1 Stunde sollte das Hähnchenfleisch sehr zart sein. Den Deckel von der Pfanne nehmen und die Fleischstückchen mithilfe eines Holzlöffels auseinanderdrücken. Weitere 5 Minuten köcheln lassen, damit die Flüssigkeit verdampft und eine sämige Sauce entsteht.

In einer großen Pfanne das Pflanzenöl erhitzen und jeweils 3 Tortillas auf einmal darin von beiden Seiten goldbraun anbraten (jeweils etwa 30 Sekunden). Kurz auf Küchenpapier abtropfen lassen und nebeneinander auf eine vorgewärmte Servierplatte legen. Die Bohnenpaste darauf verteilen, jeweils einen Klecks der Sauce mit dem Hähnchenfleisch dazugeben, gefolgt von etwas Blattsalat (nach Belieben) und einer Portion Salsa. Zuletzt etwas Limettensaft darüber träufeln. Der. Beste. Party. Snack. Überhaupt.

Poc Chuc
Schweinefleisch mit Pomeranze

Für 6 Personen. Etwa 1 Stunde Zubereitungszeit (ohne Marinieren und Pökeln über Nacht).

---

700 g Schweinelende

bestes Olivenöl

Für die Salzlake

75 g Salz

75 g Zucker

4 Pimentbeeren

½ TL schwarze Pfefferkörner

Für die Marinade

Saft und Schale von 6 Bio-Pomeranzen (Sevilla-Orangen), ersatzweise Saft und Schale von 4 Bio-Limetten sowie von 2 Bio-Orangen

½ TL getrockneter Oregano

3 Knoblauchzehen, zerdrückt

½ TL frisch gemahlener Pfeffer

Für die Zwiebelsalsa

1 kleine rote Zwiebel, in dünne Ringe geschnitten

1 Chilischote, in dünne Ringe geschnitten

1 Handvoll Korianderblätter, gehackt

Saft von 1–2 frisch gepressten Limetten

1 großzügige Prise Salz

Dieses alte Rezept lebt von zwei unterschiedlichen Geschmacksrichtungen, den Auswirkungen, die diese auf das Fleisch haben, und davon, wie sie sich ergänzen: Salz und Pomeranzen (Bitterorangen). Früher wurde Fleisch mit Salz eingerieben oder in Salzlake eingelegt, damit es sich länger hielt. Durch das Pökeln schmeckte es manchmal aber zu salzig. Und da kamen in Mexico dann die Bitterorangen zum Einsatz, die das Rückgrat dieser Marinade bilden: Ihr Saft hat nicht nur einen fantastisch frischen Geschmack, die Säure gleicht auch den Salzgeschmack aus. Pomeranzen haben zu Jahresbeginn Saison. Ansonsten kommen Sie dem Geschmack des Originals mit einer Mischung aus Limetten und Orangen recht nah.

Da wir heute Kühlschränke haben, ist es nicht zwingend notwendig, das Fleisch für dieses Rezept zu pökeln. Allerdings wird es dadurch besonders zart. Poc Chuc wird gegrillt (wörtlich übersetzt heißt es gegrilltes Schweinefleisch) und da Schweinelende sehr mager ist, trägt das Einlegen in Salzlake dazu bei, dass das Fleisch schön saftig bleibt.

Für alle Grillfans ist Poc Chuc eine schöne Abwechslung zu Würsten. In den Monaten, in denen man drinnen kochen muss, tut es eine Grillpfanne oder der Ofengrill. Wichtig ist, das Fleisch etwas zu schwärzen.

Das Pökeln am Vortag des Grillens starten. Dafür Salz und Zucker in 2 Litern kaltem Wasser auflösen (durch Rühren oder leichtes Erwärmen des Wassers) und die Salzlake dann in einen Behälter füllen, in dem das Fleisch vollständig von der Flüssigkeit bedeckt ist. Die Pimentbeeren und die Pfefferkörner mit der flachen Seite einer Messerklinge zerdrücken (oder im Mörser grob zerstoßen) und zusammen mit dem Fleisch in die kalte Salzlake geben. Über Nacht im Kühlschrank ziehen lassen.

Am folgenden Tag das Fleisch aus der Salzlake nehmen, abspülen, trocken tupfen und in 6 gleichgroße Scheiben schneiden. Jeweils 2 Scheiben zwischen zwei Lagen Frischhaltefolie oder Backpapier legen und mit einem flachen, schweren Gegenstand (z. B. einem Topf) flach klopfen, bis die Stücke viel größer und deutlich flacher (etwa 1 cm) sind.

Die Zutaten für die Marinade verrühren. Die Fleischstücke auf einem Backblech auslegen und die Marinade darübergießen, dabei darauf achten, dass jedes Stück Fleisch vollständig mit der Marinade bedeckt ist. Bei Raumtemperatur abgedeckt 1–2 Stunden ziehen lassen (oder über Nacht in den Kühlschrank stellen).

Für den gelben Reis

3 TL Öl

1 große Zwiebel, gehackt

3 Knoblauchzehen, gehackt

450 g Langkornreis

eine Messerspitze Cayennepfeffer

1/2 TL gemahlene Kurkuma

1,2 Liter Geflügelfond

125 g tiefgefrorene Erbsen

3 Tomaten, Samen entfernt und gehackt

1 großzügige Prise Salz

Etwa 45 Minuten vor dem Essen den Reis zubereiten. Dafür in einer großen Pfanne Öl erhitzen und Zwiebeln und Knoblauch anbraten, bis sie glasig sind. Dann Reis, Cayennepfeffer, Kurkuma und ein wenig Salz dazugeben. Etwa 30 Sekunden unter Rühren scharf anbraten, sodass der Reis rundherum mit Öl bedeck ist. Den Geflügelfond hinzugießen und abgedeckt 15–20 Minuten köcheln lassen.

Für die Salsa die Zwiebel 5–10 Minuten in kaltem Wasser einweichen. Chilischote und Koriander mit etwas Limettensaft und Salz vermischen, die Zwiebel aus dem Wasser nehmen, ausdrücken und unterrühren.

Wenn der Reis gar ist, vom Herd nehmen und Erbsen und Tomaten unterrühren. Abgedeckt ziehen lassen, während das Fleisch gegrillt wird.

Den Grill anfeuern, die Grillpfanne bei starker Hitze auf den Herd stellen oder den Ofengrill vorheizen. Das Fleisch aus der Marinade nehmen, trockentupfen und ein wenig Öl daraufträufeln (und leicht salzen, wenn es nicht gepökelt wurde). Von beiden Seiten je 2 Minuten auf dem sehr heißen Grill/in der sehr heißen Grillpfanne/unter dem sehr heißen Ofengrill anbraten (nicht länger) und dann einige Minuten ziehen lassen. Mit dem Reis und der Salsa servieren. Ein paar Tortillas dazu können auch nicht schaden.

Norwegen Polarkreis

Geografisches: Über zwei Drittel der Landesfläche sind Berge. Mehr als 50 000 Inseln liegen vor der rauen, felsigen Küste, die mit ihren Buchten und Fjorden eine der längsten der Welt ist. Im Norden, am Polarkreis, scheint die Sonne zur Sommersonnenwende den ganzen Tag lang, und im Winter wird es dort nie richtig hell. Norwegen grenzt an Schweden, Russland und Finnland.

Einwohnerzahl: 4,9 Millionen

Religion: Fast 90 % Mitglieder der lutherischen Staatskirche

Bevölkerung: 95 % Norweger (einschließlich etwa 60 000 Samen)

Lebenserwartung: Männer 78, Frauen 83 Jahre

Einflüsse: Über 450 Jahre im Bund mit Dänemark, bis das Land 1814 als Wiedergutmachung für die Kollaboration der Dänen mit Napoleon an Schweden abgetreten wurde. Seit 1905 nach einer Volksbefragung unabhängig.

Kulinarische Highlights: Hier ist das Haltbarmachen von Lebensmitteln von großer Bedeutung: Beizen, Pökeln und Räuchern. Außer Fisch isst man gerne Wild.

Nahrungsmittelexporte: Käse, Sojabohnen und Sojaöl, Wasser und Eis, Schokolade.

Die fünf beliebtesten Zutaten: Fisch (Lachs, Hering, Kabeljau, Heilbutt), Dill, Kartoffeln, Essig, Salz

Bekanntestes Gericht: *Gravlaks*

Getrunken wird: Ringnes-Bier, Aquavit, kristallklares Wasser und eine nette Auswahl an Kaffee mit Schuss

Das Beste, was ich dort gegessen habe: Am Ende der Welt habe ich die köstlichsten Kartoffeln meines Lebens gegessen.

Mein eindrucksvollstes Erlebnis: Das Nordlicht haben wir nie erlebt, aber wir sind einmal vor der Dämmerung aufgestanden und haben fabelhafte blaue Lichter am Himmel gesehen, während unser Schiff in einen Fjord einlief. Dazu lag eine seltsam friedliche Stimmung in der Luft – so stelle ich mir eine Aura vor.

Auf keinen Fall fragen nach …: Anerkennung für Robert F. Scott. Der in Tromsø geborene Roald Amundsen ist ein Nationalheld – und er hat es ja auch tatsächlich zuerst bis zum Südpol geschafft.

»Lass uns eine Schifffahrt machen«, sagte mein Schwager zu mir. Ich hatte ihm gerade davon erzählt, dass meine bessere Hälfte unbedingt mal die Polarlichter sehen wollte, und es stellte sich heraus, dass er geschäftlich ab und zu mit einem Unternehmen zu tun hatte, das einige Schiffe in der Finnmark unterhielt, ganz im Norden von Norwegen. Später sollte ich herausfinden, dass er eigentlich gemeint hatte, wir könnten ja mal vier Tage zusammen auf einer Autofähre abhängen, aber da war es schon zu spät. Unser Schiff war während der langen Wintermonate die einzige Verbindung einiger kleiner Städte, die in eisigen, schneebedeckten Fjorden liegen, mit dem Rest der Welt. Es handelte sich also nicht um ein Kreuzfahrt-, sondern ein Versorgungsschiff.

Schnell war klar, dass die Reise zum Brüllen werden würde. Unsere Landung in Tromsø war so schrecklich, dass es fast schon wieder komisch war: Das Flugzeug drehte einige Runden, wurde umgeleitet, um der Landung in einem Schneesturm zu entgehen, und dann doch wieder zurückgerufen, da die Piloten der Meinung waren, dass sie doch landen könnten. Und über all das wurden wir über Lautsprecher von einer munteren Stimme mit norwegischem Akzent informiert. Kurz vor der Landebahn stieß das Flugzeug dann wortwörtlich den Schnee von den Spitzen einiger Tannen, und wir schlitterten eher auf die vereiste Bahn, als darauf aufzusetzen. Als wir dann zitternd aus dem Flugzeug kletterten, musste vor uns noch ein Weg im anderthalb Meter hohen Schnee freigeschaufelt werden, damit wir in das Flughafengebäude gelangen konnten.

Das Abenteuer hatte begonnen. Auf unserem Schiff, dem mächtigen Eisbrecher *Kong Harald*, angekommen, mussten wir uns nur noch daran gewöhnen, dass es eine halbe Stunde dauerte, sich anzuziehen, um gegen die herrschenden Außentemperaturen von minus 32 °C gewappnet zu sein.

Unser Tagesablauf während der Seereise war recht strikt: Frühstück, gefolgt von Poker (Texas Hold 'em), bis wir die kleine Stadt des Tages erreichten. Dann so schnell wie möglich die letzten Schichten warmer Klamotten überziehen und über die Landungsbrücke in den Hafen schlittern, während die Schiffsbesatzung die Post/Tiefkühlwaren/nicht näher identifizierten Maschinenteile/Alkoholika entlud, die in der Stadt zum Leben gebraucht wurden. Unsere Mission war es, die Stadtkneipe ausfindig zu machen (die meistens unter einer Menge Schnee versteckt lag) und dort einige Bier runterzuspülen, gefolgt von der entsprechenden Anzahl an Gläschen Aquavit, bis uns das Schiffshorn von *Kong Harald* rief und wir rasch zum Frachter stolperten, um nicht zurückbleiben zu müssen.

Weitergepokert und dann ein kleines Schläfchen vor dem Abendessen, das immer von der Nachricht unterbrochen wurde, dass draußen die Polarlichter zu sehen wären. Wir also aufgestanden, rein in die Klamotten und dann raus aufs Deck. Wenn wir dann draußen waren, waren die Lichter schon nicht mehr zu sehen. Genauso wenig wie unser Abendessen, wenn wir wieder unter Deck waren. Es hat einige Tage gebraucht, bis wir dahinterkamen, dass es sich dabei um eine List der Crew handelte …

Wir reisten mit dem Schiff bis an den nördlichsten Punkt Norwegens, etwa 30 km von der russischen Grenze entfernt, wo wir unsere neu erworbene nordische Härte mit einigen Aquavit in einem Eishotel zelebrierten. Es war unser letzter Tag und uns fiel nichts Besseres ein, als betrunken eine Schlittenfahrt mit einigen übermotivierten Huskys zu unternehmen, die in Knurren und Jaulen (sowohl von den Hunden als auch von uns) und einem glorreichen Foto von Blutstropfen auf weißem Schnee endete.

Fisherman's Friend

Zwar bin ich ein sehr optimistischer Mensch, dass ich auf dieser Reise ein Messer finden würde, hätte ich aber nicht gedacht. Erstens würden wir die meiste Zeit auf einem Schiff verbringen und zweitens wären die Einkaufsmöglichkeiten in den winzigen Städtchen, deren Häfen wir anlaufen würden, im Winter sicherlich gleich null.

Unser letzter Halt war Hammerfest, deutlich größer als alle anderen Orte, die wir auf unserem Trip besucht hatten. Hier gab es drei Kneipen, ein kleines Museum (gewidmet der Geschichte des Wiederaufbaus der Stadt, die die Deutschen im Zweiten Weltkrieg dem Erdboden gleichgemacht hatten) und — ein Kaufhaus! Und doch machte ich mir keine großen Hoffnungen, da ich ja wirklich pingelig bin, was meine Messer betrifft: Sie müssen den von mir aufgestellten Kriterien entsprechen, also den Ort widerspiegeln, an dem ich sie erstanden habe, und keine Massenware sein. Die Messer, die ich für meine spezielle Sammlung suche, sind daher eigentlich nicht in Kaufhäusern zu finden. Ich musste mich beeilen, da *Kong Harald* schon das Schiffshorn geblasen hatte, doch als ich in die Abteilung mit den Küchenwaren kam und dieses Messer sah, wusste ich sofort, dass ich das Glückslos gezogen hatte: Das Messer hat ein klassisches Design (und wir alle wissen, dass die Skandinavier großen Wert auf gutes Design legen), es eignet sich hervorragend zum Filetieren von Fisch (das müssen die Menschen in diesen Breitengraden ja öfter tun) und es sieht sogar ein wenig so aus wie ein silberner Fisch (mich erinnerte es im ersten Moment an einen Hering, es kann aber gut sein, dass das daran lag, dass ich zu dieser Zeit viel Hering gegessen hatte).

Natürlich könnte man jetzt kleinlich sein und sagen, dass es sich ja streng genommen um ein Messer aus japanischem Stahl mit deutschem Design handelt, doch für mich passt es perfekt zu all dem, was ich über das Land erfahren habe. Noch nie zuvor hatte ich so ein Messer gesehen, und es war mir nicht bewusst, dass bei Porsche auch Messer hergestellt werden — Peugeot und Pfeffermühlen, o. k., aber diese Verbindung von Automobilbranche und Küche war mir neu. Auf jeden Fall passt das Messer insofern zu Norwegen, als dass das Land sowohl nach ökonomischen als auch nach ernährungstechnischen Gesichtspunkten von der Fischerei abhängt. Und seit es in meinem Besitz ist, filetiere ich meinen Fisch nur noch damit.

Etwas ganz Besonderes an dem Messer ist die Art und Weise, wie der Griff in der Hand liegt — nämlich flach, das heißt, genau umgekehrt wie das sonst bei Messern der Fall ist. Die cleveren Produktdesigner von Porsche haben herausgefunden, wie man ein Messer möglichst bequem in der Hand hält und ihr Modell dann sozusagen um den Griff herum entworfen. Ohne Zweifel ist dieses Exemplar das bequemste und ergonomischste Messer meiner Sammlung. Wenn alle Messer ein Design hätten wie dieses, hätten Köche keine Schwielen mehr an den Händen.

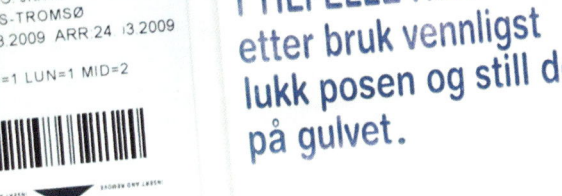

I TILFELLE REISE-SYKE
etter bruk vennligst
lukk posen og still den
på gulvet.

REISESYKEPOSE

IN CASE OF TRAVELSICKNESS
after use please close the
bag and place it on
the floor.

2   Tirsdag 24. mars 2009

EDL stiftes i Ham

På et medlemsmøte i Etnisk og demokrat
likeverd (EDL) i Hammerfestble det nedsa
et interimsstyre bestående av Ole Jacob
Kleven, Gunnar Bolle, Rolf Ingebrigtsen o
Ulf Hustaad. Interimsstyret fikk i oppgave
forberede et stiftelsesmøte for danning a
et lokallag av EDL for Hammerfest og
Kvalsund kommuner i løpet av en måned

Emma's

Innhold

Rezepte aus Norwegen

Polar Hotdogs
Arctic Dogs
Nordische Hotdogs
Laks - og purresuppe
Lauch-Lachs-Suppe
und geröstetes Brot mit
Krebsfleischaufstrich
Røkt and med rødbet og pepperrot
Geräucherte Entenbrust
auf Rucola, Roter Bete und
Meerrettich
Syltet ishavsrøye med norske poteter
Eingelegter arktischer Saibling &
norwegischer Kartoffel-
stampf
Emmas saltede torsk
Emmas wärmender
Klippfischauflauf

Hurtigruten 365 dager i året

Hurtigruten har vært, og er fortsatt ett av de viktigs
transportmiddel langs norskekysten. Skipene er fyl
moderne teknologi som gjør reisen behagelig og
og den tar deg d   året rundt.

Daglig g   sør og
Kirke   ettste
og   vortve
på   lig bru
m   for de s
                                ige mål
D   ars rest
ell

Siden   e tjeneste
lokalb   gen e

Om du reiser på fene i vårt langstrakte land, b
skipene som ren transport mellom havnene, e
tilbringer en helg ombord sammen med famili
venner, gjør vi det beste for at du skal føle de
velkommen.

Ruteplanen gjelder for et helt år, slik at det b
for deg å planlegge reisen i god tid.

For mer informasjon besøk www.hurtigrute
nærmeste reisebyrå eller vår booking på tlf.

530

Arctic Dogs
Nordische Hotdogs

Reicht für 1 Person und ist in der Zeit fertig, die es braucht, um die Würste zu garen.

2 Hirschwürste

1 Weizentortillafladen

Senf (Der Original-Arctic-Dog war mit süßem Senf gemacht, der typisch ist für Skandinavien. Mir schmeckt das Ganze mit einer ordentlichen Portion scharfem Senf ehrlich gesagt noch besser.)

ein paar Gewürzgurken oder Cornichons, der Länge nach in Scheiben geschnitten

Außerhalb des Eishotels folgten wir einem schmalen Weg, zu beiden Seiten türmte sich der Schnee etwa zweieinhalb Meter hoch. Dann standen wir vor einer Art Zelt, das aussah wie ein Tipi und nicht hierher zu gehören schien. Wir traten ein und ich war überrascht – und erfreut – in der Mitte eine Feuerstelle zu sehen, über der Würste auf einem Grill brutzelten und in Fladen aufgewärmt wurden. Hotdogs? Und Tipis? Es schien alles irgendwie seltsam, aber das ist genau das, was passiert, wenn man ein paar Schnäpse zum Frühstück kippt …

Hirschwürste sind sehr kompakt und auch dank des Tortillafladens ist dieser Snack viel nahrhafter als die luftigen, industriell verarbeiteten Hotdogs. Genau das, was man braucht, wenn man eine Schlittentour mit einer Schar von sechs aufgedrehten Huskys, die sich untereinander nicht ausstehen können, vor sich hat.

Die Grillpfanne, den Backofen- oder den Kugelgrill aufheizen und die Würste bei mäßiger Hitze 15–20 Minuten braten, dabei von Zeit zu Zeit drehen.

Die Weizentortilla ebenfalls kurz grillen, bis sie warm und elastisch ist. Es können ruhig Grillspuren darauf zu sehen sein. Senf auf eine Seite des Fladens streichen, die Gurkenscheiben und die Würste darauflegen, die Unterseite einschlagen und einrollen.

Lauch-Lachs-Suppe und geröstetes Brot mit Krebsfleischaufstrich

Für 6 Personen. Servierfertig in etwa 40 Minuten.

Für die Suppe

40 g Butter

350 g neue Kartoffeln, gewürfelt

3 große Stangen Lauch (etwa 600 g), in feine Ringe geschnitten

3 Knoblauchzehen, gehackt

1,5 l heißer Fischfond

4 EL Crème fraîche

300 g Lachsfilet, in etwa 1 cm große Stücke geschnitten

1 EL Dill, gehackt

Salz und Pfeffer

Für das geröstete Brot mit Krebsfleischaufstrich

200 g Krebsfleisch (vor allem weißes Fleisch aus den Scheren, ein wenig braunes aus dem Körper ist aber auch in Ordnung)

4 EL Crème fraîche

1 großzügige Prise Cayennepfeffer

1 Handvoll Schnittlauch, gehackt

6 Scheiben Vollkorn- oder Roggenbrot

Salz und Pfeffer

Königskrabben gab es hier nicht immer, sie wurden im Rahmen eines Experiments in den 1960ern von den Russen im Pazifik angesiedelt. Innerhalb von 50 Jahren haben sie sich zur wichtigsten Einkommensquelle der lokalen Fischerei entwickelt. In jedem Hafen sieht man die Reusen, in denen die köstlichen Krabben gefangen werden, hoch aufgestapelt.

Für dieses Rezept müssen es aber keine Königskrabben sein – das Fleisch von Taschenkrebsen ist einfacher erhältlich und ebenso geeignet und lecker. Selbst ohne das Brot mit Krebsfleischaufstrich ist diese einfache Suppe eine Wohltat für Körper und Seele. Ein tolles Mittagessen.

Wenn Sie das Ganze etwas aufwerten möchten, dann investieren Sie die Zeit (und lösen das Fleisch selbst aus den frischen Krabben) oder das Geld (und überlassen das Auslösen dem Fachmann) und verwandeln die Suppe durch die Zugabe einer Scheibe gerösteten Brotes mit Krabbenfleischaufstrich zu einer beeindruckenden Vorspeise für Ihre Dinnerparty. Die Suppe lässt sich hervorragend vorbereiten, in diesem Fall gibt man den Lachs erst hinein, wenn man sie kurz vor dem Servieren erwärmt — so wird der Fisch schön rot und zart.

Für die Suppe die Butter in einem Topf bei mäßiger Hitze zerlassen. Die Kartoffeln und den Lauch hineingeben, gefolgt vom Knoblauch. Abgedeckt 5–10 Minuten anschwitzen, ohne das Gemüse zu bräunen.

Inzwischen für den Aufstrich das Krebsfleisch mit der Crème fraîche, dem Cayennepfeffer, Schnittlauch, Salz und Pfeffer vermischen und beiseitestellen (nicht in den Kühlschrank).

Den heißen Fischfond zu dem Gemüse in den Topf gießen und bei starker Hitze etwa 20 Minuten unbedeckt köcheln lassen, bis die Kartoffeln gar sind, dabei von Zeit zu Zeit den Schaum von der Oberfläche schöpfen. Die Herdplatte abstellen, die Crème fraîche in die Suppe rühren und das gewürfelte Lachsfilet hineingeben. Mit Salz und Pfeffer abschmecken. Den geschlossenen Topf auf der Herdplatte ziehen lassen, während das Brot wie von Zauberhand im Toaster geröstet wird. Den Krebsfleischaufstrich auf den gerösteten Brotscheiben verteilen.

Vor dem Servieren den Dill unter die Suppe rühren, auf vorgewärmten tiefen Tellern oder in Schüsseln servieren.

Geräucherte Entenbrust auf Rucola, Rote Bete und Meerrettich

Als Hauptgericht für 2 Personen oder als Vorspeise für 4. Steht in weniger als 20 Minuten auf dem Tisch.

---

3 EL Meerrettich (die Menge je nach Schärfe der Wurzel und Belieben anpassen), frisch gerieben, oder 3 EL Meerrettich aus dem Glas

---

1 EL Saft von 1 frisch gepressten Zitrone

---

90 g Schlagsahne

---

2 EL Rotweinessig

½ TL Zucker

---

200 g Rote Bete (roh), geschält und grob gerieben

---

1 geräucherte Entenbrust (etwa 175–200 g), mit oder ohne Fett – ganz wie Sie wünschen

---

50 g Rucola

---

1 große süßsaure Gewürzgurke, in Streifen geschnitten

Salz und Pfeffer

Diese fantastisch frisch schmeckende Vorspeise haben wir im *The Corner Café* in Honningsvåg gegessen — mit dem kleinen Unterschied, dass wir statt der Entenbrust dort geräuchertes Walfleisch auf den Tellern hatten. Die freundliche Bedienung hatte uns versichert, dass es sich nicht um eine vom Aussterben bedrohte Art handeln würde, aber sie konnte sich nicht an den englischen Namen des Wals erinnern. In der falschen Annahme, dass wir uns mit Walen auskennen würden, suchte sie uns auf dem Computer extra ein Foto heraus und druckte es aus.

Am besten schmeckt das Ganze mit frischem Meerrettich. Wenn Sie Meerrettich aus dem Glas verwenden, achten Sie darauf, einen richtig scharfen zu erwischen, keine der langweilig-milden Varianten.

Dazu passt Roggenvollkornbrot oder Pumpernickel.

Den Meerrettich in einer kleinen Schüssel mit dem Zitronensaft und der Hälfte der Sahne vermischen und beiseitestellen. In einer großen Schüssel Essig, Zucker und etwas Salz mit der Roten Bete vermischen.

Die Entenbrust in dünne Scheiben schneiden. Nun die restliche Sahne zum Meerrettich geben, mit Salz und Pfeffer würzen und vermischen. Die Meerrettichsahne sollte fast flüssig sein, sodass sie später über die Speise getröpfelt werden kann (gegebenenfalls etwas warmes Wasser unterrühren).

Den Rucola auf einer Servierplatte (oder einem flachen Teller) verteilen. Die Rote Bete in die Mitte geben und die Entenbrustscheiben darauf arrangieren. Anschließend mit den Gurkenstreifen dekorieren und die Meerrettichsahne großzügig darübertröpfeln. Mit einer ordentlichen Scheibe dunklem Brot servieren.

Eingelegter arktischer Saibling & norwegischer Kartoffelstampf

Als Vorspeise für 4 Personen. In 10 Minuten ist der Fisch in der Lake und muss dann 6 Tage darin ziehen. Dann dauert es noch mal 30 Minuten, bis der Kartoffelstampf zubereitet und alles auf dem Tisch ist.

2 Saiblinge (à etwa 275 g), entschuppt und entgrätet (das macht der Fischverkäufer)

Für die Salzlake

45 g Salz

250 ml Weißweinessig

60 g Zucker

3 Lorbeerblätter

5 Wacholderbeeren, mit der flachen Seite der Messerklinge zerdrückt

1 EL Pfefferkörner

2 Prisen Kümmelsamen

1 kleine Zwiebeln, halbiert und in Scheiben geschnitten

1 kleine Handvoll Dill, fein gehackt (inklusive der Stängel)

Für den Kartoffelstampf

400 g neue Kartoffeln, gewaschen, aber mit Schale

150 g Saure Sahne

1 kleine Handvoll Dill, fein gehackt

3 Frühlingszwiebeln, gehackt

Saft von 1 frisch gepressten Zitrone

Salz und Pfeffer

Saibling ist ein Fisch, den man kennen sollte. Er gehört zur selben Familie wie Forelle und Lachs und hat eine ähnlich attraktive rosa Farbe, wird aber nicht in Aquakulturen gezüchtet und ist zurzeit (noch) nicht unmittelbar vom Aussterben bedroht. Wenn Sie nicht die Zeit haben, den Fisch selbst einzulegen, ist das eine Schande und Sie verpassen etwas, aber sie können zu dem einfachen und schnell zubereiteten Kartoffelstampf auch gekauften Rollmops servieren.

Einmal eingelegt hält sich der Fisch übrigens mindestens einen Monat im Kühlschrank ... sehr praktisch!

Das Salz für die Lake in 400 ml Wasser auflösen. Die Fische in einen luftdicht verschließbaren Plastikbehälter geben (er sollte groß genug sein, dass sie nebeneinander hineinpassen), den Fisch mit der Salzlake bedecken, den Behälter verschließen und über Nacht im Kühlschrank ziehen lassen.

Am nächsten Tag 150 ml Wasser mit Essig, Zucker, Lorbeerblättern, Wacholderbeeren, Pfefferkörnern, Kümmelsamen und Zwiebeln aufkochen. Vollständig abkühlen lassen, dann den Dill unterrühren. Den Fisch aus der Salzlake nehmen, mit dem abgekühlten Gewürzessig bedecken und in einem gut verschlossenen Behältnis fünf Tage in den Kühlschrank stellen.

An dem Tag, an dem der Fisch gegessen werden soll, die Kartoffeln in Salzwasser gar kochen. Das Wasser abgießen und die Kartoffeln einige Minuten abkühlen lassen. Dann mit dem Kartoffelstampfer oder einer Gabel zerkleinern, dabei die Saure Sahne untermischen. Mit Salz und Pfeffer würzen, den Dill und die Frühlingszwiebeln unterrühren und mit etwas Zitronensaft abschmecken. Der Kartoffelstampf sollte sehr cremig sein – gegebenenfalls noch einige Spritzer warmes Wasser unterrühren.

Die eingelegten Fische in Scheiben schneiden und mit dem Kartoffelstampf (am besten noch lauwarm) servieren.

for Regjeringen i
til EU
Et fly på vei inn for landing på Gardermoen
Grunnloven.

Emmas wärmender Klippfischauflauf

Reichlich für 4 Personen. Wenn der Fisch einmal eingeweicht ist, dauert es noch etwa 45 Minuten.

---

175 g Klippfisch

625 g mehligkochende Kartoffeln, geschält und geviertelt

200 ml Milch

2 Lorbeerblätter

40 g Butter

1 Zwiebel, gehackt

2 Möhren, gewürfelt

1 Knoblauchzehe, fein gehackt

½ TL edelsüßes Paprikapulver

1 Prise getrockneter Oregano

1 Dose Tomaten (etwa 400 g)

60 g Schlagsahne

1 Handvoll Petersilie, gehackt

40 g Gruyère (oder ein anderer Hartkäse), gerieben

Salz und Pfeffer

Der Geburtstag meiner Frau fiel in die Zeit, als wir in Tromsø, im nördlichsten Teil Norwegens, waren. Ich hatte mir schon Sorgen gemacht, dass ich ihr dort keinen besonderen Abend würde bereiten können. Aber ich hatte Glück und es stellte sich heraus, dass das beste Restaurant der gesamten oberen Hälfte Norwegens, *Emma's Dream Kitchen*, in Tromsø ist. Und erfreulicherweise machte es seinem Namen auch alle Ehre (ein paar Gläschen Aquavit haben da sicher geholfen). Und obwohl der Käsekuchen mit den norwegischen Moltebeeren wirklich himmlisch war, stimmten wir alle darin überein, dass dieser Auflauf das beste Gericht war – genau das, was man essen möchte, wenn draußen bei −18 °C ein Schneesturm wütet.

Zuerst den Klippfisch etwa 5 Minuten unter fließendes kaltes Wasser halten, dann in einen Behälter mit frischem Wasser geben und über Nacht in den Kühlschrank stellen. Wenn es schnell gehen muss, kann man den Fisch auch nur 2 Stunden lang einweichen. In diesem Fall muss das Wasser aber alle halbe Stunde gewechselt werden.

Wenn der Klippfisch fertig vorbereitet ist, die Kartoffeln in Salzwasser gar kochen. Dann den Klippfisch ausdrücken und zusammen mit der Milch und den Lorbeerblättern in einen kleinen Topf geben. Bei schwacher Hitze etwa 30 Minuten köcheln lassen, bis der Klippfisch beginnt zu zerfallen.

Inzwischen die Hälfte der Butter in einer großen Pfanne zerlassen und Zwiebeln, Möhren, Knoblauch zusammen mit dem Paprikapulver und dem Oregano etwa 5 Minuten bei geschlossenem Deckel anbraten. Die Tomaten dazugeben, dann die leere Dose zur Hälfte mit Wasser füllen und zum Gemüse in die Pfanne geben. Mit Salz und Pfeffer würzen, den Deckel auf die Pfanne geben, aber eine kleine Lücke lassen, und bei starker Hitze etwa 20 Minuten köcheln lassen, bis die Sauce eingedickt ist.

Den Fisch aus der Milch nehmen, gegebenenfalls Haut und Knochen entfernen. Die Kartoffeln abgießen und mit dem Kartoffelstampfer zerstoßen. Den Fisch untermischen und dabei in kleine Stücke bröckeln. Die restliche Butter, Sahne und Petersilie unterrühren, mit Pfeffer abschmecken und eventuell ein wenig salzen.

Den Ofengrill auf mäßige Hitze vorwärmen. Die Tomatensauce in eine Auflaufform gießen und den Fisch-Kartoffel-Stampf mit einem Löffel so in die Mitte geben, dass eine Art Insel in der Tomatensauce entsteht. Käse darüberstreuen und unter dem Grill goldbraun gratinieren.

Die Zeit, in der ich begann mich für Politik zu interessieren, war geprägt von den Geschehnissen, die den Weg Südafrikas aus der Apartheid begleiteten. Als ich das Land über zwanzig Jahre, nachdem Nelson Mandela die Gefängnisinsel Robben Island verlassen hatte, besuchte, also fünfzehn Jahre nach dem Zustandekommen der ersten mehrere Rassen umfassenden Regierung, war ich daher besonders gespannt darauf, zu erleben, wie dieses Zusammenleben nun in Wirklichkeit funktioniert.

Grund meiner Reise war die Recherche für einen Artikel über ein Fairtrade-Weingut. Damit ich nicht nur die positiven Seiten zu sehen bekommen würde, fragte ich unseren Reiseführer gleich nach der Ankunft am Flughafen, ob es möglich wäre, eine der berühmten Townships zu besuchen (die von der Regierung inzwischen in »informelle Wohnsiedlungen« umbenannt wurden). Zehn Minuten später befanden wir uns auch schon mitten in einer solchen Siedlung, neben einem Typen, der einen Einkaufswagen voller Schafsfüße vor sich herschob, die in der Sonne schon zu stinken begonnen hatten.

Es war nicht ganz, wie ich es mir vorgestellt hatte. Die heruntergekommenen Wellblechhütten, die meistens nur aus einem Raum bestanden und keine Fenster hatten, dienten zwar vorwiegend als Behausung, aber eben nicht ausschließlich: Es gab auch kleine Geschäfte, die ihre Kohlköpfe in Ständen vor der Tür präsentierten, und eine Telefonzentrale (drei Telefone mit Wählscheibe auf einem Brett). Es fiel uns schwer, einen neutralen Gesichtsausdruck zu behalten, als unser Guide erklärte, dass es sich hier um die »schwarze Siedlung« handele und dass die »braune Siedlung« einige Meter entfernt beginne. Natürlich ist man als Außenstehender leicht dazu verleitet, vorschnell über die Gesellschaft eines fremden Landes zu urteilen — trotzdem muss ich sagen, dass es sich falsch anfühlt: Wir leben doch im 21. Jahrhundert!

Im Gegensatz zu den nicht unbedingt unglücklichen, aber offensichtlich ohne Plan lebenden Menschen, die wir in der Township sahen, schienen die Angestellten des mit dem Fairtrade-Siegel ausgezeichnetem Weinguts *Fairhills* in Du Toitskloof viel positiver (zu urteilen nach ihrem Lächeln, dass ich als Indikator für Zufriedenheit sehe) und auf Trab — wild entschlossen, die sich ihnen präsentierenden Möglichkeiten zu ergreifen. Über die Fairtrade-Organisation war ein Kindergarten für unter Fünfjährige eingerichtet worden, dies ermöglicht beiden Elternteilen zu arbeiten und mehr Geld zu verdienen, sodass ihre Kinder einen besseren Start ins Leben haben werden.

Mit dem Geld von der Fairtrade-Organisation hatte man außerdem ein Café für die Gemeinschaft errichtet, eine Werkstatt und ein Computerzentrum. Alkoholismus ist hier ein großes Problem (vermutlich hängt das auch mit der Branche zusammen) und den Menschen Raum zur Verfügung zu stellen, wo sie nach der Arbeit Zeit zusammen verbringen

südafrika

können, ist eine gute Möglichkeit, das Trinken in einem angemessenen Rahmen zu halten. Das Leben hier schien wirklich in einer Art glücklichen Blase vonstatten zu gehen, verglichen mit dem Kurzbesuch in der Township und einem Ausflug in ein Städtchen in der Nähe des Weinguts, das – auch wegen der Betrunkenen, die ihren Rausch am Straßenrand ausschliefen – selbst im Tageslicht bedrohlich wirkte.

Nach ein paar schönen Tagen auf dem Weingut machten wir uns auf den Weg in das Land der Buren, in die hübsche Stadt Franschoek. Die weißen Lattenzäune und Boutiquen dort erinnerten mich an Kalifornien. Beim Abendessen in einem Restaurant, das uns als das beste der Stadt empfohlen worden war, fühlten wir uns allerdings sehr unwohl: Alle Gäste waren Weiße, das Servicepersonal ausnahmslos schwarz. Für uns ein großer Schock – auch wegen der betrunkenen und lärmenden Buren am Tisch neben uns, die sich verhielten wie die letzten Prolls. Wir wollte kein Teil dieser »Kultur« sein, und um zu verhindern, dass man uns dazuzählen würde, verließen wir das Restaurant.

Der letzte Teil unserer Reise war die Fahrt nach Kapstadt mit einigen Zwischenstopps auf sehr netten Weingütern. Mit dem Tafelberg, weißen Sandstränden und dem Besuch eines atemberaubenden botanischen Gartens fand unsere Reise doch noch einen positiven Abschluss. Als wir das Land verließen, waren die Vorbereitungen für die Fußballweltmeisterschaft bereits in vollem Gange. So war es uns zwar sehr bewusst, dass es bis zu einer wirklichen Integration in diesem Land noch ein langer Weg sein würde, wir waren aber guter Dinge, dass man in dieser Hinsicht bei unserem nächsten Besuch schon viel weiter sein würde.

KURZPORTRÄT

Geografisches: Der südlichste Staat Afrikas, grenzt im Westen an den Atlantischen und im Osten an den Indischen Ozean. Um das riesige Zentralplateau erstreckt sich ein zur Küste hin abfallender Landgürtel. Die klimatischen Bedingungen sind aufgrund der Größe des Landes sehr unterschiedlich. Generell lässt sich sagen, dass im Osten des Landes ein eher tropisches und im südwestlichen Teil ein eher mediterranes Klima herrscht.

Einwohnerzahl: 50 Millionen

Religion: Die Mehrheit sind Christen (verschiedener Richtungen – Zionisten, Pfingstbewegung/Charismatische Bewegung, Katholiken, Methodisten, niederländisch-reformierte Kirche, Anglikaner), 3,8 % sind Muslime.

Bevölkerung: Etwa 80 % schwarz, 10 % gemischtrassig, 10 % weiß

Lebenserwartung: Männer 50, Frauen 53 Jahre

Einflüsse: Die ersten Siedlungen der Niederländer entstanden im 17. Jahrhundert, bald folgten ein paar Deutsche sowie französische Hugenotten. Nach dem Wiener Kongress 1815 wurde die Staatshoheit an Großbritannien übertragen. Als im 19. Jahrhundert Gold- und Diamantenvorkommen entdeckt wurden, kamen Schatzsucher aus der ganzen Welt. Die Herrschaft der Buren dauerte bis 1994, in dem Jahr wurde der Afrikanische Nationalkongress gewählt.

Kulinarische Highlights: *Braai*, eine besondere Art des Grillens, ist hier sehr beliebt.

Nahrungsmittelexporte: Wein, Mais, Orangen, Trauben, Äpfel

Die fünf beliebtesten Zutaten: Viel Fleisch (Huhn, Rind, Schwein, Springbock, Lamm), Fisch (Snoek – eine Barschart, Thunfisch, Lachs, Schwertfisch, Kabeljau), Kürbis, Auberginen, *mielies* (Maiskolben)

Bekanntestes Gericht: *Biltong* (luftgetrocknetes Wild- oder Rindfleisch)

Getrunken wird: Leichte, trockene Weißweine sowie fruchtige Rotweine (nur hier werden Trauben der Sorte Pinotage angebaut). Helles Bier (etwa Castle und Black Label), Hansa Pilsener. Cider. Rooibostee.

Mein Lieblingsgericht: Hier muss ich einen Wein nennen, nämlich den Boschendal Syrah 2001. Unübertrefflich.

Mein eindrucksvollstes Erlebnis: Der 360-Grad-Ausblick von der Spitze der Hawequas-Berge bei klarem afrikanischem Himmel: wunderschöne Landschaft, wohin das Auge blickt.

Auf keinen Fall fragen nach ...: den guten alten Zeiten.

SLAGTERY GRUNTER

Sein Name war Ockert, er war Fleischer und führte sein Geschäft in einer kleinen Stadt mit Namen Rawsonville. Die Schlachterei hieß *Chrisma Slagtery*. Und während es mir mit etwas Fantasie gelang dahinterzukommen, was das Wort »Slagtery« bedeuten könnte, war ich schon gespannt auf den Mann, der Schafe mit einer besonderen Ausstrahlung zerlegen würde. Allerdings stellte sich heraus, das sich das »Chrisma« im Namen auf die religiöse Überzeugung des Eigentümers bezog (so ähnlich, wie es hier Fleischer gibt, die halal sind): die Charismatischen Christen sind Teil der Kirche der Pfingstbewegung in Südafrika.

Ich dachte, es würde schwer sein, auf dieser Reise ein Messer zu finden, denn mir blieb nur sehr wenig Zeit, mich nach einem geeigneten Exemplar umzusehen. Mit Ockert war ich verabredet, um von ihm zu lernen, wie man *Biltong* (siehe Seite 266) zubereitet, denn man hatte mir gesagt, sein »Safari Biltong« sei das Beste der Provinz. Vor meiner Reise hatte ich keinen großen Appetit auf diese Streifen aus getrocknetem Wildfleisch, aber vor Ort schmeckten sie richtig gut, und da es sich dabei um das wichtigste kulinarische Exportgut Südafrikas handelt, wollte ich unbedingt hinter das Geheimnis der Zubereitung kommen.

Ockert war der erste Bure, den ich auf meiner Reise kennenlernte, und auf mich wirkte er wie der geborene Fleischer: groß und kräftig (in jeglichem Sinn), rosige Wangen, ein riesiger Schnurrbart und gut gelaunt (später fiel mir dann auf, dass die meisten Buren so aussehen wie von Kindern gemalte Metzger). Er war freundlich und sehr hilfreich, was meine *Biltong*-Mission betraf.

Also fragte ich ihn auch, wo er seine Messer kaufte. Beim Anblick seiner gehobenen Augenbrauen erklärte ich ihm dann schnell, warum ich ihn das gefragt hatte. Daraufhin verschwand er kurz und kam mit diesem Messer zurück: eigentlich nichts Außergewöhnliches – bis auf die tückische Klinge, die nach oben hin breiter wird (eher ungewöhnlich für das hier in Fleischereien verwendete Werkzeug).

Der Griff ist zugegebenermaßen recht langweilig (so etwas kann man in jeder Küche oder Fleischerei auf der Welt finden), aber Ockert und seine Kollegen haben sich gut um die Klinge gekümmert. Das Messer ist über die Jahre so oft geschliffen worden, dass es, als es in meinen Besitz überging, genau den Schliff hatte, den ein Fleischer braucht, um gut arbeiten zu können. Und der Name des Herstellers hört sich in meinen Ohren nicht nur so schön Afrikaans an, sondern erinnert mich auch an das englische Wort für »grunzen«: Grünter.

Das Messer ist auf jeden Fall zum Gebrauch bestimmt und kein Ausstellungsstück. Um ehrlich zu sein, ist es ziemlich hässlich, und ich finde, es strahlt eine gewisse Aggressivität aus (aber das ist vielleicht nur Einbildung). Es ist nicht mein liebstes Stück. Und doch nutze ich es ab und zu und hebe es auf, damit es mich an die Reise erinnert (und das tut es besonders wegen seiner Ausstrahlung) und als Erinnerung an Ockert.

An diesem Messer ist nichts zu beschönigen, daher nenne ich es schlicht und einfach »Slagtery Grunter«

Fairhills

Fairhills ist eines der größten Fair-trade-Projekte weltweit, die von der Zertifizierungsgesellschaft FLO-Cert zugelassen sind. Es hat seinen Sitz im Distrikt Breedeklof am Westkap und ist ein Zusammenschluss von Origin Wine und Du Toitskloof Winery. Alle 19 Produzenten der 22 Farmen, die Trauben an Du Toitskloof liefern, sind Teil des Modells. Das bedeutet, dass mehr als 800 Angestellte und ihre Familien von diesem einzigartigen Sozialprojekt profitieren.

Fairhills wird von einem Ausschuss geleitet, der von den Mitarbeitern gewählt wurde, die Angestellten haben daher ein gewisses Mitspracherecht. Der Ausschuss setzt sich zusammen aus 40 Arbeitern, zwei Farmbesitzern und einem Repräsentanten von Origin Wine. Die Beschlüsse werden von Arbeitern und Inhabern im Verhältnis 80:20 getroffen.

Finanziert sich durch:

- Bonus von Fairtrade für Sozialprojekte
- Beiträge des Einzelhandels
- 25 % Zuschüsse der Eigentümer

Rezepte aus Südafrika

Biltong
(Getrocknetes Hirschfleisch)

Potjie Brood
(Topfbrot)

Quiche mit Schnecken & Spinat

Lammkoteletts mit Butternusskürbis und würziger BBQ-Sauce

Rooibos-Malva-Pudding

Shirazgelee mit Beeren

APPLES
BANANAS
BUTTERNUT
CABBAGE
CARROTS
GUAVAS
PEAR
POTATOES
ORANGES
ONIONS
TOMATOES
SPINACH

Ons Huisie
Traditional Cape Restaurant

TWENTY RAND
20

BOSCHE
2001
Syra
WINE OF SOU

Biltong

Getrocknetes Hirschfleisch

Ergibt eine Menge Biltong, sodass Sie längere Zeit einen Vorrat haben. Es hält sich auch ewig. Nach 15 Minuten kann es über Nacht im Kühlschrank ziehen. Danach muss es noch etwa 1 Woche hängend trocknen.

---

500 g mageres Fleisch von der Hirschkeule

100 ml Apfelessig

2 TL schwarze Pfefferkörner

1 EL Koriandersamen

5 Wacholderbeeren

1 TL Chiliflocken

2 TL Salz

1 TL Zucker

eine großzügige Prise frisch geriebene Muskatnuss

1 TL Natron

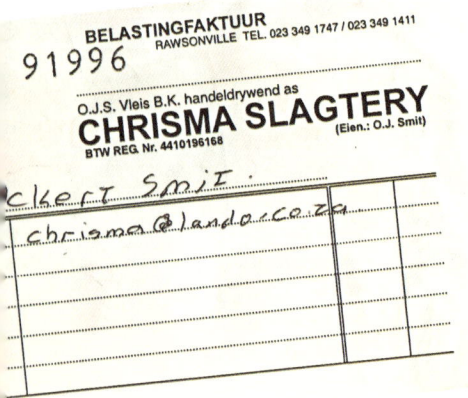

Von meiner ersten Reise nach Südafrika hätte ich nicht ohne einen Insidertipp zur Zubereitung von Biltong zurückkommen können. Also ließ ich mich mit Ockert, dem Fleischer der Stadt, bekanntmachen und bat ihn darum, mir eine kleine Einführung zu geben. In seinem Betrieb gab es nicht nur die üblichen Kühlräume, sondern auch einen mäßig temperierten Raum mit Ventilator: Sein Biltong-Raum war Ockerts ganzer Stolz.

Die Umsetzung zu Hause war eine Herausforderung, an die ich mit einer Menge Humor, einem alten Kasten, der früher der Aufbewahrung von Käse gedient hatte, und einem täglichen Blick ins Internet, um mich über die Windverhältnisse zu informieren, heranging. Aber es hat sich gelohnt: Ich hatte selbst Biltong zubereitet und kann dieses Rezept allen empfehlen, die auf kulinarische Abenteuer stehen.

Das Hirschfleisch in etwa 2 cm breite Streifen schneiden, dabei darauf achten, dass Sie mit der Faser schneiden. Die Streifen nebeneinander auf einen flachen Teller legen und den Essig darübergießen. Etwa 10 Minuten ziehen lassen. Nach der Hälfte der Zeit wenden.

Inzwischen die Gewürzmischung vorbereiten. Dafür die Pfefferkörner, Koriandersamen, Wacholderbeeren und Chiliflocken in einer Gewürzmühle grob zerkleinern oder im Mörser zerstoßen, mit Salz und Zucker mischen. Etwas frisch geriebene Muskatnuss und das Natron untermischen und alles auf einen flachen Teller geben. Die Fleischstreifen aus dem Essig nehmen und schütteln, damit überschüssiger Essig abtropft. In der Gewürzmischung wenden, sodass das Fleisch rundherum gut damit bedeckt ist. Auf einen flachen Teller oder ein Tablett legen und über Nacht im Kühlschrank ziehen lassen.

In ein Ende jedes Fleischstücks ein Loch stechen und eine Schnur hindurchziehen. Das Fleisch daran an einem warmen trockenen Ort aufhängen (möglichst geschützt vor Fliegen), an dem im Idealfall ein leichter Luftzug herrscht – denken Sie an Ockerts Ventilatoren. Je nach Jahreszeit dauert es 4–7 Tage, bis das Fleisch getrocknet ist. Es sollte fast vollständig durchgetrocknet, nur in der Mitte noch ein wenig weich sein. Dünnere Streifen werden also schneller trocknen.

Die Gewürzmischung mit einem trockenen Backpinsel oder den Händen vom Fleisch streichen und mit der Faser in Stücke schneiden, sehr trockenes Biltong kann in Stücke gerissen werden.

Potjie Brood
Topfbrot

Für 1 großen Laib. Der Teig muss zwar längere Zeit ruhen und gehen, doch der Arbeitsaufwand insgesamt ist minimal.

650 g Mehl (Type 550)

15 g Salz

10 g Trockenhefe

1½ EL Zucker

neutrales Öl zum Einfetten des Topfes

Ich lobte Rowellen, den jungen Koch im Café der Fairtrade-Gemeinschaft, für sein Brot und er erklärte mir, dass es auf einem Braai (einem südafrikanischen Grill) gebacken wurde. Ich backe es oft nach. Ich finde das saftige Brot mit lockerer Krume und kräftigem Geschmack extrem lecker.

Zum Backen verwende ich immer einen Potjie, einen speziellen gusseisernen Topf, den ich mitgebracht habe. Ein gewöhnlicher gusseiserner Bräter oder Topf tut es aber auch — Hauptsache, er hat einen Deckel und dicke Wände, die eine gleichmäßige Wärmeverteilung garantieren.

Mehl und Salz zusammen in eine große Schüssel sieben. Die Trockenhefe mit dem Zucker und 500 ml lauwarmem Wasser verrühren und unter die trockenen Zutaten rühren. Alles zu einem gleichmäßigen Teig verarbeiten, gegebenenfalls etwas mehr Wasser oder Mehl hinzufügen. Den Teig auf der leicht bemehlten Arbeitsfläche etwa 5 Minuten kneten. Dabei etwas Mehl zwischen den Handflächen verreiben, sollte der Teig zu sehr kleben.

Einen gusseisernen Topf (Größe etwa 25 x 10 cm) und den Deckel mit Öl ausstreichen, den Teig hineingeben und zugedeckt 1–2 Stunden gehen lassen. Dann den Teig mit den Fingerspitzen auseinanderdrücken, sodass er den Boden des Topfes bedeckt. Dabei sollen kleine Vertiefungen von den Fingern in der Teigoberfläche bleiben. Den Deckel auf den Topf legen und den Teig weitere 30 Minuten an einem warmen Ort gehen lassen.

Das Brot kann sowohl im Backofen als auch auf dem Braai (oder Grill) gebacken werden. Für die Variante mit dem Backofen den Ofen auf 160 °C vorheizen. Den Topf mit geschlossenem Deckel in den Ofen geben. Nach etwa einer halben Stunde den Deckel entfernen und etwas Wasser auf die Teigoberfläche spritzen. Ohne Deckel zurück in den Ofen schieben und weitere 30 Minuten backen, dabei nach der Hälfte der Zeit wenden.

Wenn Sie das Brot grillen möchten: Die Kohlen im Grill so aufheizen, dass sie glühen, dann an die Seiten schieben. Den Grillrost auf die höchste Stufe über den Kohlen anbringen und den abgedeckten Topf so darauf platzieren, dass direkt darunter keine Kohlen liegen. Mit der Grillzange etwa 5 heiße Kohlen aufnehmen und auf den Deckel legen. Das Brot ist in 30–40 Minuten fertig, muss nach der Hälfte der Zeit aber gewendet werden. Das fertige Brot umdrehen und 30 Minuten im Topf abkühlen lassen.

Da die Hitze beim Grillen niemals gleichmäßig verteilt ist, wird das Brot eine eher rustikale, unregelmäßige Kruste haben.

Quiche mit Schnecken & Spinat

Für 6 Personen. Die Vorbereitungen dauern etwa 1 Stunde, dann muss die Quiche noch 45 Minuten in den Ofen.

Für den Mürbeteig

200 g Mehl

100 g kalte Butter, gewürfelt

2 Eigelb

2 EL kalte Milch

Salz und Pfeffer

Für die Füllung

20 g Butter

8 Knoblauchzehen, fein gehackt

1 Dose Burgunder- oder Weinbergschnecken (etwa 250 g Abtropfgewicht, gibt's in der Lebensmittelabteilung größerer Kaufhäuser, schicken Feinkostgeschäften, im Internet … oder im Garten), abgespült

1 Prise frisch geriebene Muskatnuss

400 g tiefgefrorener Blattspinat, aufgetaut und ausgedrückt

1 Handvoll abgezupfte Blätter glatter Petersilie, zusammen mit einer großzügigen Prise Salz fein gehackt

50 g Gruyère, gerieben

4 Eier

200 g Schlagsahne

Salz und Pfeffer

Eine der besten Mahlzeiten, die wir uns in Südafrika schmecken ließen. Ich hatte gehört, dass die afrikanischen Achatschnecken bis zu 20 cm groß werden (schließlich heißen sie auch Riesenschnecken) und war daher fast enttäuscht, als diese Quiche mit Weinbergschnecken serviert wurde. Was den Geschmack betrifft, glaube ich allerdings, dass wir das bessere Los gezogen hatten. Dies ist eines meiner Lieblingsrezepte aus diesem Buch.

Den Teig am besten in der Küchenmaschine zubereiten: Das Mehl zusammen mit dem Salz kurz durchmischen, dann die Butterwürfel nach und nach hineingeben (das sollte nicht länger dauern als 1 Minute), die Eigelbe hinzufügen und kurz unterrühren. Die Masse in eine Schüssel füllen, die Milch hinzufügen und möglichst kurz verrühren und zu einem Teig verkneten. Es kann sein, dass Sie keine perfekte Teigkugel daraus formen können – das macht nichts. In Frischhaltefolie wickeln, zu einer Scheibe zusammendrücken und 15 Minuten im Gefrierschrank ruhen lassen.

Für die Füllung die Butter in einem großen Topf bei mäßiger Hitze schmelzen. Den Knoblauch hinzufügen und einige Minuten unter Rühren anschwitzen. Die Schnecken hinzufügen und mit Pfeffer und Muskatnuss würzen. Ein paar Minuten bei schwacher Hitze anschwitzen. Dann den Spinat dazugeben und noch ein paar Minuten erhitzen, bis er zusammenfällt, dabei gelegentlich umrühren. Vom Herd nehmen, Petersilie und Käse unterrühren und mit Salz und Pfeffer abschmecken.

Den Backofen auf 180 °C vorheizen. Eine Tarteform (24 cm Durchmesser) mit herausnehmbaren Boden bereitstellen. Den Teig aus der Frischhaltefolie nehmen (sollte er auseinanderfallen, ist das kein Problem). In die Tarteform geben und mit den Fingern festdrücken. Überschüssiger Teig wird später noch Verwendung finden. Die Tarteform mindestens 5 Minuten in den Gefrierschrank stellen.

Im Ofen auf mittlerer Schiene 12–15 Minuten goldbraun backen (es ist nicht nötig, ihn mit getrockneten Hülsenfrüchten zu belegen). Sollten Risse im Teig entstehen, mit dem überschüssigen Teig auffüllen.

Die Schneckenmischung auf dem Tarteboden verteilen. Die Eier mit der Sahne vermischen, mit Salz und Pfeffer würzen und vorsichtig über die Schnecken gießen. Im vorgeheizten Ofen 25–30 Minuten backen, bis die Füllung goldbraun und in der Mitte gerade eben gestockt ist. Vor dem Servieren 10 Minuten ruhen lassen.

Lammkoteletts mit Butternusskürbis und würziger BBQ-Sauce

Für 4 Personen.
Fertig in 1 Stunde.

3 Knoblauchzehen

frisch abgezupfte Blättchen von einigen Zweigen Rosmarin

6 EL Olivenöl

8 Stielkoteletts vom Lamm (à etwa 100 g)

1 Butternusskürbis (etwa 1,2 kg)

½ TL Cayennepfeffer

1 TL Kreuzkümmelsamen

Salz und Pfeffer

Für die Sauce

500 g rote Zwiebeln, gehackt

2 EL Olivenöl + mehr

3 Tomaten, halbiert

1½ EL Tomatenmark

125 ml Rotweinessig

2 Lorbeerblätter

500 ml Geflügelfond

5 EL flüssiger Honig

Salz und Pfeffer

In Rawsonville lernte ich bei den Lesehelfern des Fairtrade-Weinguts die wohl berühmteste Art des Kochens Südafrikas kennen: den Braai, einen Holzkohlegrill. Zu Hause habe ich das Gericht auch schon in einer Grillpfanne auf dem Gasherd zubereitet und es war ebenfalls köstlich.

Es war ein perfekter Abend: Wir saßen unter dem endlosen afrikanischen Himmel, sogen den Duft von gegrilltem Lamm ein und lernten dabei den lokalen Wein näher kennen (und mit lokal meine ich tatsächlich die andere Seite der Gartenmauer). Die Kids sangen uns kichernd Popsongs vor und die Älteren erzählten uns ihre Lebensgeschichte – dabei konnten sie sich sicher sein, dass ihre Kinder ein anderes Leben haben würden, nun, da das Weingut die Fairtrade-Anerkennung hatte.

Knoblauch und Rosmarin zusammen fein hacken und mit 2 EL Öl und 1 TL Salz verrühren. Die Lammkoteletts damit einreiben.

Den Backofen auf 180 °C vorheizen. Den Butternusskürbis längs aufschneiden und dann vierteln. Die Kerne entfernen (geschält werden muss er nicht). Die Viertel längs in jeweils drei Stücke schneiden.

Das restliche Öl mit Cayennepfeffer, Kreuzkümmel, 1 TL Salz und einer großzügigen Prise frisch gemahlenem schwarzen Pfeffer verrühren und auf ein Backblech geben. Die 12 Kürbisstücke darin wälzen, sodass sie vollständig bedeckt sind. Dann alles etwa 45 Minuten auf mittlerer Einschubleiste im Ofen backen. Nach der Hälfte der Backzeit wenden. Alternativ können Sie den Kürbis auch an einer nicht ganz so heißen Stelle auf dem Grill garen, dabei häufiger wenden.

Für die Sauce die Zwiebeln in einem großen Topf bei mittlerer Hitze in etwas Öl anschwitzen, die ersten paar Minuten ohne, dann mit Deckel. Gelegentlich umrühren. Sollten sie ansetzen, die Hitze reduzieren.

Inzwischen die Grillpfanne bei mäßiger Hitze auf den Herd geben (oder den Braai befeuern), die halbierten Tomaten leicht salzen und mit der Schnittstelle nach unten auf die Grillpfanne/den Grill legen. Umdrehen, sobald sie auf dieser Seite etwas geschwärzt sind, und von der gerundeten Seite grillen. Mit der Grillzange enthäuten.

Wenn die Zwiebeln weich sind, das Tomatenmark und 100 ml Essig sowie die Lorbeerblätter untermischen und mit einer großzügigen Prise Salz würzen. Einige Minuten unter Rühren lebhaft köcheln lassen. Dann Geflügelfond und Honig unterrühren. Die gehäuteten, gegrillten

Tomaten dazugeben und mit dem Kochlöffel leicht zerdrücken. Die Sauce 20–30 Minuten köcheln lassen, bis die Flüssigkeit eingedickt ist. Vom Herd nehmen, den restlichen Essig unterrühren und abschmecken. (Das ist vermutlich mehr Sauce, als Sie benötigen, sie lässt sich aber gut einfrieren.)

Die bereits benutzte Grillpfanne oder den Grill für die Lammkoteletts weiterverwenden. Kurz mit einem feuchten Tuch abwischen, sollten noch Tomatenstücke daran haften. Die Grillpfanne sehr heiß werden lassen und die Lammkoteletts hineingeben (oder auf den Grillrost legen). Etwa 3 Minuten von einer Seite grillen, von der anderen Seite brauchen sie dann bloß noch 2 Minuten – je nachdem, wie dick die Kotelettstücke sind und wie Sie ihr Fleisch gerne mögen. Gegart nach den angegebenen Zeiten wird das Fleisch rosa.

Koteletts, Kürbis und Sauce zusammen servieren, dazu passt ein Salat und vielleicht der Hinweis an die Mitessenden, dass die Kürbisschale essbar und darüber hinaus köstlich ist.

Rooibos-Malva-Pudding

Für 6 Personen (vielleicht mehr). Ist in 20 Minuten im Ofen und muss dann 50 Minuten darin backen.

Für die Grundmasse

30 g Butter

120 g Zucker

2 Eier, verquirlt

2 EL Aprikosenkonfitüre

1 TL Natronpulver

120 ml Milch

180 g Mehl

1 Prise Salz

4 TL Weißweinessig

Für die Karamellschicht

2 Teebeutel Rooibostee

140 g Schlagsahne

160 g Zucker

60 g Butter

2 EL Aprikosenkonfitüre

Malva-Pudding ist ein Dessertklassiker am Kap. Der Name kommt vom Malvacea (Malvasia), einem Süßwein aus Madeira, der gerne dazu getrunken wurde. Kinder mögen diese Nachspeise sehr gerne, weil sie warm und cremig ist.

Gewöhnlich wird Malva-Pudding mit Vanillesauce serviert. Mir persönlich ist das zu süß. Crème fraîche oder griechischer Joghurt passen gut dazu, da die leicht säuerliche Note einen angenehmen Gegensatz zur Süße des Karamells bildet. Eine Kugel Eiscreme ist natürlich nicht zu toppen.

Der Rooibos-Malva-Pudding ist nicht unbedingt schön anzuschauen, aber verdammt leicht zuzubereiten und kommt meinen Erfahrungen nach immer gut an. Ich habe ihn mal für die Geburtstagsparty meiner Schwester gemacht — er war im Nullkommanichts verschlungen.

Den Backofen auf 190 °C vorheizen, eine Auflaufform (mit 2 Litern Fassungsvermögen) leicht fetten. In einem mittelgroßen Topf 140 ml Wasser aufkochen und die Teebeutel darin ziehen lassen.

Für die Grundmasse Butter und Zucker schaumig schlagen. Wenn die Masse hell und luftig ist, die Eier unterrühren, dann die Konfitüre. Das Natronpulver in der Milch auflösen. Das Mehl mit dem Salz sieben und dann abwechselnd mit der Milch jeweils vollständig unter die schaumige Masse mischen. Zuletzt den Essig unterrühren und den Teig dann in der Auflaufform verteilen, die Form sollte zu etwa einem Viertel gefüllt sein.

Für die Karamellschicht die Teebeutel aus dem Topf herausnehmen. Die Sahne und den Zucker unterrühren. Dann die Butter und die Aprikosenkonfitüre in den Topf geben und alles aufkochen. Unter ständigem Rühren etwa 2 Minuten köcheln lassen.

Die Hälfte der Sauce mit einer Kelle über den Teig in der Auflaufform verteilen. Das Ganze mit Alufolie abdecken und im vorgeheizten Ofen 30 Minuten backen. Dann die Folie entfernen, die restliche Sauce darübergießen und unbedeckt weitere 20 Minuten backen.

Warm mit einem Milchprodukt Ihrer Wahl servieren und für die Großen dazu am besten ein Glas Madeira reichen.

Shirazgelee mit Beeren

Für 6 Personen. Etwa 30 Minuten Vorbereitung, dann muss das Ganze gekühlt werden, bis es geliert ist.

3 Blatt Gelatine

150 g frische Beeren (Brombeeren, Himbeeren und – wenn erhältlich – schwarze Johannisbeeren)

500 ml Shiraz (wählen Sie eine günstige Flasche, auf deren Label der Wein als » würzig und fruchtig« angepriesen wird – so ein Wein wird nicht schwer zu finden sein)

1 Sternanis

125 g Zucker

Auf dem Weingut Boschendal verbrachten wir einen kompletten Nachmittag damit, uns wieder mit der Traubensorte Shiraz anzufreunden. Denn einige Jahre zuvor hatten wir es an Weihnachten mit Shiraz der billigen Sorte übertrieben, Tage später waren unsere Zähne und Zungen noch blau gefärbt. Seitdem nannten wir Shiraz zu Hause nur »shark wine« (Haifischwein).

Dieses Rezept beruht – im Gegensatz zu den meisten anderen Rezepten in diesem Buch – nicht auf einer Speise, die ich in Südafrika tatsächlich gegessen habe. Die Idee dazu kam mir an besagtem Nachmittag beim Leeren der dritten Flasche. Aus dem für Shiraz typischen Geschmack nach roten Beeren und Pfeffer wird ein tiefrotes und aromatisches Dessert.

Die Gelatine in kaltem Wasser einweichen. Die Beeren auf dem Boden einer 1 Liter fassenden Puddingform verteilen und in den Kühlschrank stellen. Den Wein mit dem Sternanis bei schwacher Hitze zum Sieden bringen. Den Zucker hinzufügen und mit dem Schneebesen unterrühren, bis er vollständig aufgelöst ist. Vom Herd nehmen und den Sternanis herausnehmen. Die Gelatineblätter einzeln in die Flüssigkeit geben und unterrühren, bis sie jeweils vollständig aufgelöst sind.

Eine Schüssel in ein kaltes Wasserbad stellen und etwa ein Viertel der Flüssigkeit hineingießen, damit sie möglichst schnell abkühlt. Sobald sie Raumtemperatur hat (nach etwa 10 Minuten), über die Beeren in der Puddingform gießen, die Beeren sollte gerade so von der Flüssigkeit bedeckt sein. Die Puddingform zurück in den Kühlschrank stellen und die restliche Geleemischung zuerst bei Raumtemperatur abkühlen lassen und dann für etwa 1 Stunde in den Kühlschrank stellen, damit sie richtig kalt wird. Nun kann sie über die inzwischen gelierte Masse in der Puddingform gegossen werden. Wieder zurück in den Kühlschrank stellen und fest werden lassen. Um sicherzugehen, dass die Flüssigkeit vollständig geliert, am besten über Nacht kühlen.

Vor dem Servieren die Puddingform für wenige Sekunden in eine Schüssel mit warmem Wasser halten und dann auf eine Servierplatte stürzen.

Schon vor meiner Reise wusste ich, dass ich den Libanon lieben würde. Die meisten arabischen Kulturen gehen mir irgendwie unter die Haut – komischerweise, denn manchmal trifft man dort ja auf eine zweifelhafte Einstellung gegenüber Frauen und Homosexualität. Und trotzdem bin ich dort glücklich und fühle mich zu Hause. Die von den Minaretten schallenden Gebetsrufe haben eine entspannende Wirkung auf mich. Während meines ersten Morgens in Beirut hörte ich in diesem Zustand absoluter Ruhe neben dem Ruf der Muezzin auch Kirchenglocken läuten. Typisch Libanon: Hier leben Christen und Muslime zusammen – wenn auch nicht in kompletter Harmonie.

Und es gibt Probleme mit der Nachbarschaft. Am Tag meiner Ankunft erfuhr ich über eine Eilmeldung im Fernsehen, dass israelische Panzer über die südliche Grenze in den Libanon rollen würden. Als ich meinem Freund Kamal aufgeregt davon berichtete, reagierte er nicht sehr besorgt. Nach allem, was ich in meinen Gesprächen mit Einheimischen erfuhr, scheint es mir, als wären sie von den internationalen Konflikten und Bürgerkriegen, die ihr Leben schon so lange dominieren, inzwischen eher gelangweilt. Sie möchten nicht mehr kämpfen, sondern ihr Leben leben und damit beginnen, ihr wunderschönes Land wiederaufzubauen.

Ich habe zwei große Städte besucht (Beirut, wo die Hälfte der Bevölkerung lebt, und Tripolis), den bergigen Norden nahe der Grenze zu Syrien und das Landesinnere im Bekaatal. Spuren und Einflüsse der uralten arabischen Kultur sind überall zugegen, ebenso das Flair einer vor nicht allzu langer Zeit verblassten Herrlichkeit: Die Architektur Beiruts, die von den schicken älteren Damen getragenen Kleider und die Einrichtung vieler Restaurants erwecken den Anschein, als wäre vor vierzig Jahren die Zeit stehengeblieben – vor dem Beginn der Konflikte, zu der Zeit als Beirut noch als »Paris des Nahen Ostens« bekannt war.

Bei dem fantastischen Essen hier (das Bekaatal gilt als Geburtsstätte der Mezze, vegetarischer Vorspeisen), der interessanten Geschichte voll von Römern, Kalifaten, Kreuzzügen und Ottomanen und dem Ruf, dass es hier einige der besten Nachtclubs im Mittelmeerraum geben soll, stand es außer Frage, dass ich mich in dieses winzige Land verlieben würde. Dafür musste ich bloß die schlechte Presse ignorieren, die dieses Schmuckstück in letzter Zeit bekommen hat. Ich bezweifle, dass es ein Land gibt, das mehr Schlagzeilen im Verhältnis zu seiner Quadratkilometerzahl produziert. Der Libanon ist kleiner als Wales, Herrgott noch mal ... fragt sich nur, welcher Gott gemeint ist.

KURZPORTRÄT

Geografisches: Schmaler Küstenstaat, der an das Mittelmeer, Israel und Syrien grenzt. Gebirgszug im Landesinneren, die oberen Landesteile sind im Winter von starken Schneefällen betroffen. Winzige Fläche von nur 4026 Quadratkilometern.

Einwohnerzahl: 4,3 Millionen (die etwa 320 000 Flüchtlinge aus Palästina nicht mitgezählt). Übrigens eine der ältesten Zivilisationen der Welt, beginnend um 10 000 vor Christi.

Religion: 60 % Muslime, 39 % Christen (innerhalb dieser beiden Glaubensrichtungen gibt es insgesamt 18 anerkannte religiöse Sekten), 1,3 % andere (darunter das Judentum).

Bevölkerung: 95 % Araber, 4 % Armenier, 1 % andere (viele christliche Libanesen sehen sich nicht als Araber, sondern vielmehr als Nachkommen des alten Volksstamms der Kanaaniten und ziehen die Bezeichnung Phönizier vor).

Lebenserwartung: Männer 70, Frauen 74 Jahre

Einflüsse: Im konstantinischen Zeitalter gaben sich Christen und Muslime die Klinke in die Hand, bis die Kreuzritter im 13. Jahrhundert verjagt wurden. Vom 16. bis ins 20. Jahrhundert war das Land Teil des Osmanischen Reiches. Nach Ende des Zweiten Weltkriegs kam es, zusammen mit Syrien, unter französisches Protektorat, erlangte aber 1946 die Unabhängigkeit.

Kulinarische Highlights: Mezze sind das Meisterstück der libanesischen Küche. Auch in der Zubereitung von Teigen und Kebabs sind die Libanesen Profis. Gegrillt wird über Kohle, gebacken in Holzöfen. Es wird gebraten und geschmort. Manchmal wird Fleisch auch gar nicht gegart – rohes Fleisch vom Schaf ist sehr beliebt.

Nahrungsmittelexporte: Fertige Speisen – etwa Tahini (Sesampaste), Pickles (gemischtes Eingelegtes), Falafel (Bällchen aus Kichererbsen und Linsen), Limonaden, Gemüsekonserven, Süßwaren und Schokolade, Nüsse, Kartoffeln

Die fünf beliebtesten Zutaten: Granatapfelsirup, Bulgur, Kichererbsen, Petersilie, Olivenöl

Bekanntestes Gericht: *Kibbeh* (s. S. 286) und Hummus (Letzteres ist allerdings umstritten, denn auch die jüdischen Nachbarn erheben hier Anspruch auf Urheberschaft.)

Getrunken wird: Man würde es nicht vermuten, da es sich um ein arabisches Land handelt, aber sie trinken gerne Alkohol wie Arak (kräftiger Anisschnaps) und Wein aus dem Bekaatal.

Das Beste, was ich dort gegessen habe: Ich kann mich nicht entscheiden zwischen Zedernhonig (die Zeder findet sich ja auch auf der Nationalflagge) und einer mit süßem Käse gefüllten Teigtasche, *halawet el jiben,* die mich wirklich umgehauen hat.

Mein eindrucksvollstes Erlebnis: Als ich mich, nachdem ich versehentlich in eine Demonstration der Hisbollah geraten war, plötzlich vor den riesigen Ruinen der römischen Tempelanlage von Baalbek wiederfand, den buchstäblich größten Säulen der Welt.

Auf keinen Fall fragen nach …: etwas Koscherem.

Phönizischer Phönix

Manchmal verläuft meine Suche nach einem Messer, das die Eigenheiten des jeweiligen Landes reflektiert, ganz anders, als ich es mir vorgestellt hätte. Meistens frage ich zuerst einen Freund/Bekannten/Fremdenführer/Hotelpagen/Metzger/Fremden, wo ich das entsprechende Stück erstehen könnte. Das geht oft einher mit einer ahnungslosen Suche, wildem Gestikulieren in einer fremden Sprache und einer Portion Glück, bis ich meine Beute sichern kann. Aber im Fall dieses Messers mit dem Vogelkopfgriff aus Jezzine hätte es nicht einfacher sein können. Sobald ich meinem Freund Kamal erklärt hatte, auf was ich aus war, wusste er sofort, welches Messer aus dem Land, auf das er so stolz ist, das Richtige für mich ist. Das Thema Besteck mit Vogelmotiv ist alt: Im Grab des Königs Ipschemuabi von Byblos fand man ein 4000 Jahre altes Messer mit einem Vogelkopf im Griff.

Ein solches Messer hörte sich in der Tat perfekt an, leider war es nicht so einfach zu bekommen, denn diese berühmten Messer werden nur in einer Stadt über 80 km entfernt von Beirut hergestellt, und unsere Reise ging genau in die entgegengesetzte Richtung. So musste ich am Ende ohne Messer zurück nach London fliegen und warten. Einige Monate später erreichte mich die Nachricht, dass mein Messer gerade auf einer Modenschau in Paris wäre (die französisch-libanesische Verbindung ist immer noch recht gut). Von dort aus war es nur noch ein kleiner Sprung über den Kanal. Ich hatte keine Ahnung, was mich erwartete, und als ich die Verpackung öffnete und das Messer mit seinen wunderschönen Intarsien dann endlich vor mir lag, war ich zunächst skeptisch. Ich hatte noch niemals ein dekoratives Messer besessen und war verwirrt: die Klinge war kein bisschen scharf! Also tat ich das einzig Richtige und bat meinen messerwetzenden Freund Mario darum, diesen Vogel in Form zu bringen.

Als ich das Messer zurückhatte, immer noch genauso hübsch, aber sehr viel nützlicher als vorher, fand es seinen Platz in meiner Sammlung. In meiner Küche kommt es selten zum Einsatz, aber es ist mein liebstes Picknickmesser geworden. Ich komme mir wunderbar dekadent vor, wenn ich in der Sonne sitze und damit dicke Stücke von Brot und Käse schneide. Und wenn man schon mit einem Messer durch die Gegend läuft, ist es auch viel sicherer – und beeindruckender –, wenn das Exemplar eine extra angefertigte Messerscheide hat!

Rezepte aus dem Libanon

بيض بحامض

Bayed Bi Hamod – Rührei mit Zitrone & Minze

خبز بعجين

Kibbeh mit Tarator – Bulgurklöße mit Sesamdip

كبة بالطراطور

Manaqish – Fladenbrot von der Levante

منا قيش

Gerösteter Blumenkohl

بطاطا مهروسة ومشوية بالثوم الحمص

Gestampfte Ofenkartoffeln mit geröstetem Knoblauch

قرنبيط مشوي

Libanesische Pizza

دجاج محشي بالصنوبر والجوز ۾ دبس الرمان

Gefülltes Brathähnchen mit Pinienkernen & Granatapfelmelasse

بقلاوة من طرابلس

Baklava aus Tripolis

Kamal Mouzawak

Bayed Bi Hamod
Rührei mit Zitrone & Minze

Für 1 Person. In nur 5 Minuten auf dem Teller.

---

1 dünnes Fladenbrot

---

1 EL bestes Olivenöl

---

2 Knoblauchzehen, in feine Scheiben geschnitten

---

2 Eier

---

eine große Handvoll frisch abgezupfter Minzeblätter, gewaschen und grob gehackt

---

ein ordentlicher Schuss Saft von 1 frisch gepressten Zitrone

Salz und Pfeffer

Im bergigen Norden des Landes, nahe der Grenze zu Syrien, kochte unsere Gastgeberin — eine wahre Grande Dame — uns diese Eier im Handumdrehen.

Diese Version schmeckt viel frischer und leichter als gewöhnliche Rühreier und im Sommer koche ich sie unheimlich gerne (nur im Winter komme ich immer wieder auf die sahnige Variante zurück).

Die Eier sind so schnell fertig, dass es empfehlenswert ist, das Fladenbrot schon mal für das Aufwärmen vorzubereiten, also neben den Backofen oder den Toaster zu legen — aber noch nicht erhitzen.

Das Öl in einer kleinen Pfanne (möglichst mit schwerem Boden) bei mittlerer Hitze erwärmen. Die Knoblauchscheiben darin schwenken und anbraten, sodass sie gleichmäßig goldbraun werden. Inzwischen die Eier verquirlen und mit Salz und Pfeffer würzen.

Jetzt kann das Fladenbrot aufgebacken werden. Es sollte sehr warm und weich sein — nicht zu lange erhitzen, sonst wird es hart.

Die verquirlten Eier zum Knoblauch in die Pfanne geben und ständig mit dem Pfannenwender oder einem Holzlöffel umrühren. Kurz bevor sie gestockt sind, die Minze und etwas Zitronensaft unterrühren.

Auf einen Teller geben, nach Belieben mit etwas mehr Zitronensaft abschmecken und mit Minzeblättchen garnieren. Das warme Fladenbrot dazureichen.

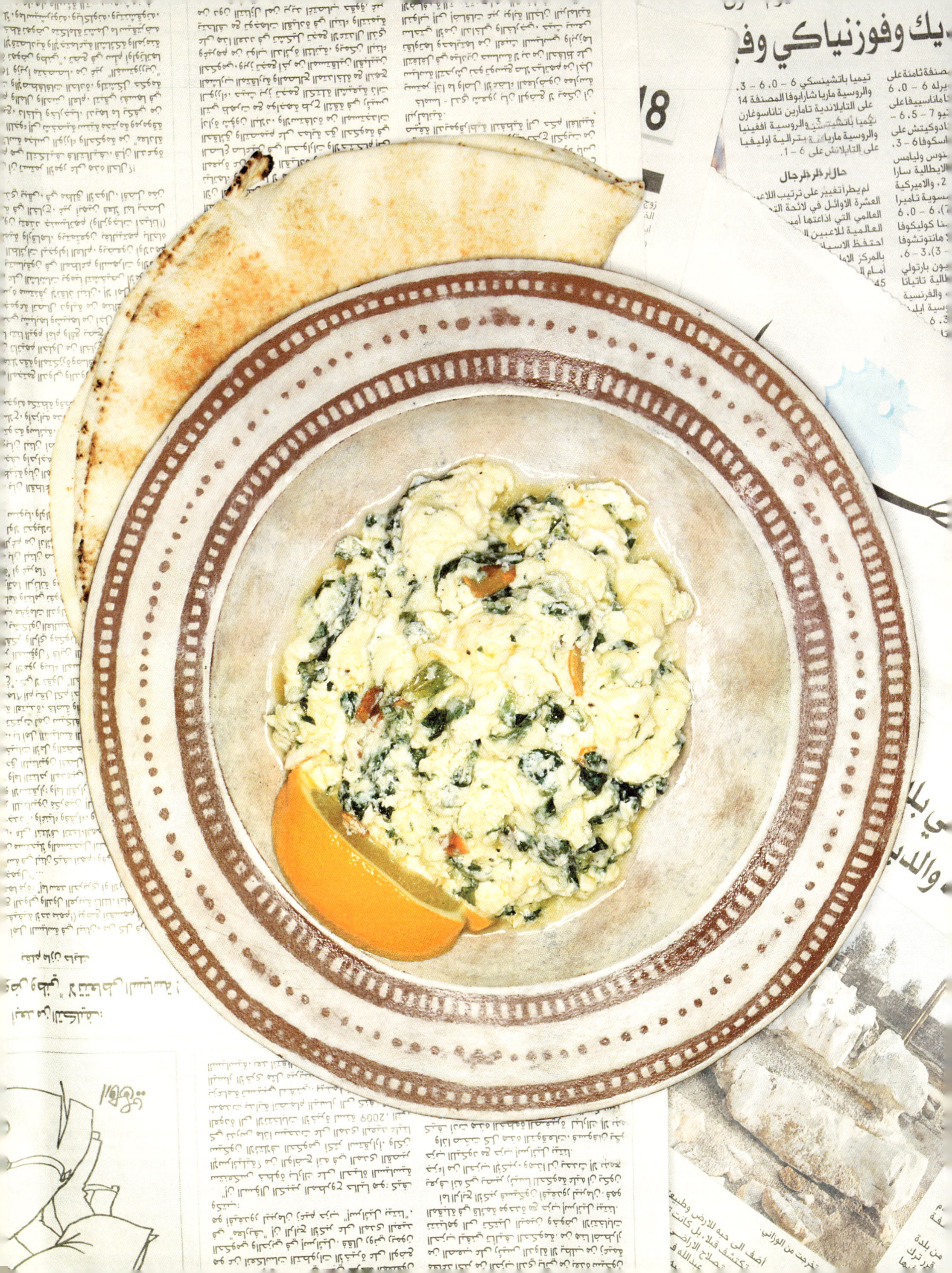

Kibbeh mit Tarator

Bulgurklöße mit Sesamdip

Für 4–6 Personen (etwa 12 Klöße). 50 kurzweilige Minuten Zubereitungszeit.

Für die Kibbeh

150 g Bulgur

300 g Lammhack

1 Zwiebel, gehackt

1 große Prise Kreuzkümmel

Für die Kibbeh-Füllung

1 kleine Zwiebel, fein gehackt

etwas Olivenöl

2 gehäufte EL Pinienkerne

250 g Lammhack

1 große Prise gemahlener Zimt

Salz und Pfeffer

Für den Tarator (Sesamdip)

2 Knoblauchzehen, mit etwas Salz fein zerdrückt

Saft von 1 frisch gepressten Zitrone

5 EL Tahini (Sesampaste, aus dem Glas, vor Gebrauch gut durchrühren)

75 ml bestes Olivenöl

1 große Handvoll grüne Oliven, entsteint und grob gehackt

1 Handvoll frisch abgezupfte Blätter von glatter Petersilie, gehackt

1 l Öl zum Frittieren

Der libanesische Koch, der die Idee hatte, Klöße aus Lammhack mit Lammhack zu füllen, muss ein kulinarisches Genie gewesen sein. Kibbeh passen zu jeder Gelegenheit: als Mittag- oder Abendessen ebenso wie als Partysnack. Es gibt sie in den verschiedensten Größen und Ausführungen. Die Version mit Lammfleisch ist und bleibt aber ein Klassiker.

Den Bulgur in einem kleinen Topf 1 cm hoch mit heißem Wasser übergießen. Bei schwacher Hitze etwa 10 Minuten köcheln lassen, bis das Wasser vollständig aufgesogen wurde.

Für die Füllung die Zwiebeln in einer Pfanne in etwas Olivenöl anschwitzen. Sobald sie weich sind, die Pinienkerne hinzufügen und goldbraun anbraten. Das Hackfleisch dazugeben und mithilfe eines Holzkochlöffels auflockern und gut umrühren. Wenn es Farbe annimmt, mit Salz, Pfeffer und Zimt würzen, fertig garen und auf einem Teller auskühlen lassen.

Für die Kibbeh das Hackfleisch mit der Zwiebel, dem Kreuzkümmel, etwas Salz und Pfeffer sowie dem Bulgur verkneten. Die Hack-Bulgur-Masse in 12 Portionen aufteilen, dabei etwa 1 TL zurückbehalten (zum Überprüfen der Temperatur des Frittieröls). Jede Portion zu einer festen Kugel rollen. Mit einem Finger eine Vertiefung in die Mitte drücken, auf etwa 2 Finger breit vergrößern und die Kugel dabei zu einem Oval formen. Die Füllung ebenfalls in 12 Portionen teilen, in die Vertiefungen geben und die Öffnungen mit den Fingern verschließen. Dabei die Hände immer wieder anfeuchten. Die Klöße sollten eine zitronenähnliche Form haben und rundum geschlossen sein. Im Kühlschrank ruhen lassen.

Für den Tarator-Dip Knoblauch, Zitronensaft und Tahini in einer Schüssel mit etwa 100 ml Wasser vermischen. Das Olivenöl in einem feinen Strahl hineingießen, dabei ständig mit dem Schneebesen rühren. Mit Salz abschmecken. Die Oliven unterrühren, mit Petersilie garnieren. und etwas Olivenöl darüberträufeln.

Das Öl zum Frittieren in einem ausreichend großen Topf erhitzen. Die Temperatur mit der zurückbehaltenen Kibbeh-Masse prüfen — sie sollte brutzelnd und zischend an der Oberfläche schwimmen. Die Kibbeh mit leicht angefeuchteten Händen in Form drücken und glattstreichen. Dann jeweils 4–6 Stück auf einmal etwa 5–8 Minuten frittieren, bis sie rundherum goldbraun sind. Auf Küchenpapier abtropfen lassen, mit dem Tarator-Dip überträufeln und den Rest in einer kleinen Schüssel dazuservieren.

Manaqish

Fladenbrot von der Levante

Für 6 Stück. Der Teig ist in 20 Minuten vorbereitet, muss dann noch 45 Minuten gehen und 5 Minuten gebacken werden.

Für den Teig

500 g Mehl (Type 405 oder je 250 g Type 405 und 550)

1 TL Trockenhefe

1 EL Zucker

1 TL Meersalz

Für das Za'atar (Gewürzmischung)

4 EL getrockneter Thymian

4 EL Sesamsamen

4 TL Sumach (aromatisch-säuerliches Gewürzpulver aus getrockneten und zerstoßenen Beeren des gleichnamigen mediterranen Strauchs)

6 EL bestes Olivenöl

2 TL Meersalz

An einem sonnigen Samstagmorgen schlenderte ich über den Markt Souk el Taqeb in Beirut, dem ersten und einzigen Bauernmarkt im Libanon. Das Angebot war groß und verlockend: Ich sah beeindruckende Kohlköpfe, Zedernhonig aus der Region in riesigen Fässern, Kibbeh in allen möglichen Geschmacksrichtungen und Größen und komischerweise auch eine Menge Leute, die Haarpflegeprodukte auf Pflanzenbasis verkauften. Am besten gefiel mir der letzte Stand: Auf einer Kiste in der hintersten Ecke des Marktes sitzend bereitete Nelly dieses köstliche Streetfood zu.

Ich bereite den Teig immer mit einer 1:1-Mischung aus Mehl der Sorten Type 405 und Type 550 zu. Er gelingt aber auch, wenn man nur Mehl Type 405 verwendet.

In einer Schüssel das Mehl mit der Hefe, dem Zucker und dem Salz vermischen. Nach und nach 250–300 ml warmes Wasser unterrühren, bis ein weicher Teig entsteht. Diesen einige Minuten kräftig durchkneten, bis er elastisch ist und nicht mehr klebt. In 6 Portionen aufteilen, zu Kugeln formen und diese abgedeckt mit einem angefeuchteten Küchentuch auf der bemehlten Arbeitsfläche etwa 45 Minuten gehen lassen.

Den Backofen auf 240 °C vorheizen, dabei ein Backblech darin aufwärmen. Die Teigkugeln kreisförmig je etwa 3–5 mm dünn ausrollen.

Die Zutaten für das Za'atar gut vermischen. Mit den Fingerspitzen Vertiefungen in die Fladen drücken, das Za'atar darauf verteilen und mit dem Löffelrücken verstreichen. Die Fladen auf das vorgeheizte Backblech legen und im Backofen 4–5 Minuten backen.

Auf den nächsten Seiten, im Uhrzeigersinn von oben rechts: Manaqish, Libanesische Pizza, Kibbeh mit Tarator, Gerösteter Blumenkohl, Gestampfte Ofenkartoffeln mit geröstetem Knoblauch.

287

Gerösteter Blumenkohl

Leckere Beilage für etwa
6 Personen. Die Vorbereitung
dauert 5 Minuten, dazu kommen
45 Minuten im Ofen.

2 kleine Köpfe Blumenkohl
(à etwa 500 g), Blätter entfernt

bestes Olivenöl

Sumach oder gemahlener
Kreuzkümmel

Saft von 1 frisch gepressten Zitrone

1 Handvoll glatte Petersilie, grob
gehackt

Meersalz

Wer hätte gedacht, dass sich ein ganz gewöhnlicher Blumenkohl durch
etwas Zeit im Ofen in so eine aufregende Speise verwandeln lässt? Ich
habe Blumenkohl so das erste Mal bei meinem Freund Kamal gegessen.
Er servierte das Gemüse als Beilage zu einem festlichen Mittagessen.
Den im Ganzen gerösteten Blumenkohl haben wir vollständig verputzt.

Den Backofen auf 190 °C vorheizen.

Die beiden Blumenkohlköpfe in eine Auflaufform oder auf ein Backblech setzen und großzügig mit Olivenöl beträufeln. Kräftig salzen und
den Sumach (oder Kreuzkümmel) darüberstreuen. Im Ofen zwischen
45 Minuten und 1 Stunde garen. Dabei sollte der Blumenkohl nicht
anbrennen, gegebenenfalls also die Temperatur etwas reduzieren. Der
Blumenkohl ist fertig, wenn er leicht gebräunt ist und kaum Widerstand
bietet, wenn man einen Zahnstocher oder kleinen Spieß hineinsteckt.

Abschließend noch mehr bestes Olivenöl und Zitronensaft darüberträufeln, mit Meersalz würzen und mit gehackter Petersilie servieren.

Gestampfte Ofenkartoffeln mit geröstetem Knoblauch

Reicht für 4 Personen, wenn es
eine leckere Beilage dazu gibt.
Die Kartoffeln müssen 1 Stunde
in den Ofen und nach einer
leichten Abkühlphase noch mal
30 Minuten bearbeitet werden.

6 große, mehligkochende Kartoffeln
(insgesamt etwa 1,75 kg), gewaschen,
aber ungeschält

die Zehen von 1 Knolle Knoblauch,
ungeschält

125 ml bestes Olivenöl

1 EL Thymianblättchen, frisch
abgezupft oder getrocknet

Salz und Pfeffer

Im fantastischen Restaurant *Halabi* in Beirut war dieses Gericht, serviert mit ein paar knusprig-frittierten Schalotten (siehe Seite 55 für ein
schnelles Rezept), der zweite Happen eines 40-gängigen Mezzemenüs.
Kartoffelbrei einmal ganz anders, herrlich zu Fisch, Hähnchenfleisch
und eigentlich allem, was gut zu Olivenöl passt.

Den Backofen auf 200 °C vorheizen. Die feuchten Kartoffeln an den
Rändern eine Backblechs verteilen. Die Knoblauchzehen in die Mitte
des Blechs legen, alles salzen und das Blech dann in den Ofen schieben.
Nach 20 Minuten die Knoblauchzehen aus dem Ofen nehmen, die Temperatur auf 180 °C reduzieren und die Kartoffeln etwa 45 Minuten länger
backen, bis sie gar sind. Aus dem Ofen nehmen und abkühlen lassen.

Die abgekühlten Kartoffeln und Knoblauchzehen schälen. Das Olivenöl
in einem Topf erhitzen und den Knoblauch zusammen mit dem Thymian
einige Minuten darin anschwitzen. Dann die Kartoffeln nacheinander
dazugeben und mit einer Gabel grob zerdrücken. Mit Salz und Pfeffer
würzen, alles gut vermischen. Mit einem Schuss bestem Olivenöl warm
oder bei Raumtemperatur mit knusprigen Schalotten servieren.

Libanesische Pizza

Für 2 Pizzas. Fix und fertig in
30 Minuten.

1 Handvoll Pinienkerne
1 Zwiebel, fein gewürfelt
2 Knoblauchzehen, gehackt
1 ordentlicher Schuss bestes Olivenöl
200 g Lammhack
1 große Prise gemahlener Kreuzkümmel
1 große Prise gemahlener Zimt
2 dünne Fladenbrote (à 20 cm Durchmesser)
Saft von 1 frisch gepressten Zitrone
1 Handvoll glatte Petersilie, grob gehackte
1 Prise edelsüßes Paprikapulver
Salz und Pfeffer

Am Morgen meines ersten Tages in Beirut folgte ich meiner Nase zu einer Bäckerei, in der jeden Tag Hunderte solcher Pizzas gebacken wurden: Ein junger Mann hatte die Aufgabe, den Teig auszurollen, der nächste schob die Pizzas in den Holzofen und eine alte Dame kassierte. An vielen kalten Wintertagen habe ich mir gewünscht, ich könnte diese Bäckerei in meine Straße zaubern.

Dieses Rezept lässt sich auch gut mit dünnem Fladenbrot zubereiten, das man bei arabischen und türkischen Lebensmittelhändlern, in größeren Supermärkten oder im Internet eingeschweißt kaufen kann. Selbstverständlich können Sie das Fladenbrot auch nach dem Manaqish-Rezept auf Seite 287 selbst backen.

Zusammen mit einem Salat ein leichtes Mittag- oder Abendessen für Figurbewusste.

Den Backofen auf 200 °C vorheizen und während des Aufwärmens die Pinienkerne auf einem Backblech darin rösten.

Zwiebel und Knoblauch mit etwas Olivenöl in einer großen Pfanne mit schwerem Boden 1–2 Minuten anschwitzen. Das Hackfleisch hinzufügen und mit einem Holzlöffel zerkrümeln. Dann Kreuzkümmel und Zimt untermischen und alles bei starker Hitze anbraten, bis das Fleisch vollständig braun ist und alle Flüssigkeit, die aus dem Fleisch getreten ist, vollständig verdampft ist (das sollte weniger als 10 Minuten dauern).

Die Pinienkerne aus dem Ofen nehmen, sobald sie goldbraun sind (das Backblech zurück in den Ofen schieben) und in eine Schüssel füllen. Das Hackfleisch zu den Pinienkernen geben, gut durchmischen und mit Salz und Pfeffer abschmecken.

Die Mischung auf den beiden Fladenbroten verteilen und gleichmäßig darauf verstreichen. Mit einer Teigrolle einmal über jedes Fladenbrot rollen, um die Mischung ein wenig in den Teig zu drücken. Die Fladen dann auf das heiße Backblech geben und im Ofen etwa 7 Minuten backen.

Sobald die Pizzas aus dem Ofen kommen, mit etwas Zitronensaft beträufeln und mit frisch gehackter Petersilie sowie etwas Paprikapulver bestreuen. Heiß, heiß, heiß genießen!

Gefülltes Brathähnchen mit Pinienkernen & Granatapfel-Melasse

Für 4–6 Personen. 30 Minuten Vorbereitungszeit, dann etwa 1 Stunde im Ofen.

---

100 ml bestes Olivenöl

70 g Bulgur

1–2 Knoblauchzehen, fein gehackt

50 g Pinienkerne

1 TL Kreuzkümmel (gemahlen oder die ganzen Samen)

½ TL gemahlener Zimt

2 Zwiebeln, in Spalten geschnitten

1 kleiner Butternusskürbis, geschält, die Kerne entfernt, der schmale obere Teil längs halbiert und dann in 2 cm breite Halbkreise geschnitten, der rundliche untere Teil in etwa 5 cm große Stücke geschnitten

2 Lorbeerblätter

frisch abgezupfte Blättchen von einigen Zweigen Thymian oder 1 Prise getrockneter Thymian

300 g Rinderhack

abgeriebene Schale von 1 Bio-Zitrone

1 Handvoll glatte Petersilie, gehackt

1 Hähnchen aus Freilandhaltung (etwa 1,75 kg)

etwa 500 ml heißer Geflügelfond, nach Bedarf mehr

125 ml Granatapfel-Melasse

Salz und Pfeffer

Vor Ort wird Granatapfel-Melasse auch »Balsamico des Nahen Ostens« genannt und diese Behauptung ist gar nicht mal so weithergeholt. Beides hat die Konsistenz von Sirup und einen leicht süßlichen Geschmack, zu dem bei der Melasse auch eine säuerlich-fruchtige Dimension hinzukommt, während der Balsamico-Essig bloß eine leichte Schärfe hat. Die Granatapfel-Melasse definiert den Geschmack dieser Speise, einem libanesischen Klassiker mit neuer Füllung.

In einem großen Schmortopf 1 EL Olivenöl erhitzen. Bulgur, Knoblauch, Pinienkerne und die Gewürze kurz darin anbraten. Dann etwas Wasser angießen, sodass der Bulgur gerade bedeckt ist. Abgedeckt 5 Minuten köcheln lassen, bis der Bulgur gar ist, dann in eine Schüssel umfüllen.

Den Schmortopf mit Küchenpapier auswischen, bei mittlerer Hitze die Zwiebeln darin mit einem ordentlichen Schuss Olivenöl bei geschlossenem Deckel etwa 5 Minuten anschwitzen, dabei gelegentlich umrühren.

Die Temperatur erhöhen, Kürbis, Lorbeerblätter und Thymian zu den Zwiebeln geben, mit Salz und Pfeffer würzen. Abgedeckt 5-10 Minuten unter gelegentlichem Rühren köcheln lassen, bis die Zwiebeln goldbraun und die Kürbisstücke weich sind.

Inzwischen das Hackfleisch in einer großen Schüssel mit dem abgekühlten Bulgur, der abgeriebenen Zitronenschale, der Petersilie und etwas Salz und Pfeffer vermengen. Das Hähnchen mit der Mischung füllen, den Bürzel über die Öffnung klappen und mit Zahnstochern befestigen.

Wenn das Gemüse fast gar ist, in die Schüssel füllen, in der die Füllung vorbereitet wurde. Den Schmortopf erneut auswischen und wieder einen großzügigen Schuss Olivenöl darin erhitzen. Das Hähnchen (Brustseite nach unten) zuerst auf der einen, dann auf der anderen Seite bei starker Hitze goldbraun anbraten, umdrehen und 1 weitere Minute anbraten.

Den Vogel aus dem Topf heben und stattdessen die Hälfte des Gemüses hineingeben. Das Hähnchen mit der Brust nach oben in die Mitte auf das Gemüse setzen und das restliche Gemüse darum verteilen. Den Geflügelfond angießen — er sollte etwa drei Viertel des Hähnchens bedecken — und abschließend die Granatapfel-Melasse über das Hähnchen und in den Fond träufeln. Bei geschlossenem Deckel und schwacher bis mäßiger Hitze etwa 1 Stunde köcheln lassen. Das fertige Hähnchen noch etwa 10 Minuten ziehen lassen und mit Reis servieren.

Baklava aus Tripolis

Ergibt etwa 40 Stück nach
40 Minuten Vorbereitung und
40 Minuten im Ofen.

---

200 g geschälte Pistazienkerne

---

125 g Zucker

---

3 EL Rosenwasser

---

75 g Butter

---

1 Paket Filoteig (etwa 300 g,
es werden 12 dünne Lagen von
20 x 30 cm Größe benötigt, bei
Packungen mit größeren Lagen
können diese einfach geteilt werden)

---

250 g flüssiger Honig

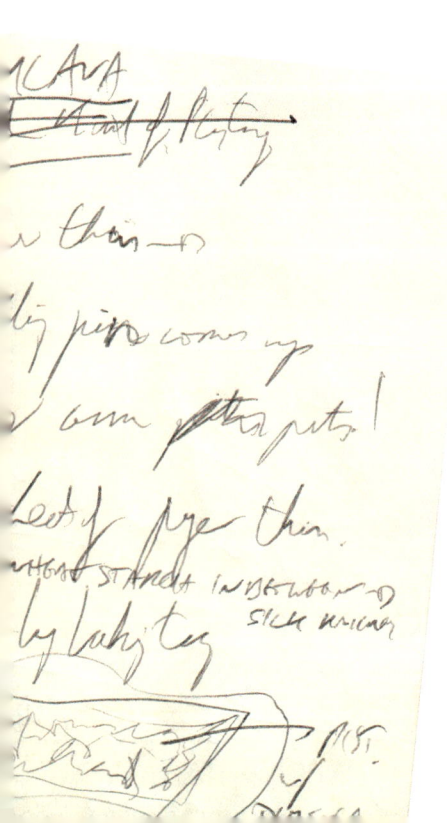

Im 8. Jahrhundert v. Chr. kamen Händler aus Tyros, Sidon und Aruad in dieses damals kleinen Städtchen und errichteten jeweils Mauern um ihren Bereich der Stadt – daher der Name: Tripolis bedeutet drei Städte. Heute ist die zweitgrößte Stadt des Libanons vor allem für Möbel und Süßigkeiten bekannt. Selbstverständlich habe ich mich vor allem für Letzteres interessiert. Besonders gut lässt sich diese lokale Spezialität bei *Hallab & Sons*, ein Familienbetrieb in der fünften Generation, verkosten – das Café liegt im unteren Teil eines sechsstöckigen Gebäudes, darüber die geschäftigen Backstuben und Produktionsstätten.

Das Rezept ist einfach, doch können Sie damit Eindruck schinden. Alles, was Sie brauchen, ist etwas Geduld im Umgang mit dem Filoteig.

Die Pistazienkerne zusammen mit der Hälfte des Zuckers in der Küchenmaschine oder mit dem Pürierstab sehr fein hacken. 1 EL davon für später beiseitelegen, den Rest mit dem Rosenwasser zu einer Paste verrühren.

Den Backofen auf 180 °C vorheizen.

Eine flache, rechteckige Auflaufform (20 x 30 cm Umfang) mit etwas geschmolzener Butter ausstreichen, vorsichtig eine Lage Filoteig darauflegen und glätten. Die einzelnen Schichten Filoteig sollten bis an die Ränder der Form reichen, gegebenenfalls müssen sie also zurechtgeschnitten oder zusammengesetzt werden. Die Lage in der Auflaufform dünn mit Butter einstreichen, eine weitere Lage daraufgeben, dabei an den Rändern und den Ecken etwas hochziehen (überstehenden Teig mit einem Messer abschneiden). Auf diese Weise fünf Lagen übereinanderschichten.

Die Hälfte der Pistazienpaste auf dem Filoteig in der Auflaufform verstreichen. Eine Lage Filoteig darauflegen, mit Butter bestreichen, gefolgt von einer weiteren Lage Filoteig und Butter und dann dem Rest der Paste. Anschließend weitere fünf Lagen Filoteig und Butter daraufgeben.

Das Ganze nun in Rauten schneiden. 40–45 Minuten im Ofen backen, bis die Oberfläche goldbraun ist, eventuell die Form im Ofen einmal drehen.

Inzwischen den Honig mit dem restlichen Zucker und 100 ml Wasser aufkochen und um die Hälfte zu einem Sirup einkochen. Gelegentlich umrühren. Sobald die Baklava aus dem Ofen kommt, den Sirup darübergießen und die übrigen fein zerkleinerten Pistazien in die Mitte der Rauten streuen. Bei Zimmertemperatur genießen.

Eine Reise nach China schien mir immer eine sehr große Sache: Allein die lange Geschichte und die ausgeprägte — unserer eigenen so fremde — Kultur des Landes, das sich über eine so riesige Fläche erstreckt und ein Fünftel der Weltbevölkerung beheimatet, beeindruckten mich dermaßen, dass ich beinahe nie dorthin gereist wäre. Aber unser amerikanischer Freund Doug und seine chinesische Frau Alida planten für einige Freunde eine Rundreise durch ihr Heimatland und fragten uns, ob wir nicht mitkommen wollten. Das war die Einladung, auf die ich gewartet hatte.

Wir flogen nach Shanghai und erholten uns dort einige Tage von unserem Jetlag, bevor wir uns mit den anderen trafen. Was uns sofort auffiel, war, dass sich die Städte hier in ständiger Veränderung zu befinden scheinen: Weg mit dem Alten und her mit dem Neuen — um jeden Preis! Ja, die Uferpromenade Bund entlangzuschlendern und die Skyline am Fluss Huangpu zu bewundern hat mich tief beeindruckt. Aber von meinem Hotelzimmer aus konnte ich 73 Kräne zählen und von dem alten französischen Viertel war praktisch nichts mehr übrig.

Unser schönster Ausflug führte uns nach Suzhou, wo wir einen ganz besonderen Nachmittag damit verbrachten, durch den »Garten des bescheidenen Beamten« zu schlendern — für mich die perfekte Einführung in die Schönheit und das Feingefühl dieser jahrtausendealten Kultur.

In Peking wurde schnell klar, dass wir unsere Chance, die Hutongs zu sehen, verpasst hatten. Die meisten dieser engen Gassen waren im Zuge der Vorbereitungen für die Olympischen Spiele dem Boden gleichgemacht worden. Außerdem wollte uns unser Reiseführer vor allem die neuen Hochhäuser zeigen. Die mit gelb glasierten Ziegeln gedeckten Dächern der Verbotenen Stadt gibt es noch, sie verbreitet die Aura eines anderen Zeitalters. Aber es hat mich wirklich überrascht, wie ein Volk, das einerseits so stolz auf seine Geschichte ist, sich andererseits so wenig darum zu kümmern scheint, deren Zeugnisse zu erhalten.

Nahe Xi'an konnten wir die Terrakottaarmee bewundern, die man sich wirklich nicht entgehen lassen sollte. Die Stadt selbst war gerade wortwörtlich zum Stillstand gekommen, da dort zeitgleich drei neue U-Bahn-Linien gebaut wurden. Zum Glück hatte Alida gute Verbindungen und eine Polizeieskorte mit Blaulicht begleitete unseren Minibus. Das war ein Spaß!

Je weiter wir uns von der Hauptstadt (und damit der Parteizentrale) entfernten, umso entspannter waren die Menschen. Lijiang in der Provinz Yunnan hat mir am besten gefallen. Dort ging es lebhaft und charmant zu — diese Lebensart hatte ich während unserer

China

Reise noch nirgendwo gesehen. Außerdem gibt es da einen der besten Märkte für Lebensmittel, die ich jemals besucht habe: ausgezeichnetes Obst, wunderbares Gemüse, Tausendjährige Eier und Sorten von Chilischoten, von denen ich niemals zuvor gehört hatte. Als wir die Bereiche für Fleisch und Fisch besuchten, war das Morgengeschäft eigentlich schon vorüber, aber der Geruch von frischem Blut und die Zufriedenheit über ein gutes Geschäft hingen immer noch in der Luft.

Unsere letzten beiden Stationen hätten unterschiedlicher nicht sein können: In Shangri-La (früher Zhongdian) an der Grenze zu Tibet musste man beim Bewundern der goldenen Tempel aufpassen, nicht über die winzigen, schwarzbehaarten einheimischen Schweine zu stolpern, die überall auf den Gehwegen herumwuselten, oder in ein Yak vom Umfang eines kleinen Hauses zu laufen. Der Ort liegt auf solcher Höhe, dass man Sauerstoffflaschen in unseren Zimmern bereitgestellt hatte, aber wir waren so gut drauf, dass wir eigentlich die ganze Zeit kichern mussten und gar nicht daran dachten, den Sauerstoff zu nutzen.

Unser letzter Stopp war Hongkong, das uns nach dem friedlichen Aufenthalt in den Bergen ziemlich unfreundlich erschien. Aber nach ein paar Cocktails in einer amerikanischen Bar am Hafen hatten wir uns an die Atmosphäre der Stadt gewöhnt, genossen die Aussicht über das Hafenbecken und auf die berühmte nächtliche Lichtshow und dachten nur daran, möglichst bald wiederzukommen. Das nächste Mal wollten wir dann aber mehr vom alten China sehen – nicht das politisierte, aufgehübschte, sondern das traditionelle. Ich war noch nirgendwo, wo man ähnlich aggressiv durch die Gegenwart prescht, damit die Zukunft möglichst schnell beginnt. Soweit ich das beurteilen kann, ist der Preis dafür sehr hoch.

KURZPORTRÄT

Geografisches: Auf 9,5 Millionen Quadratkilometer Fläche haben sie einfach alles: Berge, Täler, Küste und Wüste. Das drittgrößte Land der Welt.

Einwohnerzahl: 1,3 Milliarden und die älteste beständige Zivilisation der Welt

Religion: Offiziell glaubenslos, aber es gibt fünf staatlich anerkannte Religionen: Daoismus, Buddhismus, Islam (1–2 %), Katholizismus und Protestantismus (3–4 %).

Bevölkerung: 92 % Han-Chinesen, der Rest setzt sich aus fünfundfünfzig verschiedenen »Minderheiten« zusammen.

Lebenserwartung: Männer 71, Frauen 75 Jahre

Historisches: Mongolen (Yuan-Dynastie 1260–1368 unter Kublai Khan, dem Enkel Dschingis Khans), im 19. Jahrhundert einige europäische Handelsposten an der Küste, das Landesinnere blieb die meiste Zeit von äußeren Einflüssen verschont.

Kulinarische Highlights: Äußerst heiße Woks, Bambuskörbchen zum Dampfgaren, Garen auf Kohlen, große Töpfe zum Schmoren, um zähes Fleisch zart zu machen, Frittieren

Nahrungsmittelexporte: Obst in all seinen Formen (z. B. Konfitüren, Marmelade, Apfelsaft), eingemachtes und tiefgefrorenes Gemüse, Tomatenkonzentrat, getrocknete Hülsenfrüchte, Tee

Die fünf beliebtesten Zutaten: Reis (und Reisnudeln), einzigartiges Gemüse, Fleisch (besonders vom Schwein und Geflügel), Ingwer, Eier (und Eiernudeln)

Bekanntestes Gericht: Pekingente

Das trinkt man hier: Tee, Bier und heimischen Wein

Mein Lieblingsgericht: *Xiaolongbao* – mit Hähnchenfleisch und Suppe gefüllte Teigtaschen – eine wahre Explosion reinen Hähnchengeschmacks

Mein eindrucksvollstes Erlebnis: Der Anblick der Terrakottaarmee

Auf keinen Fall fragen nach …: Lunge vom Schwein und Menschenrechten (denn das eine werden Sie bekommen, das andere nicht).

Hongkong

HACKBEIL

Wir besuchten einen riesigen überdachten (dreistöckigen!) Markt in Kowloon, Hongkong. Eines der Stockwerke war ganz dem Fleisch, das nächste Obst und Gemüse und das unterste Fisch gewidmet. Als wir zwischen den etwa 100 Fleischständen umherschlenderten, fiel mir auf, dass alle mit dem gleichen Messermodell arbeiteten. Noch nie hatte ich ein solches Hackbeil gesehen. Es gab vier verschiedenen Größen, die Form war aber immer die Gleiche: geriffelter Holzgriff und beeindruckend geschwungene Klinge, die oben recht stabil war und einen längeren Übergang zur äußerst scharfen Schneide hatte. Da wir keine gemeinsame Sprache sprachen, hielt ich einigen Metzgern Geld unter die Nase, sie alle reagierten gleichermaßen verwirrt und amüsiert darauf. Ich sagte immer wieder ich sei *chu shi*, Köchin. Sie lachten. Ich verließ den Markt verschwitzt, verärgert und frustriert. Aber klein beigeben wollte ich nicht und so fragte ich den Inhaber unserer Pension, wo richtige Köche hier ihre Messer kaufen würden. Es stellte sich heraus, dass sein Cousin Koch ist und er rief ihn sofort an (in China geht man in jeder Situation ans Handy — egal, was man gerade tut: Der Anruf hat Vorrang) und

zeigte mir dann eine Straße auf unserer Karte. Wir also gleich wieder raus in den strömenden Regen — es zogen gerade die Ausläufer eines Taifuns vorbei — und liefen und liefen und dachten schon, wir hätten uns verlaufen oder etwas missverstanden (denn das war uns hier oft passiert), aber dann sahen wir einen riesigen Bambuskorb, wie er zum Dampfgaren benutzt wird, vor einem Geschäft hängen. Wir traten ein, ich skizzierte ein Messer auf ein Blatt Papier und die Verkäuferin verschwand. Ein paar Minuten später tauchte sie wieder auf mit den Worten: »Lass one«. Das einzige Messer dieses Typs, das sie noch hatten, war sozusagen der Vater der Familie. Es blieb mir also keine Wahl — und ehrlich gesagt hätte ich mich wahrscheinlich sowieso für dieses Modell entschieden. Ich war verschwitzt und vom Regen durchnässt, aber das war mir egal, denn nach drei Wochen vergeblicher Suche in ganz China hatte ich endlich »mein« Messer gefunden.

Es handelt sich hierbei offensichtlich um ein Hackbeil für Profis mit einer Klinge aus rostfreiem Stahl und einem geriffelten Holzgriff, der einem eigentlich nicht aus der Hand rutschen kann. Für seine Größe ist das Gewicht hervorragend verteilt und es liegt wunderbar in der Hand. Ich liebe die geschwungene Klinge. Hier sind STÄRKE UND SCHÖNHEIT vereint — fantastisch!

虾肉蒸饺

Herzhafte Eierkuchen
mit Mais

四川辣排骨

Krosse Schweinerippchen mit Sichuanpfeffer und frittiertem Knoblauch

姜蓉西兰花炒饭

Teigtaschen mit
Krebsfleisch

油煎玉米饼

Hai Wan Jus bunte
Reisnudelbouillon

海湾朱花面

Gebratener Reis mit Ei und
aromatischem Ingwerbrokkoli

Painted and Carved Wooden Tray
Mask of an Ancient Stage Figure, Guan Yu
Anshun, Guizhou Province,
the Qing Dynasty

Rezepte aus China

¥200.00

TIBETANDRY®

大藏秘

Since 1848

9年青稞干红酒

KWEICHOW
MOUTAI

53%vol 500ml

KWEICHOW MOUTAI

贵州茅台酒

中国·云南

滇红

GARDEN

番家花园

Herzhafte Eierkuchen mit Mais

Für 8 relativ große Eierkuchen (8–10 cm). Ganz einfach fertig in 10 Minuten.

---

2 Kolben Zuckermais, Blätter entfernt und Körner gelöst, oder 275 g frische Maiskörner

---

1–2 Frühlingszwiebeln (nur der grüne Teil), in feine Ringe geschnitten

---

3 Eier

---

1 EL helle Sojasauce

---

4 EL Mehl

Erdnussöl zum Braten (ersatzweise Sonnenblumenkernöl oder ein anderes Pflanzenöl)

Dieser Snack gehört zum besten Streetfood, das ich in China gegessen habe. Dabei saß ich direkt an einer sanft plätschernden Quelle im atemberaubenden Bergstädtchen Lijang, nicht weit entfernt von der tibetischen Grenze.

Die Eierkuchen sind schnell und einfach zubereitet, sättigend und – besonders mit ein wenig Chilisauce – verdammt lecker. Kindern und Erwachsenen schmecken sie gleichermaßen. Zu oder nach einigen Drinks passen sie hervorragend – wenn ich nach einigen Pints aus meinem Stammpub gestolpert bin, habe ich mir schon oft gewünscht, ich würde an einem Wagen vorbeikommen, von dem aus sie verkauft werden.

Hat Mais gerade keine Saison, sind tiefgekühlte Maiskörner besser geeignet als die aus der Dose.

Maiskörner und Frühlingszwiebeln vermischen. Die Eier mit der Sojasauce verquirlen und dann unter das Gemüse rühren. Das Mehl dazusieben und vorsichtig unterheben.

Das Öl etwa 0,5 cm hoch in einer Pfanne erhitzen. Wenn es richtig schön zischt, wenn man ein Maiskorn hineingibt, ist es heiß genug. Pro Eierkuchen 1 kleine Kelle (etwa 2 EL) der Masse in das heiße Öl geben und die Küchlein in Etappen braten. Vorsicht – es kann sein, dass Maiskörner durch die Gegend springen (Popcorn)!

Nach etwa 1–2 Minuten im heißen Fett, wenn die Ränder der Eierkuchen goldbraun sind und die Mitte noch etwas wackelig, können sie gewendet und von der anderen Seite gebraten werden. Das geht jetzt viel schneller, in etwa 30 Sekunden sind sie gar.

Auf Küchenpapier abtropfen lassen und mit einer asiatischen Chilisauce servieren. (Mir schmeckt »Sriracha« dazu am besten, eine süß-scharfe Sauce aus Chilischoten, Essig, Knoblauch, Zucker und ein wenig Salz.)

Krosse Schweinerippchen mit Sichuanpfeffer und frittiertem Knoblauch

Partysnack für 10 oder Vorspeise für 4 Personen. Das Fleisch muss mindestens 1 Stunde marinieren und dann etwa 20 Minuten gebraten werden. 15 Minuten müssen Sie noch dazurechnen, wenn Sie die Rippchen selbst in Portionen hacken möchten.

Weil Hongkong einst britische Kolonie war, kannte man in Großbritannien bis vor etwa 20 Jahren hauptsächlich die kantonesische Küche. Heutzutage erfreuen sich Restaurants aus der Region Sichuan, berühmt für den Einsatz von Chilischoten und Gewürzen, großer Beliebtheit.

Die Beeren des Sichuanpfeffers haben einen unverkennbaren, prickelnden Geschmack, der ein wenig an Zitrusfrüchte erinnert. Dabei sind sie knackig und besonders das leichte Taubheitsgefühl, das mit dem Genuss von Sichuanpfeffer einhergeht, kann süchtig machen.

1,25 kg Rippenkotelett vom Schwein, die einzelnen Stielkoteletts getrennt und in 3–4 cm große Stücke gehackt (vom Fleischer vorbereitet – oder Sie versuchen es selbst mit einem schweren Chopmesser)

2 TL chinesisches Fünf-Gewürze-Pulver (typisch asiatische Mischung aus Sternanis, Gewürznelken, Zimt, Sichuanpfeffer und Fenchelsamen, erhältlich im Asialaden)

1 EL Sichuanpfefferbeeren, frisch im Mörser zerstoßen oder in der Gewürzmühle gemahlen (nach Belieben, sorgt aber für den authentischen Geschmack)

2 TL Chiliflocken

100 ml helle Sojasauce

3 EL Fischsauce

2 EL Honig

etwa 1 Liter Erdnussöl (oder Sonnenblumenöl) zum Frittieren

6–10 Knoblauchzehen, längs in Streifen geschnitten

2 Frühlingszwiebeln (nur der grüne Teil), in feine Ringe geschnitten

Das Schweinefleisch in eine große Schüssel geben und mit dem Fünf-Gewürze-Pulver, den Pfefferbeeren und den Chiliflocken würzen. Sojasauce, Fischsauce und Honig verrühren und über das Fleisch geben. Alles mit den Händen gut mischen, sodass das Fleisch von allen Seiten benetzt ist. Über Nacht im Kühlschrank in der Marinade ziehen lassen.

Am nächsten Tag das Öl in einem großen Topf erhitzen. Es muss richtig heiß sein, darf aber nicht den Rauchpunkt erreicht haben oder darüber hinaus erhitzt werden. Wenn man ein Stückchen Fleisch hineingibt, sollte es zischen, aber nicht zu schnell schwarz werden. Das Fleisch soll bis zum Knochen durchgaren, durch den Honig wird es aber schneller dunkel. (Beim Prüfen der Temperatur werden Sie eventuell einige Fleischstücke opfern müssen, aber das ist immerhin besser, als die ganze Ladung im Fett verbrennen zu lassen.)

Sobald das Fett die richtige Temperatur hat, die einzelnen Fleischstückchen vorsichtig mit einer Schaumkelle hineingeben (es können immer 2–3 Stück zusammen frittiert werden), beim Garen gelegentlich wenden und im Fett bewegen. Nach etwa 7 Minuten, wenn das Fleisch eine intensive goldbraune Farbe hat, die Stücke mit der Schaumkelle aus dem Fett heben und zum Abtropfen auf Küchenpapier legen, während die nächste Portion frittiert wird.

Wenn alle Fleischstücke frittiert sind, die Knoblauchstreifen in ein Metallsieb geben und darin einige Minuten in das heiße Fett halten, dabei gelegentlich bewegen, bis der Knoblauch rundherum gleichmäßig hellbraun und knusprig ist.

Zum Servieren den knusprigen Knoblauch und die Frühlingszwiebelringe über das krosse Schweinefleisch streuen.

Teigtaschen mit Krebsfleisch

Für 6 Personen als Vorspeise
(3 Stück pro Person). Ist in
30 Minuten fertig.

200 g Krebsfleisch (frisch ausgelöstes
Krebsfleisch schmeckt am besten)

1 Stück Ingwerwurzel (etwa 1½ cm),
gewaschen (nicht geschält) und fein
gerieben

1–2 Chilischoten, sehr fein gehackt

abgeriebene Schale von 1 Bio-Zitrone

1 Bund Schnittlauch oder
2–3 Frühlingszwiebeln, fein gehackt

½ Knoblauchzehe, zerdrückt

18 runde Lagen Reispapier für
Teigtaschen (gibt's im Asialaden)

1 Ei, mit einem Schuss Wasser
verquirlt

Für die Sauce zum Dippen

3 EL helle Sojasauce

3 EL Reisweinessig

eine kleine Handvoll in feine
Streifen geschnittene frische
Ingwerwurzel

Xi'an ist in ganz China für die Qualität seiner Teigtaschen berühmt, und tatsächlich war das 18-gängige Teigtaschenfestmahl, das uns dort serviert wurde, unvergesslich gut. Wir waren im wahrsten Sinne des Wortes überwältigt – leider gingen einige der feinen, köstlichen Nuancen der schieren Masse wegen unter.

Diese Teigtaschen hatten wir allerdings in Hongkong gegessen, ohne großes Tamtam. Schon von außen war das Restaurant vielversprechend, denn das Verhältnis von lebenden Fischen (in belüfteten Aquarien) vor dem Eingang zu zahlenden Kunden drinnen war etwa 2:1. Ich fand das toll, war es doch ein Zeichen dafür, dass sehr viel Wert auf frische Zutaten gelegt wurde.

Sie können diese Teigtaschen auch 1–2 Stunden vor dem Kochen vorbereiten und sie unter einem feuchten Tuch im Kühlschrank aufbewahren.

In einem großen Topf Wasser erhitzen.

In einer Schüssel Krebsfleisch, Ingwer, Chilischoten, Zitronenschale, Schnittlauch und Knoblauch gut vermischen.

6 Lagen des Reispapiers nebeneinander auf die Arbeitsfläche legen und leicht mit etwas verquirltem Ei bestreichen. Jeweils einen TL der Krebsfleischmischung ein wenig unterhalb der Mitte auf die Kreise setzen und das Reispapier darüber zusammenfalten. Die nun übereinander liegenden Ränder zwischen den Fingerspitzen sorgfältig zusammendrücken, um sie zu versiegeln. Die Teigtaschen müssen vollständig verschlossen sein, da sie beim Kochen sonst aufplatzen. In zwei weiteren Durchgängen die übrigen Teigtaschen vorbereiten. Die fertigen Teigtaschen unter einem leicht feuchten Küchentuch aufbewahren.

Für die Sauce zum Dippen einfach alle Zutaten miteinander vermischen. Die Teigtaschen eine nach der anderen in das kochende Wasser geben und darin etwa 5 Minuten garen, bis sie an die Oberfläche steigen. Mit einem Schaumlöffel abschöpfen und kurz auf Küchenpapier abtropfen lassen.

Sofort mit der Sauce (entweder in individuellen Portionen oder jeweils einem Schüsselchen für 2 zum Teilen) servieren.

Hai Wan Jus bunte Reisnudelbouillon

Für 2 Personen. Die Bouillon braucht etwa 1,5 Stunden, dann sind es nur noch 20 Minuten, bis das Ganze auf den Tisch kommt.

---

300 g frische Reisnudeln (vorzugsweise Udon-Nudeln)

Salz

Für das Chiliöl

5 EL neutrales Öl

½ TL Chiliflocken

4 Knoblauchzehen, zusammen mit einer Prise Salz fein gehackt

Für die Bouillon

500 g Hühnerklein

500 g Schweineknochen

1–2 Tomaten

1 Chilischote

1 Zwiebel

2 Sternanis

2 Knoblauchzehen

1 Möhre

2 Stangen Sellerie

Zum Servieren

je eine Handvoll Sojasprossen, Edamame-Bohnen, enthülst, Salatgurke, Radieschen, beides in feine Streifen geschnitten, 1 Chicorée, fein gehackt, 1 Stange Sellerie, ein paar Frühlingszwiebeln, beides in feine Ringe geschnitten, Sojasauce

---

Ich habe das große Glück, die in Großbritannien bekannte Kochbuchautorin Fuchsia Dunlop meine Freundin nennen zu dürfen. Als die Chinareise anstand, bat ich sie mir Tipps zu geben, wo wir wirklich authentisch chinesisch essen könnten. Dabei hatte ich an genau so ein Restaurant gedacht wie die familiengeführte *Noodle Bar*, in der wir diese Bouillon aßen. Das Problem: Sie sprachen dort kein bisschen Englisch und wir kein Mandarin. Es blieb uns also nichts anderes übrig, als lächelnd zu gestikulieren und zu warten, was uns serviert würde.

Und wir wurden nicht enttäuscht, denn die dampfenden Schüsseln waren genau, was wir brauchten. Mir gefiel besonders gut, dass alles zusammen auf einer Servierplatte, mit der Bouillon in der Mitte und kleinen Schälchen mit frischem Gemüse drumherum, gereicht wurde. Allerdings waren wir etwas überrascht, als der Kellner, nachdem er uns den Teller präsentiert hatte, einfach alles in die Bouillon kippte und unterrührte. Natürlich hatte er recht – so hat es einfach perfekt geschmeckt.

Ich empfehle Ihnen, gleich die doppelte Menge des Chiliöls zuzubereiten und den Rest in einem luftdicht verschlossenen Behälter bei Raumtemperatur aufzubewahren. Eine Bouillon mit Schweineknochen zuzubereiten ist erfrischend uneuropäisch und wird einen extra-authentischen Duft in Ihre Küche bringen.

Alle Zutaten für die Bouillon in einen Topf geben und so viel Wasser hinzugeben, dass alles bedeckt ist (etwa 2 Liter). Aufkochen und dann bei schwacher Hitze etwa 1,5 Stunden sieden lassen – die Flüssigkeit sollte nicht sprudelnd kochen, nur dampfen. Dann abseihen, die Brühe wieder in den Topf geben und sprudelnd auf ein Drittel einkochen lassen.

Für das Chiliöl das Öl bei mittlerer Hitze erwärmen. Chiliflocken und Knoblauch hineingeben und bei schwacher Hitze einige Minuten goldbraun anbraten. Dann sofort in eine Schüssel oder ein Einmachglas gießen, um den Kochprozess zu stoppen.

Das Gemüse zum Servieren vorbereiten.

Wenn die Bouillon soweit ist, die Reisnudeln hineingeben und mit Salz abschmecken. Einige Minuten nach Packungsanweisung sieden lassen.

Mit dem Gemüse und Chiliöl in kleinen Extraschälchen servieren und dazu Sojasauce und eine Menge Servietten reichen.

Gebratener Reis mit Ei und aromatischem Ingwerbrokkoli

Für 2 Personen. Servierbereit in 15 Minuten (vorausgesetzt, der Reis ist schon gekocht).

---

150 g Brokkoli (vorzugsweise eine violette oder langstielige Variante)

---

25 g Ingwerwurzel, gewaschen (nicht geschält) und gerieben

---

1 rote Chilischote, in feine Scheiben geschnitten (wenn Sie es scharf mögen, mit den Samen), ersatzweise ein kräftiger Schuss Chilisauce

---

2–3 EL helle Sojasauce + mehr nach Belieben

---

1 EL geröstetes Sesamöl

---

3 Eier

---

3 EL Erdnussöl

---

400 g gekochter Reis (oder 160 g roh)

---

4 Frühlingszwiebeln, in 2 cm große Stücke geschnitten

Salz

In China ist es uns häufig passiert, dass wir (vermutlich um sicherzugehen, dass wir auch wirklich satt werden) gebratenen Reis mit Eiern als letzten Gang serviert bekamen. Nachdem unsere Geschmacksknospen schon von den vorangegangenen 14 Speisen herausgefordert worden waren, ein willkommen einfaches Gericht.

Ich kenne keine bessere Verwendung für Reisreste – die allerdings nicht älter als ein Tag sein sollten.

Einen Topf etwa 10 cm hoch mit Wasser füllen, mit dem Deckel verschließen und das Wasser zum Kochen bringen. Die holzigen Enden der Brokkolistiele entfernen, dickere Stiele gegebenenfalls halbieren und die einzelnen Röschen trennen.

In einer kleinen Schüssel den geriebenen Ingwer mit der Chilischote, der Sojasauce und dem Sesamöl vermischen. Den Brokkoli 3–4 Minuten im kochenden Wasser garen, er muss noch knackig sein. Das Kochwasser abgießen, den Brokkoli zurück in den Topf geben und die Sojasaucen-Ingwer-Mischung darübergießen. Gut vermischen und bei geschlossenem Deckel ziehen lassen.

Inzwischen die Eier mit einer Prise Salz verquirlen. Das Erdnussöl in einem Wok oder einer großen Pfanne bis kurz vor den Rauchpunkt erhitzen. Die verquirlten Eier hineingeben und unter Rühren fast stocken lassen (etwa 20 Sekunden). Dann den Reis unterrühren, nach etwa 1 Minute die Frühlingszwiebeln hinzufügen. Weitere 6–8 Minuten anbraten, bis der Reis gut zu duften beginnt und einige Reiskörner eine braune Farbe annehmen, dabei regelmäßig umrühren.

Den Reis in eine Schüssel füllen, den Brokkoli daraufgeben und die verbliebene Sojasaucen-Ingwer-Mischung aus dem Kochtopf darüberträufeln.

Mein Verhältnis zu unseren Nachbarn entspricht ungefähr der Geschichte unseres Landes mit ihrem Land: engste Freunde in einem sehr herzlichen Bündnis (ähnlich dem der Entente cordiale unserer beider Staaten), ab und zu vermischt mit Momenten, in denen mir unsere Freunde vorkommen wie Teufel mit Baskenmützen. Frankreich ist für mich – wie für viele Briten – das Land, das ich am häufigsten besucht habe: Familienurlaub in der Normandie in den 1970ern, Alkohol und Jungs in Aix-en-Provence, Aufenthalt in der Gascogne als unersättliche Jungköchin, unzählige Kurzurlaube in Paris, luxuriöse Zeiten mit Freunden in der Dordogne, das nicht ganz so aufregende Leben in Biarritz, Bergüberquerung in Richtung Spanien, eine Pilgerreise ins Euro Disney Resort mit Kindern und ein erinnerungswürdiger Trip als Teenager, an dessen Ende ich über Nacht quer durch das ganze Land fahren musste, um die erste Fähre des Tages zu erwischen.

Als ich jünger war, hatte ich kein Problem mit den Franzosen. Erst als ich anfing als Köchin zu arbeiten, begannen sie mir auf den Keks zu gehen. Ich bin auf eine Menge Arroganz und Sexismus gestoßen. Ausländerfeindlichkeit. Michelin. Altmodische Gruftis mit Stock im Allerwertesten, die so von sich selbst überzeugt sind, dass sie nicht bemerken, dass die Gäste ihrer Restaurants das elitäre Denken des 18. Jahrhunderts längst hinter sich gelassen haben. Das waren die Schimpftiraden einer rebellierenden Köchin Anfang 20.

Doch ähnlich einem guten Wein reifen auch wir, und meine wütende Haltung gegenüber den Franzosen temperierte sich im folgenden Jahrzehnt, sodass ich heute vor allem Respekt gegenüber unseren Nachbarn empfinde.

In einigen Dingen sind sie wirklich verdammt gut: Käse, Desserts und Backwaren, Wein und – selbstverständlich – Champagner. Da ich trotz ihres Weltruhms selbst noch nie in der entsprechenden Region war, entschied ich mich für eine Reise dorthin, um mehr über die Umgebung und die Champagnermethode zu lernen. Meine Freundin Lorraine war mir dabei eine große Hilfe und organisierte Besuche in Kellereien. Irgendwie schaffte sie es, dass wir nicht nur eine Führung durch den berühmten *Champagne Salon* in Le Mesnil-sur-Oger bekamen, sondern auch eine Privatführung durch das Anwesen von Bollinger (unserer Hausmarke) in Aÿ, wo normalerweise gar keine Führungen angeboten werden, die mit einem Mittagessen im Haus von Lily Bollinger in kleinem Kreis zusammen mit Monsieur le Président endete. Bluffen mag menschlich sein, dabei solche Ergebnisse zu erzielen ist einfach göttlich!

Frankreich

Kurz-porträt

Geografisches: Größter Staat Westeuropas. Berge im Süden (Pyrenäen) und Osten (Alpen). Atlantikküste im Westen, im Südosten etwas Mittelmeerküste und im Landesinneren vor allem sanfte Hügellandschaften. Gemäßigtes Klima im Norden, wärmer im Süden.

Einwohnerzahl: 62,2 Millionen

Religion: 90 % Katholiken (röm.-kath.), 8 % Muslime (vor allem nordafrikanisch), 2 % Protestanten, 1 % Juden

Bevölkerung: Gallische (keltische) und römische Volksstämme sowie germanische, slawische, indochinesische und baskischen Minderheiten

Lebenserwartung: Männer 79, Frauen 85 Jahre

Einflüsse: Machen Sie sich nicht lächerlich!

Kulinarische Highlights: Saucen (Reduktionen), viel Butter und perfekt geschnittenes Gemüse

Nahrungsmittelexporte: Wein und andere alkoholische Getränke, Weizen, Käse, Mais

Die fünf beliebtesten Zutaten: Fleisch, Fisch, Gemüse, Milchprodukte und Teigwaren – einfach alles.

Bekanntestes Gericht: Boeuf Bourguignon, Schnecken, Quiche lorraine, Steak tartare, Tarte Tatin, Froschschenkel, Crêpes Suzette, Profiteroles (Windbeutel) und diese Zwiebelsuppe – zu viele, um sie alle zu nennen.

Getrunken wird: Leichtes Bier und eine Menge Wein unterschiedlichster Qualität. Außerdem starke Spirituosen, etwa Marc (Branntwein aus Trester), Eau de vie (Schnaps) und alle möglichen Brandysorten.

Das Beste, was ich dort gegessen habe: Schwer zu sagen – die Auswahl ist so groß. Der erste Platz geht wohl an die Muscheln, die ich aß, als ich das erste Mal in Frankreich war. Ich war sieben und habe mich zum ersten Mal richtig in ein Essen verliebt: ganz anders als alles, was ich kannte, und unvergleichlich lecker. Die Familienlegende besagt, dass ich während der gesamten zwei Wochen nichts anderes mehr gegessen habe.

Mein eindrucksvollstes Erlebnis: Das Betreten der geheiligten Keller von Bollinger

Auf keinen Fall fragen nach …: der Wiedereinführung der Monarchie.

Konditorm

Palette mit Wellenschliff

Je westlicher geprägt die Kultur eines Landes, desto schwieriger ist es meiner Erfahrung nach, ein Messer mit Charakter zu finden (besonders dann, wenn man sich in einer größeren Stadt befindet). Wir waren gerade in Reims und ich hatte die Hoffnung ein geeignetes Messer zu finden fast aufgegeben. Aber wir hatten gerade ein gutes Mittagessen im Restaurant *Au Cul de Poule* genossen. Sie nahmen das Kochen hier offenbar nicht auf die leichte Schulter, also bat ich die Kellnerin die Köche zu fragen, wo sie ihre Messer kauften. Reims ist zwar eine recht große Stadt, aber nicht zu groß, und so wollte ich wenigstens versuchen ein Geschäft zu finden, in dem es Messer gibt, die nicht alle von den großen europäischen Marken stammen.

Die Kellnerin tauchte wieder auf und nannte uns den Namen eines Ladens, also wackelten wir los (das Mittagessen war wirklich hervorragend). Und eine Stunde später, als ich dieses Exemplar gefunden hatte, war ich mehr als zufrieden. Zwar hat das Messer keinen individuellen Charakter, dafür steht es in meinen Augen perfekt für den Ruhm und den Glanz der französischen Konditor- und Bäckerkunst. Immerhin ist dies das Land, in dem man Croissants und Baguettes erfand (die beiden internationalen Symbole für Frühstück und Mittagessen) und darüber hinaus auch unzählige Teigsorten sowie ein Füllhorn an Broten der unterschiedlichsten Formen und Größen.

In der Patisserie eines Restaurants kommen andere Werkzeuge und Hilfsmittel zum Einsatz als an den anderen Stationen der Küche. Statt des Chefkochmessers und des Filetiermessers kommen zum Beispiel vor allem das Konditormesser (mit Wellenschliff) und die Palette zum Einsatz. Neben Teigroller und Küchenpinsel sind sie unerlässlich für Köche und Konditoren, die ihr Leben dem Mehl gewidmet haben. Der Griff meines Exemplars gefällt mir nicht sonderlich, aber das spielt keine große Rolle: Ein Chefkochmesser hält man während einer Schicht in der Küche so lange in der Hand, dass es beinahe damit verwächst — mit Palette und Konditormesser werden in der Regel aber nur kurze Arbeitsschritte durchgeführt.

Der Mehrzweckcharakter des Messers war ganz neu für mich, deshalb musste ich es sofort haben. Es zeugt von einer gewissen Genialität, zwei der wichtigsten Werkzeuge für Patissiers und Konditoren in einem zu vereinigen. Einfach, clever und sehr praktisch.

Rezepte aus Frankreich

Herzhafte Windbeutel

Salade d'Hareng
Heringssalat im Glas

Steak tartare avec Moutarde et Raifort
(mit Senf und Merrettich)

Clafoutis aux Abricots
Aprikosen-Clafoutis

Geröstete Himbeeren
(ein Geheimtipp)

Herzhafte Windbeutel

Ergibt 45 Stück in ebensovielen Minuten ... dafür werden sie ruck, zuck verschlungen sein.

---

125 ml Milch

---

65 g Butter, gewürfelt

---

125 g Mehl

---

4 Eier

---

1 TL Dijonsenf

---

einige Prisen frisch geriebene Muskatnuss

---

50 g Gruyère, gerieben

---

50 g Parmesan, gerieben

Pflanzenöl

Salz und Pfeffer

Wir saßen also in Lily Bollingers Haus, genauer gesagt ihrem Salon de Thé, und nippten zusammen mit dem Vorsitzenden von Bollinger Jahrgangschampagner. Dazu wurden diese traumhaft köstlichen kleinen Windbeutel serviert – die Krönung eines ohnehin schon perfekten Moments.

Diese Windbeutel MÜSSEN sofort gegessen werden, wenn sie aus dem Ofen kommen. Aber man kann die Masse einige Stunden im Voraus zubereiten, portionieren und dann bis zum Backen im Kühlschrank aufbewahren (in diesem Fall brauchen sie etwa 5 Minuten länger im Ofen).

Den Backofen auf 180 °C vorheizen.

Die Milch mit der gleichen Menge Wasser in einem Topf mit schwerem Boden erhitzen. Die Butterwürfel hineingeben, leicht salzen und bei schwacher Hitze aufkochen.

Den Topf vom Herd nehmen, sobald die Flüssigkeit sprudelnd kocht, das Mehl mit einem Holzlöffel kräftig unterrühren. Den Topf zurück auf die Herdplatte geben und die Masse unter ständigem Rühren erhitzen, bis sie eine Art Klumpen formt, der sich von den Topfwänden löst (das dauert etwa 1 Minute). Vom Herd nehmen und den Brandteig in eine Schüssel füllen. Kurz abkühlen lassen, 2 Eier verquirlen und unterrühren (am besten mit dem Schneebesen). Dann die übrigen Eier nacheinander unterrühren, gefolgt von Senf, Muskatnuss, Pfeffer und ein wenig mehr Salz.

Eine halbe Handvoll des geriebenen Käses für später beiseitelegen und den Rest langsam unter den Brandteig rühren, bis er vollständig geschmolzen ist.

Ein Backblech mit Backpapier auslegen und leicht mit Pflanzenöl bestreichen. Mithilfe eines Teelöffels kleine Portionen des Brandteigs mit ausreichend Abstand daraufsetzen. Die einzelnen Portionen sollten so aufrecht wie möglich auf dem Blech sitzen (das geht am besten, wenn der Teig vorher gekühlt wurde) und etwa 3–4 cm Durchmesser haben.

Etwas Käse auf die Teighäufchen streuen und auf der obersten Einschubleiste 15–20 Minuten backen. Nach der Hälfte der Backzeit das Blech einmal drehen. Mehrere Bleche müssen Sie nacheinander backen, sie gehen nur auf der obersten Einschubleiste gut auf.

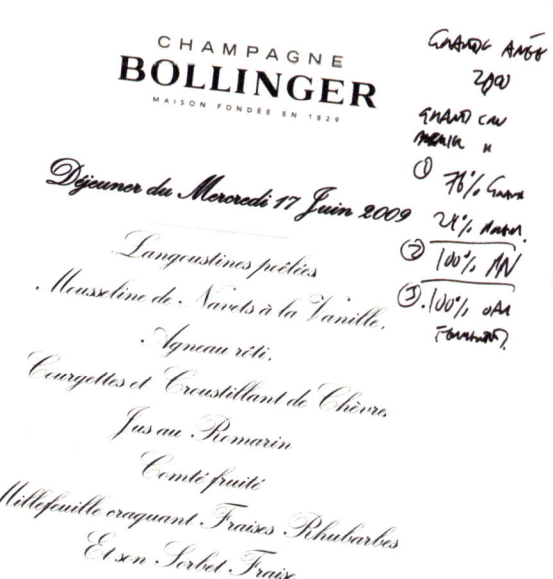

Salade d'Hareng
Heringssalat im Glas

Für 4 Personen als Vorspeise. Fertig in 40 Minuten, inklusive 20 Minuten Garzeit für die Kartoffeln.

400 g mehligkochende Kartoffeln, geschält und in Stücke geschnitten

4 EL bestes Olivenöl

200 g Crème fraîche

50 g Heringsrogen (Harenga)

4–6 eingelegte Heringe (nach Belieben süßlich oder scharf eingelegt, z.B. Rollmops), trocken getupft und in Stücke geschnitten

¼ Kopf Eisbergsalat, grob gehackt

Saft von ½ frisch gepressten Zitrone

1 Möhre, geraspelt

Salz und Pfeffer

In Reims waren wir in einem sehr schicken Hotel untergebracht, in dem es ein noch schickeres Restaurant gab. Wie es in solchen Etablissements oft der Fall ist, waren die Speisen sehr gut zubereitet, die Atmosphäre aber alles andere als entspannt.

Am anderen Ende des Hotelgeländes gab es zum Glück eine Brasserie, in der man eine Menge Spaß haben konnte. Dort aßen wir auch diesen Salat – und ich finde, etwas Besseres kann man aus Hering nicht machen.

Besonders köstlich wird der Salat, wenn man bei der Zubereitung ein typisch französisches Küchenwerkzeug zur Hand hat: eine Mouli (bzw. Kartoffelpresse, wie wir dieses Gerät etwas weniger sexy nennen). Mit einem Stampfer oder einer Gabel zerkleinerte Kartoffeln sind auch in Ordnung, allerdings ist das Ergebnis dann nicht so wunderbar luftig.

Die Kartoffeln in einen Topf mit kaltem Salzwasser geben, aufkochen und köcheln lassen, bis sie gar sind. Dann abgießen und ausdampfen lassen.

Vier ausreichend große Gläser bereitstellen. Die Kartoffeln durch die Kartoffelpresse drücken (oder einfach stampfen) und vorsichtig, das heißt möglichst locker, auf die Gläser verteilen. Wer eine eher kleine Kartoffelpresse hat, kann die Kartoffeln direkt in die Gläser pressen, dann wird die Kartoffelschicht besonders luftig.

Jeweils ½ EL Olivenöl darüberträufeln. In einer kleinen Schüssel die Crème fraîche mit dem Heringsrogen verrühren und die Hälfte davon auf die Kartoffelschichten in den 4 Gläsern verteilen.

In einer separaten Schüssel die Heringstücke mit dem Eisbergsalat vermischen und mit etwas Zitronensaft sowie Salz und Pfeffer abschmecken. Ein Drittel dieser Mischung auf die vier Gläser verteilen. Auf diese Schicht die geriebene Möhre geben, gefolgt von einem weiteren Drittel Hering mit Salat. Die restliche Crème fraîche mit Heringsrogen auf die Gläser verteilen und jeweils mit einer letzten Schicht Hering und Eisbergsalat abschließen.

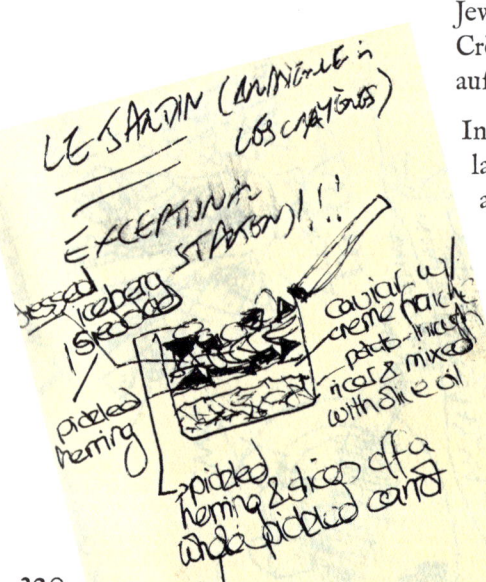

Steak tartare avec Moutarde et Raifort
Steak tartare mit Senf und Meerrettich

Anregendes Abendessen für 2: nicht zu viel, aber sehr sättigend. Dauert höchstens 30 Minuten.

---

400 g Rinderfilet, fein gewürfelt (nicht größer als 1 cm – das kann Ihr Fleischer übernehmen)

2 gestrichene EL Dijonsenf

2 EL scharfer Meerrettich (vorzugsweise frisch gerieben, notfalls tut es aber auch Meerrettich aus dem Glas, aber auf keinen Fall Sahnemeerrettich verwenden)

1 Schalotte, sehr fein gehackt

1 Knoblauchzehe, fein zerdrückt

einige Tropfen Tabascosauce

1 Schuss Worcestersauce

4 mitteldicke Scheiben Weißbrot

bestes Olivenöl

Rotweinessig

1–2 Chicorée, die Blätter gelöst und gewaschen

2 Eigelb

Fleur de Sel oder Maldon Sea Salt

Pfeffer

Ich habe Steak tartare schon immer sehr gerne gegessen und glaube, nun auch in der geistigen Heimat dieses Gerichts gewesen zu sein. Auch Ihnen kann ich einen Besuch im *Au Cul de Poule* nur empfehlen, wenn Sie das nächste Mal in Reims sind: Dort stehen etwa achtzehn Variationen des rohen, fein per Hand gewürfelten Rindfleisches auf der Speisekarte.

Dieser hochgeschätzte Klassiker der französischen Küche wurde angeblich nach den Tartaren benannt, die der Legende nach im 13. Jahrhundert nicht mal fürs Essen vom Rücken ihrer Pferde abstiegen. Es heißt, sie hätten einfach ein Stück Fleisch unter ihre Sättel gesteckt, seien den ganzen Tag geritten und zur Essenszeit sei das Fleisch durch Druck und Reibung der ständigen Bewegung zart genug gewesen, um es (roh) verspeisen zu können.

Wenn Sie das Steak tartare zu Hause zubereiten, sollten Sie wirklich frisches und gutes Fleisch nehmen – versteht sich von selbst, oder?

Den Backofen auf 180 °C vorheizen.

Das gewürfelte Fleisch zusammen mit Senf, Meerrettich, Schalotte, Knoblauch, Tabasco- und Worcestersauce in eine Schüssel geben, mit Salz und Pfeffer würzen und vorsichtig, aber gründlich vermischen. Dann kosten und gegebenenfalls abschmecken.

Einen Dessertring oder eine runde Ausstechform auf ein Brettchen oder einen flachen Teller geben und die Hälfte des Fleisches hineinfüllen. Sanft mit dem Löffelrücken andrücken, den Ring nach oben hin entfernen und das Ganze für die zweite Portion wiederholen.

Das Brot leicht toasten. Die Krusten abschneiden und die Scheiben in der Mitte horizontal halbieren. Jedes Stück in vier Dreiecke schneiden und auf ein Backblech legen. Im Ofen auf der obersten Einschubleiste rösten.

Inzwischen in einer Schüssel einen großzügigen Schuss Olivenöl mit etwas Rotweinessig sowie Salz und Pfeffer vermischen. Den Chicorée darin wenden und ansprechend auf dem Servierteller arrangieren.

Nach etwa 2 Minuten prüfen, ob die Toasts soweit sind. Sie sollten goldbraun und kross sein, gegebenenfalls noch etwas länger im Ofen lassen. Dann neben dem Fleisch auf dem Teller anrichten. Zum Servieren jeweils 1 Eigelb in einer Schalenhälfte in die Mitte des Steak tartare setzen.

Clafoutis aux Abricots
Aprikosen-Clafoutis

Für 6 Personen. Kann nach weniger als 15 Minuten in den Ofen und muss dann etwa 30 Minuten backen.

---

etwas Butter zum Einfetten

350 g Aprikosen oder anderes weiches Obst oder Steinobst

etwa 80 g Zucker (kosten Sie das Obst – es ist kein Problem, wenn es noch nicht ganz reif ist, in diesem Fall brauchen Sie aber mehr Zucker)

50 g Mehl

½ Päckchen Vanillezucker

50 g gemahlene Mandeln

1 Prise Salz

2 Eier

3 EL Amaretto oder Brandy

125 ml Milch

1 Handvoll Mandelblättchen

Streng genommen ist dies ein einfacher Obstauflauf mit elegantem französischem Namen. Das Obst wird in die Auflaufform gegeben und die freien Stellen dazwischen mit der Teigmasse gefüllt. Dann wird das Ganze wunderbar goldbraun gebacken. In Frankreich aus gutem Grund ein Standarddessert: schnell, einfach, günstig und unheimlich lecker mit jeglichem weichen Obst und Steinobst – Pfirsich, Kirschen, Himbeeren …

Wenn Sie ganz korrekt sein wollen (und Sie wissen ja, wie streng die Franzosen sind, wenn es um ihre Nationalgerichte geht), sollten Sie den Clafoutis in einer Marmite backen, einem schweren, gusseisernen Topf mit Deckel, der sich dank seiner hervorragend gleichmäßigen hitzeleitenden Eigenschaften wirklich sehr gut für dieses Gericht eignet. Aber auch in gewöhnlichen Auflaufformen und sogar in Bratpfannen sind meine Clafoutis immer gelungen.

Den Backofen auf 180 °C vorheizen. Einen gusseisernen Topf (idealerweise) oder eine Auflaufform von etwa 25 cm Durchmesser leicht mit Butter fetten. Die Aprikosen halbieren, die Steine entfernen und die Hälften mit der Schnittstelle nach unten nebeneinander auf den Boden des Topfes oder der Auflaufform legen. Die Hälfte des Zuckers darüberstreuen und etwa 5 Minuten in den Ofen geben, um das Obst etwas weicher werden zu lassen.

Den restlichen Zucker mit Mehl, Vanillezucker, gemahlenen Mandeln und Salz vermischen. Die Eier mit dem Amaretto oder dem Brandy sowie der Milch aufschlagen und dann unter ständigem Rühren zu den trockenen Zutaten geben, sodass eine flüssige Teigmasse ohne Klumpen entsteht.

Die vorgegarten Aprikosen ein wenig auf dem Boden der Auflaufform hin- und herschieben, dann die Teigmasse darübergießen. Auf mittlerer Einschubleiste zurück in den Ofen geben und 25–30 Minuten backen, bis die Teigmasse ein wenig aufgegangen ist und eine goldbraune, an den Rändern leicht karamellisierte Oberfläche hat. Mit den mandelblättchen bestreuen.

Sobald der Clafoutis aus dem Ofen kommt, sollten Sie sich darauf stürzen. Dazu passt Eiscreme, Schlagsahne oder Crème fraîche.

AND TO ROUND OFF.
CLAFOUTIS ABRICOTS
w/ GLACE AUX ABRICOTS
in a little "MARMITE"
CAST IRON.

Geröstete Himbeeren
Ein Geheimtipp

Für 2 Personen. Fertig in
15 Minuten.

200 g Himbeeren

1 EL Zucker, sind die Himbeeren
eher säuerlich, etwas mehr

etwas Puderzucker zum Bestäuben

2 Kugeln Vanilleeis zum Servieren

Dieses Dessert hatten wir in einem feinen Restaurant mit Namen *Le Grand Cerf*, das etwa in der Mitte zwischen Reims und Ebernay liegt, den beiden größeren Städten der Champagne. Unser Essen dort wird mir immer in besonderer Erinnerung bleiben, da ich erst nach der Mahlzeit herausfand, dass es sich um ein mit Michelin-Stern ausgezeichnetes Restaurant handelte ... Das war mir noch nie passiert!

Unter den 100 oder mehr Rezepten in jedem meiner Bücher gab es bis jetzt immer ein Gericht, das den Lesern stärker in Erinnerung blieb, als die anderen, ein klarer Favorit, auf den ich noch Jahre später immer wieder angesprochen werde. Inzwischen habe ich mich darauf eingestellt (ein wenig resigniert, denn in die anderen 99 Rezepte habe ich auch eine Menge Arbeit und Liebe investiert, wissen Sie). Das Interessante daran ist, dass es sich nie um die Rezepte handelt, von denen ich es erwartet hätte.

Für dieses Buch möchte ich allerdings die Vermutung anstellen, dass dieses Rezept das Rennen machen wird. Es ist so einfach und gleichzeitig ausgesprochen köstlich ...

Den Backofen auf 200 °C vorheizen.

Die Himbeeren auf zwei hitzebeständige Förmchen verteilen, in denen sie später auch serviert werden können. Den Zucker darüberstreuen und etwa 15 Minuten im Ofen backen. Die Beeren sollten schon Saft gezogen haben, aber noch nicht auseinanderfallen.

Mit Puderzucker bestäuben und mit je einer Kugel hochwertigem Vanilleeis servieren.

KURZPORTRÄT

Geografisches: Nach der Schweiz das Land mit den meisten Bergen Europas. Hochebenen, Flachland (z. B. die schmalen Küstenebenen) und bergige Regionen.

Einwohnerzahl: 46,9 Millionen

Religion: 94 % Katholiken, 6 % Protestanten

Bevölkerung: Vor allem Basken, Katalanen und Galicier

Lebenserwartung: Männer 79, Frauen 85 Jahre

Einflüsse: Die Mauren fielen 711 n. Chr. in das Land ein und herrschten fast 800 Jahre, bis sie von den christlichen Armeen vertrieben wurden.

Kulinarische Highlights: Die Spanier lieben es, schnell (z. B. Venusmuscheln) und langsam (z. B. Kutteln) siedend zu garen. In der Natur der flott servierten Tapas liegt es, dass viele der warmen Speisen frittiert – und eine Menge in der Mikrowelle aufgewärmt werden. Steaks und Fisch werden vorzugsweise gegrillt.

Nahrungsmittelexporte: Olivenöl, Wein, Orangen aller Formen und Größen, Tomaten

Die fünf beliebtesten Zutaten: Luftgetrocknetes Schweinefleisch (Schinken, Chorizo usw.) Fisch/Meeresfrüchte (vor allem Bacalao, Anchovis, Venusmuscheln), Paprika & Co. (unterschiedlich scharfe Chilischoten, Gewürzpaprika), Hülsenfrüchte, Olivenöl

Bekanntestes Gericht: Paella

Getrunken wird: Viel Rioja (weiß und rot), Estrella Damm (Bier) vom Fass, Fruchtsäfte aus Dosen, starker Kaffee

Das Beste, was ich dort gegessen habe: Am Spieß gebratenes Zicklein auf Mallorca

Mein eindrucksvollstes Erlebnis: Mein erster Spaziergang durch die Alhambra in Granada – so etwas hatte ich noch nie zuvor in meinem Leben gesehen.

Auf keinen Fall fragen nach …: Melone mit Parmaschinken.

Spanien

Spanien ist wie Italien ohne dessen Großspurigkeit: Große Unterschiede zwischen Norden und Süden, interessante regionale Eigenheiten, starker kirchlicher Einfluss – aber eben auf eine weniger selbstbezogene Art, als ich das bei den weiter aus dem Osten Europas stammenden Nachbarn erlebt habe. Das Land ist besessen von gutem Essen: In beinahe jeder Stadt gibt es hervorragende *Mercados*, in denen man sich mit frischem Fleisch, Fisch, Obst, Gemüse und sonstigen Lebensmitteln eindecken kann. Aber auch die meisten Supermärkte, sonst oft seelenlose Orte für Lebensmittelliebhaber, sind einen Besuch wert. Wie viele Sorten von *Bacalao* (Klippfisch) braucht der Mensch? Und auch die Besessenheit der Spanier vom Konservieren (vor allem in Dosen) von Lebensmitteln ist beachtlich – jedes nur erdenkliche Gemüse ist hier in Dosen oder im Glas erhältlich.

Spanien und ich haben die gleiche Vorstellung davon, wie das Leben sein sollte: ein bisschen Kultur, eine Menge Spaß, dazu eine große Portion Essen und Trinken. Praktischerweise neigen Spanier dazu, mich zu mögen, da mein Name dort »glücklich« bedeutet. Gemeinsame Charakterzüge sind, dass wir keine halben Sachen machen und dazu tendieren, ungesunde Besessenheiten zu entwickeln: Im Falle der Spanier sind das der Katholizismus, Anchovis, die Liebe, die Farbe Schwarz, *Jamón* ...

Das Land hat aber auch eine raue Seite – von meinen Urlauben hier gibt es mehr Unangenehmes zu berichten als von sonstigen Reisen: zwei Überfälle, ein aufgebrochenes Auto, mehrere Begegnungen mit Exhibitionisten und unser Hotelzimmer in Madrid wurde tagsüber tatsächlich an eine Prostituierte vermietet. Aber es gibt auch die schönen Seiten: Kunst, oft in schönen Kirchen, hat eine große Bedeutung in der spanischen Kultur. Dass Gaudí die Möglichkeit hatte Barcelona zu seiner Spielwiese zu machen, finde ich immer wieder beeindruckend. Mir fällt keine andere Stadt ein, die ähnlich stark von einem einzigen modernen Architekten geprägt worden ist.

Und dann gibt es da noch den maurischen Süden, das Ende des europäischen Festlands. Mit 18 Jahren, auf einer Rundreise durch die andalusischen Städte Córdoba, Sevilla und Granada, passierte es mir das erste Mal in meinem Leben, dass ich eine emotionale Verbundenheit zu einer bestimmten Zeit, einem bestimmten Ort und Volk verspürte. Ich war so beeindruckt, dass mir die Kinnlade herunterfiel – alles hier war so anders, so viel beeindruckender als das ganze andere alte Zeugs, das ich bisher gesehen hatte. (Probieren Sie das ruhig mal aus: Ihre widerspenstigen, pubertierenden Kinder sind bestimmt auch beeindruckt.)

Die Spanier sind keine so eitle Bande wie die Italiener: Allein die Tatsache, dass sich die atemberaubend schönen jungen Frauen in etwas ganz anderes verwandeln, sobald sie die Fünfzig überschritten haben, macht das praktisch unmöglich. Aber haben sie diese Grenze überschritten, beginnt ihr Leben als Matriarchinnen – respektiert und unanfechtbar, ganz anders als bei uns, die wir einfach nur alt werden.

El Jamonero

Dies ist ein zweckspezifisches Messer — so wie mein japanisches Aalfiletiermesser, bloß viel nützlicher. Da es aus Spanien kommt, ist es keine große Kunst, zu raten, wofür mein *Jamonero* eingesetzt wird: Von der Spitze der Klinge bis zum Ende des Griffs wurde es dafür entworfen, den beliebten Schinken zu schneiden.

Schinken aus Spanien ist etwas ganz Besonderes. Was den Geschmack betrifft, lässt das dunkle, geschmackvolle Fleisch des *Jamón Ibérico de Bellota* (von mit Eicheln gefütterten Schweinen) den bekannteren Parmaschinken aus Italien meiner Meinung nach meilenweit hinter sich.

Unser in Barcelona lebender Freund Oli hatte uns zum besten Messerladen der Stadt geführt — einmal vorbei an den im Fenster ausgestellten Maschinengewehren und weiteren tödlichen Waffen, fiel mein Auge sofort auf dieses Exemplar.

Eine komplette gepökelte Schweinshaxe ist ein ganzes Stück Arbeit und davon einmal abgesehen auch unheimlich teuer, also besorgen wir sie gewöhnlich nur für Partys. Bis auf einmal vor einigen Jahren, als wir zur Stärkung für zwischendurch einen ganzen *jamón* (komplett mit verschrumpelter Haxe und Huf) mit auf das Glastonbury-Festival nahmen. Einer meiner persönlichen Höhepunkte der Veranstaltung damals war, als einer der anderen Festivalbesucher sich in den Türen irrte, in unseren Wohnwagen stolperte (er kam wohl offensichtlich gerade vom Feiern) und kreischte »Was macht die Keule hier?«, um sofort wieder nach draußen zu stolpern.

Was das Fabrikat betrifft, ist dieses Messer nichts Besonderes — es stammt von Arcos, einem der bekanntesten Messerhersteller Spaniens. Der Griff ist einfach, funktional und liegt gut in der Hand. Durch sein Gewicht lässt sich das Messer beim Schneiden durch mächtige Keulen gut führen. Die kleinen ovalen Kerben auf beiden Seiten der Klinge ermöglichen, dass beim Schneiden Luft zwischen Klinge und Schinken kommt — so wird weniger Druck benötigt und das Schneiden geht leichter. Das Tranchieren von Schinken ist eine Kunst und hier ist man richtig stolz darauf. Mir gefällt es sehr, dass die Spanier das immer noch mit der Hand tun, während die Italiener es schon längst der Schneidemaschine überlassen. Es ist ehrlich gesagt auch richtig schwierig, besonders wenn man sich dem Knochen nähert. Ich habe deswegen sogar mal einen Kurs zum Thema Schinkenschneiden besucht ... Selbstverständlich mit meinem neuen Messer.

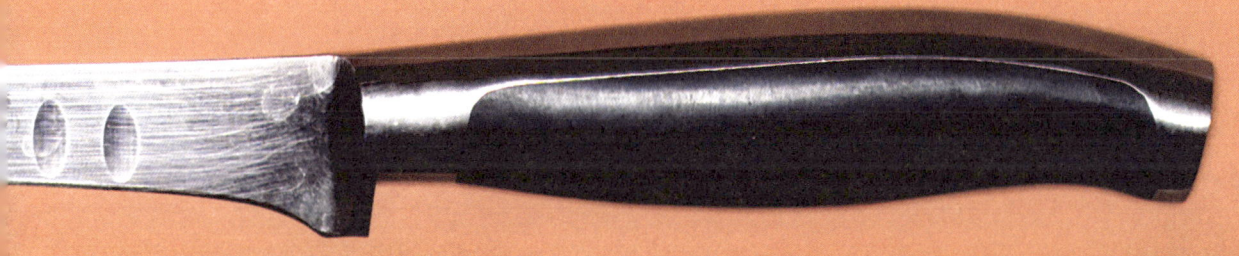

Rezepte aus Spanien

Pan con Tomate y Anchoas
Geröstetes Brot mit Tomaten und Anchovis

Croquetas mit Erbsen & Schinken

Solomillo de Ternera
Kalbsfilet auf geröstetem Weißbrot

Ziegenkäse, aromatisierte Tomaten & Basilikumöl

Milde rote Chilischoten gefüllt mit Klippfisch-Kartoffelpüree

Tortilla de Butifarra
Kartoffelomelett mit katalanischer Wurst

Spiegeleier mit Klippfisch & Blutwurst

Pan con Tomate y Anchoas

Snack für 4 Personen (8 Stück).
Fertig in 10 Minuten.
Passt hervorragend zu Drinks.

---

4 Scheiben Sauerteigbrot, halbiert

---

bestes Olivenöl

---

1 Knoblauchzehe

---

2 sehr saftige Strauchtomaten (wenn
es keine reifen, saftigen großen
Tomaten gibt, eignet sich eine
Handvoll Kirschtomaten), halbiert

---

eine Handvoll frisch abgezupfte
Basilikumblätter, grob zerrupft

Anchovis (wenn Sie sich für die in
Salz eingelegte Variante entschieden
haben, denken Sie daran, sie vor der
Verwendung gut unter fließendem
Wasser zu waschen)

---

frisch gemahlener Pfeffer

Hierfür brauchen Sie Anchovis von wirklich guter Qualität. Ehrlich gesagt bin ich der Meinung, dass Sie sich die Arbeit für diese Häppchen sparen können, wenn Sie sie ohne Anchovis machen wollen. Das bedeutet nicht, dass Sie in einem schnieken Feinkostladen Unmengen von Geld ausgeben müssen – besorgen Sie im Supermarkt eine gute Konserve und nicht das billigste Döschen oder Glas, das Sie finden können. Meiner Erfahrung nach sind die in Salz eingelegten Anchovis die besten, in der letzten Zeit scheint sich aber auch die Qualität der in Öl eingelegten verbessert zu haben.

In Spanien legt man großen Wert auf Anchovis, auf beinahe jeder Tapas-Speisekarte sind zwei Varianten zu finden: Anchoas (braun, in Salzlake) und Boquerones (weiß, in Essig). Darüber hinaus gibt es die Fischchen, wenn sie Saison haben, selbstverständlich auch frisch, gegrillt oder frittiert. Mir persönlich schmecken die spanischen Anchovis so gut, dass ich finde, dass sich der Aufwand durchaus lohnt, von einer Spanienreise eine 500-Gramm-Konserve davon mitzubringen.

Den Backofen auf 180 °C vorheizen. Die Brotscheiben nebeneinander auf ein Backblech legen, mit Olivenöl beträufeln und in der oberen Hälfte des Ofens 5–7 Minuten rösten, bis die Ränder goldbraun sind und das Brot schön kross, aber nicht trocken.

Jede Scheibe mit der Knoblauchzehe einreiben – den Knobi einmal kreuzweise darüberzustreichen reicht aus, wenn Sie Knoblauch jedoch so richtig gerne mögen, dann können Sie sich dabei auch verausgaben. Die halbierten Tomaten mit dem Fruchtfleisch nach unten auf die Brotscheiben drücken und ebenfalls kräftig darüberreiben, sodass der Saft und die Samen auf (beziehungsweise in) das Brot gedrückt werden.

Mit Pfeffer würzen und etwas mehr Olivenöl darüberträufeln. Zuletzt ein wenig Basilikum und die leckeren Fischchen auf die Brotscheiben verteilen.

Bild rechts, von oben:
Pan con Tomate y Anchoas,
Croquetas mit Erbsen & Schinken,
Solomillo de Ternera.

Croquetas mit Erbsen & Schinken

Für etwa 16 Stück, fertig in 1 Stunde.

Für die Mehlschwitze

40 g Butter

5 EL Mehl

250 ml Geflügelfond

25 g Parmesan, fein gerieben

130 g *jamón* (gepökelter und luftgetrockneter spanischer Schinken, ersatzweise gekochter Schinken, dann aber 150 g Schinken und 180 g Erbsen, da der gekochte Schinken einen weniger intensiven Geschmack hat), klein gewürfelt

200 g tiefgekühlte Erbsen, aufgetaut

etwa 1 l Pflanzen- oder Sonnenblumenkernöl zum Frittieren

Salz und Pfeffer

Zum Panieren

1 Handvoll Mehl, vermischt mit etwas Salz und Pfeffer

1 Ei, verquirlt mit 2 EL Wasser

100 g feine Semmelbrösel oder Paniermehl

Mmmmmh … Croquetas: Dieser Snack schmeckt nach mehr. Man kann wortwörtlich sehen, wie der Genuss dieser köstlichen kleinen Kroketten von der Iberischen Halbinsel die Gesichter aufhellt. Sie sind zwar nicht gerade schnell zubereitet, aber egal: Sie sind die Mühe wert!

Ein kleiner Tipp: Frisch schmecken die Croquetas zwar am allerbesten, Sie können sie aber auch fertig zubereiten und vor dem Servieren am folgenden Tag kurz in den sehr heißen Ofen schieben. Super Partyfood!

Die Butter in einem Topf mit schwerem Boden schmelzen, das Mehl hinzufügen und bei mäßiger Hitze unter Rühren einige Minuten anschwitzen. Dann langsam den Geflügelfond hineingießen, dabei ständig mit dem Schneebesen rühren, bis sich alle Klümpchen aufgelöst haben und eine dickflüssige Masse entstanden ist. Vom Herd nehmen, Parmesan und Schinken untermischen, mit etwas Pfeffer und gegebenenfalls Salz würzen und zum Abkühlen auf einem Backblech ausbreiten (wenn es schnell gehen soll, können Sie das Backblech in den Kühlschrank stellen, bis die Masse kalt und fest ist).

Nun das Panieren vorbereiten. Dafür das mit Salz und Pfeffer gewürzte Mehl auf einen flachen Teller geben. In einem tiefen Teller das mit Wasser verquirlte Ei bereitstellen sowie einen weiteren Teller mit Semmelbröseln und eine Servierplatte für die fertigen Croquetas.

Die Erbsen in der Küchenmaschine oder mit dem Pürierstab zerkleinern, überschüssige Flüssigkeit ausdrücken und abgießen und die Erbsen dann unter die abgekühlte, leicht zähe Masse mischen.

Mit angefeuchteten Händen jeweils eine kleine Menge der Masse (etwa 2–3 TL) zu dicken, etwa daumengroßen Rollen formen und dann im gewürzten Mehl wälzen, sodass sie vollständig bedeckt sind. Auf diese Weise alle Croquetas vorbereiten. Wenn sie sehr weich sind, für etwa 15 Minuten in den Gefrierschrank stellen. Dann erneut im Mehl wälzen. In Etappen von jeweils 4 Stück im Ei wenden und danach gleich gründlich in den Semmelbröseln wälzen, sodass sie vollständig eingehüllt sind.

Das Öl 3–4 cm hoch in einen breiten Topf geben und erhitzen. Der Topf sollte groß genug sein, dass das Öl Blasen werfen kann, ohne überzukochen. Je 2–3 Croquetas auf einmal im heißen Öl goldbraun und knusprig frittieren (das dauert etwa 3–4 Minuten) und bevor Sie sich darüber hermachen, kurz auf Küchenkrepp abtropfen lassen. Unwiderstehlich.

Solomillo de Ternera
Kalbsfilet auf geröstetem Weißbrot

Für 6 Stück. Nach dem Marinieren in 15 Minuten fertig.

abgezupfte Blättchen von 2 Zweigen Rosmarin, gehackt

2 Knoblauchzehen, gehackt

2 EL bestes Olivenöl + etwas mehr für das Baguette

350 g Kalbs- oder Schweinefilet

6 Scheiben Baguette, je etwa 1 cm dick

½ grüne Paprikaschote, in 12 unregelmäßige Dreiecke geschnitten

Salz und Pfeffer

Zu gewissen Anlässen – etwa wenn Freunde auf einen Drink vorbeischauen oder bei einer Party – ist es praktisch, etwas anbieten zu können, das größer ist als ein Kanapee, aber kleiner und weniger formell als eine Vorspeise. Für die spanischen Tapas gibt es keine eigene deutsche Bezeichnung, obwohl Snacks dieser Größe heutzutage, wo Kanapees als kleinlich und fertig portionierte Teller als zu verbindlich gelten, sehr angesagt sind.

Kalbsfilet ist nicht gerade günstig und als gute Alternative für diesen unkomplizierten und köstlichen Snack – ohne Abstriche bei Geschmack und Authentizität machen zu müssen – schlage ich Schweinefilet vor.

Die Tapasbar *Ciudad Comtal* auf dem unteren Teil der Ramblas gilt als eine der besten von Barcelona. Dort habe ich diese Tapa gegessen: raffiniert und gleichzeitig irgendwie rustikal, sehr lecker und typisch iberisch.

Rosmarin, Knoblauch und Olivenöl auf einen Teller geben. Das Filet in 6 Scheiben schneiden und diese Ministeaks darin wenden, sodass sie vollständig bedeckt sind. Bei Raumtemperatur etwa 2 Stunden oder über Nacht im Kühlschrank marinieren lassen. (Wird das Fleisch im Kühlschrank mariniert, sollte es eine Stunde vor dem Braten herausgenommen werden, da es dafür Raumtemperatur haben muss.)

Den Backofen auf 180 °C vorheizen.

Die Baguettescheiben mit Olivenöl beträufeln und in die Mitte eines Backblechs legen. Die Paprikastücke mit der Haut nach unten um das Brot herum an den Rändern des Backblechs verteilen (sie sollen mehr Hitze abbekommen) und auf mittlerer Einschubleiste etwa 10 Minuten backen, bis die Baguettescheiben goldbraun sind.

Den Ofen ausschalten, aber das Blech darin lassen, um Brot und Paprika warmzuhalten, während das Fleisch zubereitet wird.

Eine Pfanne auf dem Herd erhitzen. Die Filetscheiben mit Salz und Pfeffer würzen und mit der gewürzten Seite nach unten in die heiße Pfanne legen. Nach 2–3 Minuten wenden und weitere 2–3 Minuten braten.

Das geröstete Brot aus dem Ofen nehmen, je ein Stück Fleisch auf jede Scheibe legen und darauf je 2 Stücke geröstete Paprika. Das Ganze jeweils mit einem Cocktailspießchen oder Zahnstocher zusammenhalten.

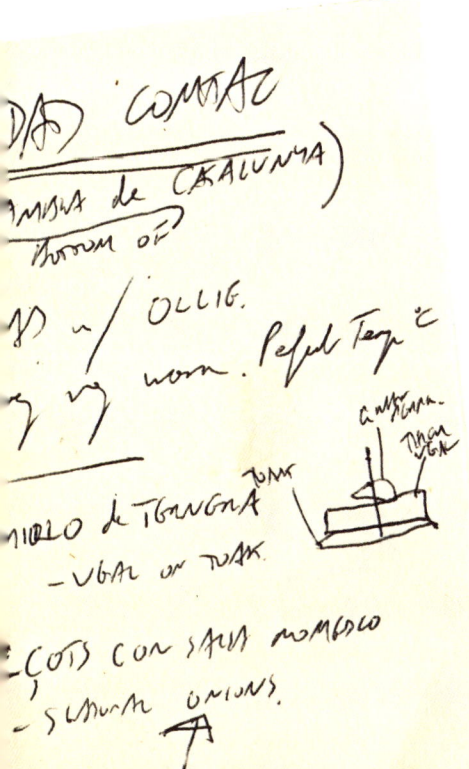

337

Ziegenkäse, aromatisierte Tomaten & Basilikumöl

Für 4 Personen. Fertig in 30 Minuten.

---

1 großes Bund Basilikum (etwa 40 g), Blätter von den Stielen gezupft

---

1 getrocknete Chilischote (nach Belieben)

---

2 Knoblauchzehen, zerdrückt

---

125 ml bestes Olivenöl

---

300 g sehr reife Kirschtomaten

---

ein paar Tropfen Sherryessig

---

2 große Handvoll Rucola

---

100 g Ziegenweichkäse, in 4 Scheiben geschnitten

Salz und Pfeffer

Diese Köstlichkeit haben wir in einem der hippsten Restaurants (à la *El Bulli*) in Barcelona gegessen, dem *Cinc Sentis*. Und obwohl auch der Rest des Menüs herausragend war, war es dieses einfache Gericht, serviert als Käsegang, an das ich beim Aufwachen am folgenden Morgen dachte. Im *Cinc Sentis* haben sie einen intensiv nach Schaf schmeckenden Käse aus der Region serviert. Wenn Sie irgendwie an einen solchen Weichkäse aus Schafsmilch kommen, dann empfehle ich Ihnen, ihn wie folgt zuzubereiten. Ansonsten eignet sich auch ein guter Ziegenweichkäse sehr gut.

Bei diesem Gericht ist es besonders wichtig, geschmacksintensive Tomaten zu verwenden, das heißt am Strauch gereifte, frische und duftende Tomaten – also saisonale Ware.

In einem kleinen Topf die Stängel des Basilikums zusammen mit der Chilischote und dem Knoblauch langsam im Olivenöl erhitzen.

Die Tomaten mit der Spitze eines scharfen Messers an der Unterseite kreuzweise einschneiden. Wenn das Öl im Topf beginnt zu zischen, die Tomaten dazugeben und bei schwacher Hitze etwa 4 Minuten köcheln lassen. Dann die Tomaten mit einer Schaumkelle aus dem Öl heben und beiseitelegen, Chilischote und Knoblauch ebenfalls entfernen und das Öl abkühlen lassen.

In einer Schüssel 1–2 EL des Würzöls mit dem Sherryessig sowie etwas Salz und Pfeffer verrühren, den Rucola in die Schüssel geben und gut durchmischen. Dann ein kleines Rucolahäufchen auf jeden Teller geben und eine Scheibe Ziegenkäse darauflegen. Die Tomaten enthäuten und auf den Tellern verteilen.

Die Basilikumblätter grob hacken und etwa 10 Sekunden zusammen mit dem restlichen Öl pürieren (alternativ können Öl und Basilikum auch einfach per Hand verrührt werden, das führt allerdings nicht zu dem gleichen intensiv-grünen Ergebnis). Mit Salz und Pfeffer abschmecken und das grüne Öl abschließend mit einem Teelöffel über die anderen Komponenten auf den Tellern verteilen.

Milde rote Chilischoten gefüllt mit Klippfisch-Kartoffelpüree

Diese gefüllten Chilischoten gehören definitiv zu meinen liebsten Tapas – bei jedem Bissen gehen der salzige Fisch, das cremige Kartoffelpüree und die leicht pikante Piquillo-Schote eine perfekte Verbindung ein. Eigentlich eine Schande, dass ich meistens ziemlich betrunken bin, wenn ich sie esse und mir diese Feinheiten so entgehen ...

Wie die meisten Tapas sind sie der perfekte Partysnack, aber auf ein wenig Rucolasalat habe ich sie auch schon erfolgreich als Vorspeise serviert.

Für etwa 16 Stück. Nachdem der Fisch über Nacht eingeweicht wurde, dauert die Zubereitung 1 Stunde.

175 g Klippfisch

400 g mehligkochende Kartoffeln, geschält

4 EL bestes Olivenöl

3 kleine Schalotten (oder eine größere), in feine Scheiben geschnitten

2–3 Knoblauchzehen, zerdrückt

2 Prisen geräuchertes Paprikapulver (ersatzweise ist die edelsüße Version auch o. k.)

3 EL Schlagsahne

Saft von 1 frisch gepressten Zitrone

1 Glas Piquillo-Schoten (mindestens 16 Stück), abgegossen

Salz und Pfeffer

Den Klippfisch über Nacht einweichen, dabei mehrmals das Wasser wechseln.

Am folgenden Tag die geschälten Kartoffeln vierteln und in kaltes Salzwasser geben. Aufkochen und bei geschlossenem Deckel köcheln lassen, bis sie weich sind. Abgießen und abdampfen lassen.

Inzwischen den eingeweichten Klippfisch aus dem Wasser nehmen, gegebenenfalls Gräten und Haut entfernen und das Fleisch grob hacken.

Den Backofen auf 180 °C vorheizen. Das Öl in einer mittelgroßen Bratpfanne erhitzen, Klippfisch, Schalotten und Knoblauch hineingeben, mit dem Paprikapulver würzen und einige Minuten anschwitzen, bis der Fisch fast transparent und die Schalotten weich sind. Dann mit den Kartoffeln und der Sahne zu Püree stampfen. Mit Salz, Pfeffer und ein wenig Zitronensaft abschmecken und zum Abkühlen auf einen Teller geben.

Das Püree in die Piquillo-Schoten füllen, die Schoten in eine Auflaufform oder auf ein kleines Backblech legen und mit ein wenig Wasser bepinseln. Etwa 10 Minuten auf mittlerer Einschubleiste im Ofen backen, bis die Schoten heiß sind, aber nicht zusammenfallen. Wenn Sie möchten, dass die Schoten schön glänzen, können Sie etwas Olivenöl darüberträufeln, sobald sie aus dem Ofen kommen. In Spanien werden sie meistens »matt« serviert.

Tortilla de Butifarra
Kartoffelomelett mit katalanischer Wurst

**Für 8 ordentliche Stücke.
Jeweils 30 Minuten Zubereitungs- und Kochzeit.**

2 große Kartoffeln (etwa 500 g),
ungeschält, gewaschen und in etwa
3 cm große Stücke geschnitten

2 EL bestes Olivenöl

4 rohe Bratwürste, in etwa 3 cm
große Stücke geschnitten

2 weiße Zwiebeln, in Scheiben
geschnitten

2 Knoblauchzehen, grob gehackt

8–10 Eier (je nach Größe), verquirlt
und gewürzt

2 reife Tomaten, in Scheiben
geschnitten

1 Prise getrockneter Oregano

Salz und Pfeffer

Butifarra ist eine Wurstspezialität aus Katalonien, die es in den verschiedensten Ausführungen gibt – roh und gekocht, als Blut- oder Weißwurst. Natürlich muss man für dieses Rezept nicht unbedingt *Butifarra* verwenden. Die gewählte Wurst sollte bloß hochwertig und eher fettig sein.

Uns wurde dieses Gericht in einer kleinen Bar, die auf dem halben Weg hinauf zu Gaudís fantastischer Vision des Lebens in der Zukunft, dem Parc Güell, liegt (neben der langen Außenrolltreppe), serviert. Es war Neujahrstag, bitterkalt, die Bar voller Einheimischer, aber die *Butifarra*, begleitet von einigen Gläsern Estrella Damm und gefolgt von einigen Veterano-Brandys, machte uns wieder munter.

Den Ofen auf 170 °C vorheizen.

Die Kartoffelstücken in einem geschlossenen Topf mit kochendem Salzwasser bissfest garen (etwa 8 Minuten) und dann abgießen.

Das Olivenöl in einer ofenfesten Bratpfanne (etwa 25 cm Durchmesser und 5 cm hoch) erhitzen und die Wurststückchen bei starker Hitze darin bräunen. Die Pfanne auf dem Herd lassen, die Wurststückchen herausnehmen und beiseitelegen. Die Zwiebelringe in dem Fett anschwitzen. Sobald sie weich werden, den Knoblauch dazugeben und kurz darauf die Kartoffel- und Wurststückchen.

Die Zutaten vorsichtig, aber gründlich darin vermischen und die Pfanne vom Herd nehmen. Die verquirlten, gewürzten Eier über die Zutaten in der Pfanne gießen, sodass sie vollständig bedeckt sind. Gegebenenfalls ein oder zwei Eier mehr untermischen, je nach Größe der Pfanne / Eier.

Die Tomaten darauf verteilen, mit Salz, Pfeffer und Oregano würzen und die Tomaten dann mit dem Palettenmesser oder dem Pfannenwender in die Eimasse drücken.

Im Ofen 30–40 Minute stocken lassen – die Eiermasse sollte am Rand fest gestockt, in der Mitte aber noch sehr wackelig sein. Aus dem Ofen nehmen und 5–10 Minuten stehen lassen. Dann mit der Palette einmal zwischen Pfannenrand und Tortilla entlangfahren und wenden. Dazu einen Teller zu Hilfe nehmen.

Spiegeleier mit Klippfisch & Blutwurst

Für 2 Personen. Ist der Klippfisch schon eingeweicht, dauert es nur noch 15 Minuten.

---

100 g Klippfisch

---

1 Knoblauchzehe, gehackt

---

2 EL bestes Olivenöl

---

75 g Blutwurst (oder eine spanische *morcilla*), in Scheiben geschnitten oder gewürfelt

---

1 kleine Handvoll Kirschtomaten (etwa 6 Stück), halbiert

---

2 Eier

---

1 kleine Handvoll Schnittlauch, in feine Ringe geschnitten

Pfeffer

Geplant war ein romantischer Kurzurlaub über Silvester, in Realität kam aber alles ganz anders: Am ersten Tag trafen wir unseren guten Freund und Lebemann Oli, der mit meiner Frau eine zehnstündige Sauftour startete, was – da ich zu der Zeit schwanger war – unweigerlich zu einem Streit führte (»Es sind auch meine Ferien, wisst ihr!«).

Am zweiten Tag, Silvester, wurden wir überfallen (aber Susi hielt ihre Handtasche fest, als würde ihr Leben davon abhängen, und knurrte aus irgendeinem Grund wie ein kleiner Hund, sodass die Räuber nichts erbeuteten).

Am dritten Tag fuhren wir nach Südfrankreich, um uns mit Freunden zu treffen. An sich eine nette Idee, leider war dies der einzige Tag während meiner gesamten Schwangerschaft, an dem mir speiübel war.

Am vierten Tag ging es zurück nach Barcelona, um dort abends unseren Flug zu erwischen. Auf dem Weg legten wir eine Pause in Girona ein und aßen dort diese Offenbarung von einer Speise – definitiv der Höhepunkt unserer Reise.

Es gab dann noch einen ungeplanten fünften Tag: Wegen Schnee in Gatwick saßen wir 36 Stunden am Flughafen fest. Schwanger, keine frische Luft und nur Flughafenfraß. Mein allerschlimmster Kurzurlaub!

Zuerst muss der Klippfisch eingeweicht werden (siehe Seite 200), am besten Sie erledigen das über Nacht.

Gegebenenfalls Haut und Gräten des eingeweichten Fisches entfernen und ihn dann in etwa 1 cm große Würfel schneiden.

Den Backofen auf 170 °C vorheizen. Den Fisch und den Knoblauch bei mäßiger Hitze in einer ofenfesten Pfanne im Öl goldbraun und kross anbraten. Nach etwa 5 Minuten, wenn die Zutaten beginnen sich am Boden der Pfanne festzusetzen, die Blutwurststücke und die halbierten Tomaten hinzufügen.

Weitere 5 Minuten braten, dabei gelegentlich umrühren. Den Pfanneninhalt gleichmäßig verteilen, die Eier über der Pfanne aufschlagen und direkt hineingeben. Die Pfanne kurz schräg halten, damit sich das Eiweiß gleichmäßig über die anderen Zutaten verteilen kann. Mit frisch gemahlenem Pfeffer würzen und das Ganze in den Ofen schieben, bis die Eier gestockt sind (etwa 3 Minuten). Mit Schnittlauch servieren.

Register

DANKESCHÖN!

Die Idee zu diesem Buch hatte ich schon vor über 20 Jahren und in den letzten fünf Jahren legte ich mich für die Umsetzung meiner Idee dann richtig ins Zeug. Man könnte meinen, dass ich nach all dieser Zeit sehr gut und detailliert vorbereitet gewesen wäre. Vielleicht lag es aber gerade daran, dass ich schon so lange darüber nachgedacht hatte und mir das Projekt inzwischen so viel bedeutete, dass ich am Ende mehr Unterstützung brauchte als vermutet, um meine Idee zu verwirklichen.

Bei den Rezepten von denen mit bekannt ist, wer sie zuerst so gekocht hat wie in diesem Buch präsentiert, habe ich diese Personen in den entsprechenden Einleitungen selbstverständlich genannt. Bei anderen brauchte ich Hilfe bei der Feststellung ihrer Authentizität, das heißt, ich brauchte die Bestätigung, dass das, was ich gekocht hatte, auch wirklich so schmeckt wie in dem Land, aus dem das Rezept ursprünglich stammt. Hier sind zu nennen: Simone Shagam, für die Hilfe bei Biltong, Fatima Zachi, Julianas Mutter, für ihr Fejouada-Rezept und Vhal Bustamente für die Überprüfung meiner philippinischen Gerichte.

Wie jeder gute Koch habe ich meinen Lieferanten eine Menge zu verdanken – nicht nur für die hervorragende Qualität der Zutaten, sondern auch für ihre Geduld mit meinen scheinbar willkürlichen Fragen. Ein großes Dankeschön an: Veronica von *Chef's Connection*, Rodney von *Macken's Butchers*, Tony von *Fishmonger's Kitchen*, Tim Wesch von *Weschenfelder Sausage Making Supplies* und, wie immer, Batman und Robin von *Shepherd's Bush Butchers*, John & Perry von *Stentons* (besonders dafür, dass sie dem Hongkong-Hackbeil mal richtig was zu tun gaben und mir dabei halfen, das brasilianische Ausbeinmesser zu verstehen).

Und um bei den Messern zu bleiben: Ich bin Henrietta Lovell, bekannt als The Tea Lady von *The Rare Tea Company* zu sehr großem Dank verpflichtet. Wir beide wissen, was du getan hast, und niemand von uns wird jemals öffentlich darüber reden können! Kamal Mouzawak wusste nicht nur, welches Messer aus seiner Heimat das Richtige für mich wäre, sondern kaufte es mir auch und organisierte den Transport ... zumindest bis Paris.

Wo mir Kleinigkeiten und Erinnerungsstücke aus den Ländern fehlten, halfen mir einige meiner Freunde beim Vervollständigen der Kollagen: Margaret Rooke, Andrew Emmot und seine Mutter Sue machten mein Malawi bunt, Xander und Christoffer van Tulleken haben ihre Garage geplündert, um mir Dinge aus Burma zur Verfügung zu stellen, Maria Graça Fish von der brasilianischen Botschaft lieh mir freundlicherweise ihre Moquecas und Figürchen, Sarah Hatcher und Peter Robertson erledigten ihre Aufgabe von Santa Lucia aus perfekt, obwohl sie nicht wirklich nachvollziehen konnten, worum es eigentlich ging.

Es war meine Idee, einige der Gerichte zusammen mit Zeitungen aus dem entsprechenden Land zu fotografieren. Hätte ich gewusst, welchen Aufwand das bedeutet, hätte ich es mir sicher noch mal anders

überlegt. In diesem Zusammenhang möchte ich mich bedanken bei Mercy Tahuna vom Hochkommissariat von Malawi, Ihrer Exzellenz Ruth E. Rouse, der Hochkommissarin von Grenada, Feona Sandy vom Hochkommissariat von Grenada und Berit Scott von der norwegischen Botschaft. Dank auch an Richard Gush und Tobin Shackleford für die Hilfe mit den südafrikanischen Zeitungen und anderen Besonderheiten vom Kap.

Um die Dinge weiter zu verkomplizieren, hatte ich mir überlegt, dass es schön wäre, bei den Rezepten, bei denen es sinnvoll ist, jeweils den landestypischen Titel zu nennen. Und da ich selbstverständlich vergessen hatte, die Namen der Gerichte in meinen Speisetagebüchern festzuhalten, mussten eine Menge Rezepttitel in die entsprechende Landessprache zurückübersetzt werden. Die folgenden freundlichen Personen hielten mich damit bei Laune: Pfarrer Torbjørn Holt von der norwegischen Kirche in London, Mariko Otake (japanische Rezepttitel), Selin Kiazim und Sinem Kiazim-Hassan (türkische Rezepttitel), Basel Abbas (libanesische und marokkanische Rezepttitel), Lucy Lee (Übersetzung der Rezepttitel aus China und Hongkong in Mandarin), Siphiwe Jere (malawische Rezepttitel), Austin und Catherine Tan von Mum's House (Lieferungen aus Burma) und auch meine Freundin Rosangela Nunes Pereira, die mir nicht nur bei der Übersetzung der brasilianischen Namen half, sondern auch beim Verständnis der wirklich urkomischen Übersetzung des brasilianischen Messerherstellers Tramontina, in der es um die Besonderheiten des Ausbeinmessers geht.

Auch Nicola Wissbrock half mit diesem komplexen brasilianischen Messer und darüber hinaus bei einer ganzen Bandbreite an Besorgungen – von Natriumnitrit über Tageszeitungen bis hin zum Organisieren eines Roggenbrots in letzter Minute, das sie extra noch mit dem Fahrrad abholte. Deine Mühen verdienen große Anerkennung: Vielen Dank!

Bei den Fotografien ist als erster Andrew Montgomery zu nennen, dessen Detailversessenheit und Perfektion wir die wunderschöne Optik dieses Buches zu verdanken haben. Seine Fotografien von meinen Gerichten sind irgendwie retro und gleichzeitig leicht futuristisch, was mich hoffen lässt, dass sie zeitlos sein werden. Auf jeden Fall freue ich mich im Hier und Jetzt unheimlich darüber!

Zu einem über eine so lange Zeit und an so vielen Orten entstandenen Buch haben natürlich auch eine Menge Paparazzi beigetragen. Vor allem Susi Smither, die immer die offizielle Fotografin unserer Reisen war und deren Bilder so viel mehr sind als Ferienschnappschüsse. Vielen Dank auch an Gill McEvedy, deren Bilder von Burma sich als bunt, brauchbar und berührend herausstellten, an Luiz C. Riberio von der New York Post, der die wunderbaren Bilder unserer Reise nach Brasilien extra herausgesucht hat, an Martin Thompson für den kurzen Abstecher auf die Philippinen, an Juloo Oliver dafür, dass er die Schnappschüsse von den Meatpackers aufgehoben hatte, an Alison Darren und Lorraine Martin für ihre ikonischen Aufnahmen von Frisco, an Tess' Tante Pina, die so unglaublich hilfsbereit war und eine vierstündige Busfahrt durch die Philippinen auf sich nahm, um für mich einige Messer zu fotografieren, an meinen Schwager, Guy Sellers für dieses stimmungsvolle Bild der arktischen Küste und an Cousin Henry für die herzerwärmenden Bilder aus der spanischen Sonne. Die Profifotografin Circe hat freundlicherweise einen halben Tag damit verbracht, auf ihrer Vespa durch Manhattan zu sausen und meine liebsten Plätze, an denen man Essen bekommt, zu fotografieren und dabei auf meine Kosten schlechtes Essen in der *Grand Central Oyster Bar* zu essen. Und Wendy Miller hatte einen Heidenspaß dabei, im sonnigen Santa Lucia die beste Bouillon der Insel ausfindig zu machen. Dank an dieser Stelle auch meiner Schwester Floss, deren alte Bilder von Ma und Pa dieses Buch noch persönlicher und wichtiger machen.

Was das Team betrifft, das dieses Buch auf die Beine gestellt hat, haben mir vor allem drei Personen mit Rat und Tat zur Seite gestanden. In chronologischer Reihenfolge waren das: Natalie Hume, die sozusagen die erste Schicht übernahm, von Januar bis Juni an meinem Küchentisch saß und schrieb, während ich kochte und darüber redete, was ich gerade machte. Wir arbeiteten gegen die Zeit, denn die Rezepte sollten alle vor der Geburt meines Kindes fertig sein. Und wir haben es auch gerade so geschafft und die letzten drei Rezepte am eigentlichen Geburtstermin zu Papier gebracht (Delilah war so hilfreich, eine Woche verspätet auf die Welt zu kommen). Aber auch über das Schreiben hinaus war mir Natalie eine gute Freundin und große Hilfe, als ich immer dicker wurde, da sie das Ganze selbst schon dreimal durchgemacht hatte – mit dem Ergebnis dreier wunderbarer Töchter – und außerdem konnte ich mich auf ihren Geschmack verlassen.

Während ich mich dann erst einmal auf das Muttersein und anschließend auf die Texte konzentrierte, gingen die Rezepte an Kate McCullogh, die sie so konzentriert und genauestens testete, dass ich sie bat, sie für das Fotoshooting zusammen mit mir ein zweites Mal zu kochen. Sie arbeitete unermüdlich und schaffte es dabei immer, ruhig zu bleiben – ein guter Ausgleich zu mir, die ich von Natur aus zu Schweißausbrüchen und Hysterie tendiere. (Und vielen Dank auch an Ben Whitehouse und Angelina Harrisson, die die Nachzüglerrezepte getestet haben.)

Natasha Coverdale war von Anfang an an diesem Buch beteiligt. Zusammen haben wir Vorschlag und Entwurf für den Verlag erarbeitet, und sie hat wirklich visionäre Arbeit dabei geleistet, die seit Jahren in meinem Kopf herumschwirrenden Gedanken einzufangen, zu ordnen und auf Papier zu bringen. Darüber hinaus brachte sie auch ihre eigenen Ideen ein. Und es ist ihrer Kreativität und harten Arbeit zu verdanken, dass dieses Buch so fantastisch geworden ist.

Vielen Dank auch an Mr Dominic Minns, durch dessen Flair und Filigranarbeit diese Seiten so stilvoll und fröhlich geworden sind.

Ich wusste, es würde wieder eine Freude sein, mit dem Team von Conran Octopus zusammenzuarbeiten, und genau das war es auch. Vielen Dank für die Unterstützung! Sybella Stevens hat sich mit meinen Sätzen herumgeschlagen und sie wie ein stoischer Kämpfer auf Vordermann gebracht, Jonathan Christie von der Grafikabteilung ist einfach nur froh, dass er weniger Narben davongetragen hat als bei unserer letzten Begegnung, dabei wurde er von der gründlichen und hilfreichen

Jaz Bahra unterstützt. Besonders liegt mir aber Lorraine Dickey am Herzen, von der ich weiß, dass es ihr letztes Buch bei CO sein wird, was bedeutet, dass unser Team so nicht mehr zusammenkommen wird. Es hat mir eine so große Freude bereitet, mit ihr zusammenzuarbeiten, und ich wünsche ihr alles erdenklich Gute und viel Glück für den neuen Lebensabschnitt.

Meine Agentin, Rosemary Scoular von United Agents, war immer eine große Unterstützerin dieses exzentrischen Projekts – auch schon, als ich ihr bei einem Glas Vino das erste Mal mehr oder weniger wirr von meiner Idee erzählte. Sie half mir dann professionell und respektvoll dabei, ein marktfähiges Konzept zu entwickeln, und stand mir jederzeit zur Verfügung, wenn ich Rückfragen hatte oder irgendwie unsicher war. Wendy Millard, ihre vertrauenswürdige und freundliche Assistentin, ist einfach einzigartig – immer, wenn ich mit ihr gesprochen habe, fühle ich mich irgendwie geordneter und habe ein Lächeln auf den Lippen.

Keins meiner Bücher wäre vollständig ohne ein riesiges Dankeschön an meine persönliche Assistentin und Freundin seit 11 Jahren, Lorraine Martin. Wenn ich aufzählen würde, worin ihre Hilfe und Unterstützung bei diesem Buch bestand, würde ich mindestens noch eine Doppelseite mehr Platz benötigen. An dieser Stelle muss es reichen zu sagen, dass ich es ohne deine Hilfe nie auf die Reihe bekommen hätte (Leben und Buch) – und das bezieht sich auf unsere Freundschaft ebenso wie auf die Zusammenarbeit.

Und nun zur Heimatfront. Oder besser gesagt, nach nebenan. Unserer Nachbarin Liz gilt auch ein großes Dankeschön – schon alleine fürs Dasein. Sie hat auf die Schnelle mit Kümmel ausgeholfen, nicht nur eine, sondern gleich zwei Portionen Shirazgelee gegessen und ist daher die beste Freundin, die eine Köchin sich wünschen kann. Dabei lebt sie weniger weit entfernt, als man einen Olivenstein spucken könnte.

Sarah Smither möchte ich für die wunderbaren Reisen nach China, in die Türkei und die Karibik danken – du bist nicht nur die offizielle Matriarchin unseres ausschließlich weiblichen Stammes, sondern jetzt auch die beste Omi der Welt.

Herzlichen Dank auch an Tess, die den wichtigsten Job bei der Entstehung des Buches hatte: liebevoll auf das Baby aufzupassen, während ich Kleinigkeiten erledigen konnte wie Schreiben, Fotos machen lassen und mit Lektor und Verlag an der Fertigstellung arbeiten. Ich bin so dankbar und stolz, dass du Teil unserer kleinen Familie bist.

Susi – wir haben so viele dieser Reisen gemeinsam unternommen, hervorragendes Essen genossen, wunderschöne Dinge gesehen und dabei so viel Spaß gehabt. Wir haben die Welt Hand in Hand bereist und ich habe jede Minute davon geliebt. Es war immer klar, dass es eine Menge Energie fordern würde, ein Buch zu schreiben, das mir so viel bedeutet wie dieses. Ich danke dir für deine Geduld, Ermutigung und Liebe.

Und schließlich Delilah, deren neugeborene Präsenz in den frühen Morgenstunden nach mir verlangte und dieses Buch so zu dem ersten machte, das ich vor allem tagsüber geschrieben habe – und das auch noch nüchtern ...

Allegra McEvedy ist Köchin, Autorin, Medienfrau und kulinarische Globetrotterin.

Sie lernte ihr Handwerk in einigen der besten Londoner Restaurants und betrieb in der britischen Hauptstadt, nachdem sie weitere Erfahrungen in New York und San Francisco gesammelt hatte, ein eigenes Restaurant. 2003 gehörte sie zum Gründungsteam der populären und preisgekrönten Restaurantkette LEON.

McEvedys Food-Kolumnen erscheinen wöchentlich in renommierten Zeitungen, sie hat eine eigene Radiosendung, ist häufiger Gast in TV-Kochsendungen und Autorin von vier weiteren Kochbüchern. Außerdem ist sie Sprecherin von Fairtrade Großbritannien.

© Circe

DORLING KINDERSLEY
London, New York, Melbourne,
München und Delhi

Herausgeber Lorraine Dickey
Art Director Jonathan Christie
Fotografie Andrew Montgomery
Gestaltung Natasha Coverdale
Assistenz Gestaltung Jaz Bahra
Lektoratsleitung Sybella Stephans
Lektorat Annie Lee
Projektmanagement Katherine Hockley

Für die deutsche Ausgabe
Programmleitung Monika Schlitzer
Projektbetreuung Elke Homburg
Herstellungsleitung Dorothee Whittaker
Herstellung Anna Strommer

Bibliografische Information Der Deutschen Bibliothek
Die Deutsche Bibliothek verzeichnet diese Publikation in der Deutschen Nationalbibliografie; detaillierte bibliografische Daten sind im Internet über http://dnb.ddb.de abrufbar.

Titel der englischen Originalausgabe:
BOUGHT, BORROWED & STOLEN

Die Originalausgabe erschien 2011 in Großbritannien bei Conran Octopus, ein Imprint vonOctopus Publishing Group Ltd
Endeavour House, 189 Shaftesbury Avenue, London WC2H 8JY

Copyright © 2011 Octopus Publishing Group Ltd
Text © 2011 Allegra McEvedy
Fotografie © 2011 Andrew Montgomery

The moral right of the author has been asserted

Übersetzung Barbara Holle und Carla Gröppel-Wegener
Lektorat Nathalie Röseler
Covergestaltung Silke Klemt, www.silkeklemt.de

Printed and bound in China

ISBN 978-3-8310-2196-3

Besuchen Sie uns im Internet
www.dorlingkindersley.de